KB271958

스트리트 스마트

STREET SMARTS

스트리트 스마트

확률 높은 단기 매매 전략

로렌스 A. 코너스, 린다 브래드포드 라쉬케 지음 · 이주영 옮김

이레미디어

일러두기

본 책에 사용된 차트 그림의 '바 차트'를 보기 전 다음의 표를 참고해 주시기 바랍니다.

바 차트 보는 법

- 왼쪽 짧은 획(−): 시가
- 오른쪽 짧은 획(−): 종가
- 위아래 직선(|): 당일의 고가 및 저가
- 왼쪽 짧은 획보다 오른쪽 짧은 획이 높은 차트: 상승
- 왼쪽 짧은 획보다 오른쪽 짧은 획이 낮은 차트: 하락

“이 책을 쓰는 동안 작고하신
할아버지 마누엘 고든Manuel Gordon을 추모하며.

—L. C.

세상에서 가장 특별한 두 사람
남편 스킵Skip과 딸 에리카Erika에게.

—L. B. R.

이 책에서 언급한 방법, 기술, 지표가 수익성 있다거나 손실을 일으키지 않으리라고 가정하면 안 된다. 과거 실적이 반드시 미래 실적을 보장하진 않는다. 이 책에 사용된 예시는 교육 목적으로 제공될 뿐, 매수나 매도 주문을 권유하기 위한 것이 아니다.

미국선물협회National Futures Association, NFA는 다음을 명시하도록 요구한다. "가상의 혹은 시뮬레이션 된 운용 성과는 일부 내재적 한계를 포함한다. 실제 운용 성과와는 달리, 시뮬레이션 된 성과는 실제 거래를 대표하지 않는다. 또한 거래가 실제로 실행된 것이 아니므로 유동성 부족과 같은 특정 시장 요인이 존재할 때 그 영향을 과소평가하거나 과대평가할 수 있다. 일반적으로 시뮬레이션 거래 프로그램은 사후에 과거를 분석한다는 이점을 지닌 채 설계된다는 사실에 유의해야 한다. 어떤 상황에서도 이 책에 제시된 것과 유사한 이익이나 손실을 달성할 수 있다는 보장은 없다."

　　아래 언급할 친구들의 사려 깊은 도움이 없었다면 이 책은 세상에 나오지 못했을 것이다. 포뮬러 리서치Formula Research의 넬슨 프리버그Nelson Freeburg, 시너지 퓨처스Synergy Futures의 톰 비에로비치Tom Bierovic, 인베스트먼트 리서치 어소시에이트Investment Research Associates의 마크 부셰이Mark Boucher, 고맙게도 바쁜 일정을 쪼개 귀중한 통찰력과 의견을 제공해 준 데릭 깁슨Derek Gipson과 세라 슈로이어Sara Shroyer. 트레이딩 아이디어를 공유할 수 있도록 허락해 준 토비 크래벨Toby Crabel, 밥 펄먼Bob Pearlman, 빌 울프Bill Wolfe. 이 책에 자신의 연구 내용을 공개하도록 허락해 준 시러큐스 대학Syracuse University의 페르난도 디즈Fernando Diz. 주디 브라운Judy Brown, 다닐로 토레스Danilo Torres, 댄 체슬러Dan Chesler, 릭 제넷Rick Genett 그리고 지면 구성과 디자인을 도와준 엘리스 워제스키Elyce Warzeski와 그 동료들. 우리가 요구한 시간에 맞추어 업계 최고의 분석을 제공해 준 무어 리서치 센터Moore Research Center의 스티브 무어Steve Moore와 닉 콜리Nick Colley. 뛰어난 차트 작성 소프트웨어를 제공해 준 아스펜 리서치 그룹Aspen Research Group, Ltd.. 이 책에 수록된 모든 차트는 아스펜 리서치의 도움을 받아 작성되었다. 이 책을 집필하는 남편을 '온화한 미소로' 참아내 준 캐런 코너스Karen Connors와 바라건대 아직은 아빠의 얼굴을 잊지 않았을 브리트니와 알렉산드라 코너스Brittany and Alexandra Connors. 이 책의 숨은 영웅 빌 마시아렐리Bill Masciarelli에게 감사의 말을 전한다.

트레이더는 트레이더들끼리 이야기를 주고받는다. 꼭 강세장이니 약세장이니 하는 시장 의견을 논의하기 위해서라기보다는, 이 업계의 본질적인 특성과 별난 면에 대한 통찰을 공유하기 위해서다. 확실히 트레이딩이 가져오는 정신적 고통은 이들 사이의 유대감을 형성한다. 툭 까놓고 이야기하다 보면 트레이더들 모두 비슷한 교훈을 습득하고 유사한 경험을 공유하며, 각자 독립적으로 같은 결론에 도달한다는 것을 발견하고는 항상 깜짝 놀라게 된다. 이따금 서로 이야기를 주고받을 때, 사실상 우리는 자신을 조금 더 잘 이해하기 위해 자기 머릿속을 들여다볼 수 있는 단서를 찾는 것이나 다름없다.

우리가 끊임없이 지식을 추구하더라도 시장은 그를 정복하는 지름길은 없다는 사실을 몸소 우리에게 보여준다. 결국 우리의 궁극적인 스승은 경험이며, 다른 그 무엇도 경험을 대체할 수 없다. 우리는 그저 트레이딩을 배우는 과정에 어떤 태도로 임할지 선택할 수 있을 뿐이다. 불가피한 좌절을 받아들이며 그를 통해 배울 수도 있고, 고집이라는 인간의 본성에 굴복해 같은 실수를 반복할 수도 있다.

이 책은 그러한 과정을 즐기게 된 두 사람이 함께 썼다. 우리 둘 다 실수를 저지른 사람이 자신만은 아니라는 사실을 깨달았고, 하나의 성공 비결을 발견했다. 이 책을 통해 독자들과 그 비결을 공유하고자 한다. **가장 중요한 단 하나의 비결은 바로 시장의**

목소리에 귀를 기울이며 자신의 의지를 시장에 강요하지 않는 법을 배우는 것이다.

우리가 아는 모든 성공한 트레이더는 일관성이 필요하다는 사실을 깨달았다. 일관성은 모든 일의 핵심이기도 하다. 거래는 일관된 방법론으로 접근해야 한다. 그리고 구체적인 전략을 따라야 한다. 우리는 이 책에서 다양한 전략을 제시하지만 모든 전략은 근본적으로 동일 선상에서 출발한다. 먼저 위험을 최소화하고, 위험을 정의하고 통제한 후에야 수익 극대화를 추구해야 한다는 것이다.

34년 동안 우리는 거래소 현장 트레이더, 거래소 회원, 기관 데스크 트레이더, 헤지펀드 매니저, 파생상품 운용 자문가로 활동해 왔으며 그동안 우리 자금으로 직접 거래에 참여하기도 했다. 우리는 죽이 잘 맞는다. 무엇보다도 위험을 최소화하는 매매 타이밍과 진입점을 찾는 게 제1원칙이라는 점에서 그렇다. 그렇게 하면 수익은 알아서 따라온다.

이 책에서 우리는 여러 패턴을 제시하지만, 성공한 투자자가 되기 위해서는 단 **하나**의 전략만 있으면 된다. 최고의 트레이더 중 일부는 하나의 거래 전략을 고수함으로써 성공을 거머쥔다. 이 책에 나와 있는 모든 패턴은 시장의 특성에 대한 독자의 이해를 높이고 직접 관측한 시장 상황에 대한 확신을 갖는 데 도움을 줄 것이다.

차 례

들어가며

그래요, 버지니아. 트레이딩으로 먹고살 수 있답니다!*

* 버지니아라는 이름의 한 소녀가 신문사에 "산타클로스가 진짜 있나요?"라는 편지를 보냈을 때, 편집자는 이렇게 답변했다. "그래, 버지니아. 산타클로스는 있단다." 이 문장은 회의적인 마음으로 질문을 던진 사람에게 순수한 믿음을 되살려주는 답변으로 널리 쓰인다. ─옮긴이 주

글로벌 자산 운용사에 관한 관심이 점점 더 커지고 펀드가 시장을 장악한 듯 보이는 요즘 같은 때, 소규모 투기꾼들이 큰 우위를 점할 수 있다고 생각하기란 쉽지 않다. 이제 트레이딩은 컴퓨터의 성능에 좌지우지되는가? 지난 10년 동안 시장이 변했나? 불꽃 튀는 트레이딩의 치열한 열기 속에서 이론은 무슨 의미가 있는가? 사실 몇 가지 트레이딩 요령과 약간의 상식만 있으면 모든 기술적 분석 서적을 다 합친 것보다 더 큰 성과를 거둘 수 있다. 인간은 컴퓨터보다 지지선과 저항선을 더 잘 판단할 수 있다. 정말이다. 개인 투자자는 자기 생각보다 훨씬 더 큰 강점을 갖고 있다.

우리는 활발하게 거래하는 투자자들을 위해 이 책을 집필했다. 이 책은 우리 두 사람이 지난 15년 동안 주식과 선물 거래에 사용해 온 전략들을 모았다. 각 전략의 개념은 매우 간단해서 실제로 우리의 친구들과 동료들이 쉽게 적용할 수 있었다. 단순한 기술적 분석에 관한 책이 아니다. 제한된 시간 동안만 시장에 머물 수 있도록 거래 진입에 적절한 조건들을 명확하게 설명한다. '명쾌한 한 방'과 이를 관리하는 고유한 방법론을 모아 놓은 책이라고 생각하면 이해가 쉬울 것이다.

각각의 패턴은 특정한 시장 상황을 나타낸다. 가장 명확하고 신뢰할 수 있는 패턴을 따라서만 거래해야 한다. 그러면 대부분의 거래 신호는 자산 시장의 종류나 거래 기간에 구애받지 않고 활용할 수 있다.

이 책은 스윙 트레이딩에 관한 모든 걸 가르쳐 줄 것이다. 스윙 트레이딩이란 시장의 지지선과 저항선을 지켜보며 해당 영역을 중심으로 거래에 적극 참여하는 행위를 의미한다. 손절매 포인트는 손실을 최소화하기 위해 지지선 바로 아래나 저항선 바로 위에 설정한다. 당신은 이러한 영역 내에서 최고의 매매 타이밍을 포착하는 방법과 거래 진입 즉시 수익을 확정 짓는 방법을 배울 수 있다.

이러한 진입 신호를 활용해 최대 수익을 내기 위해서는 유의해야 할 몇 가지 사항들이 있다.

- 새로운 개념이나 전략을 최초로 시도할 때는 모의 거래를 해 보는 것이 중요하다. 한 가지 패턴을 여러 번 반복해서 접해야만 익숙해질 수 있다. 패턴이 스스로 반복된다는 믿음을 가져야 한다. 패턴이 형성되기 시작할 때 (이를 눈치채고) 잔뜩 흥분한 자신을 발견해도 놀라지 말라.
- 패턴에 대한 이해 없이 거래를 시작하지 말라. 패턴을 100% 확신하지 못한다면 지속적인 손실을 막을 수 없다.
- **주식으로 먹고살려면 패턴 하나만 정복하라.** 먼저 한 가지 패턴에 집중하는 법을 배우라. 우리는 5분짜리 S&P 차트를 가지고 '안티Anti' 패턴으로만 거래하는 트레이더 두 명을 알고 있다. 어떤 친구는 틱 차트tick chart에서 '세 명의 인디언Three Little Indians' 패턴이 나타날 때만 거래한다. 이 책에서 제시하는 패턴 중 어느 하나만 잘 이용해도 주식으로 충분히 먹고살 수 있다.
- 트레이딩에서 가장 큰 적은 방향성 착각directional bias, 즉 시장 방향에 대한 의견이다. 이는 본인의 의견이거나 브로커의 견해 혹은 친구의 주장일 수도 있다. 다 집어치우라. 차트의 '오른쪽', 즉 현재 눈에 보이는 패턴에만 집중하라.
- 이 책을 읽으면 '시장의 목소리에 귀 기울이는' 능력을 얻을 수 있다. 어떤 챕터

에서 다루는 내용이 당신의 트레이딩 스타일과 맞지 않는다고 느껴지더라도, 최소한 주요 시점에서 시장과 가격의 움직임을 파악하는 데 도움이 될 수 있다.

- **이러한 시스템 중에 기계적인 투자 전략 시스템은 없다.** 그 사실에 감사하라. 만약 전략이 기계적인 시스템처럼 짜여 있다면, 대형 펀드가 시장에 들어와 대부분의 이득을 낚아챌 테니까. 선물 시장의 대규모 자금 풀pool 90% 이상이 기계적으로 운영되며, 체계적 추세 추종 전략을 활용하는 것으로 추산된다. 대형 펀드가 단기간에 대규모 자금을 이동시키기는 매우 어려운 일이다. 예기치 못한 슬리피지* 위험 때문에 손절매 주문을 사용할 엄두를 내지 못하며, 소규모 투자자들처럼 민첩하게 대응할 수도 없다. 바로 이 부분이 당신 같은 개인 투자자들에게는 **강점**으로 작용한다.

- 이제 가장 중요한 이야기를 꺼낼 차례다. 초기 손절매 주문은 선택이 아닌 필수다. 이 책에서 다루는 전략들은 주문 체결과 동시에 손절매 포인트를 설정하도록 한다. 손절매 포인트는 최악의 상황에 대비하기 위한 것이다(우리는 오직 확률에 기반해 거래하고 있음을 기억하라). 거래가 미끄러지는 순간, 안 좋은 상황에서 토끼처럼 얼어붙는 단 한순간이 과거 스무 번의 트레이딩 노력을 물거품으로 만들 수 있기 때문이다. 따라서 **초기에 손절매 포인트를 설정하는 것은 절대적인 습관이 되어야 한다.** 그렇게 하면 대부분, 아니 모든 사례에서 손절매로 보는 손실은 소액에 그칠 수 있다.

이 책에서 언급하는 패턴들은 스윙 트레이딩에서 사용되는 서로 다른 세 가지 개념을 중심으로 구성된다. 바로 '테스트Tests', '되돌림Retracements' 그리고 '클라이맥스 반

---

* slippage, 매매 주문 시 주문 가격과 실제 체결 가격 사이에 발생하는 차이를 말한다. —편집자 주

전Climax Reversals'이다. 지지선과 저항선을 형성하는 이 개념들에 대해서는 스윙 트레이딩을 소개하면서 자세히 설명하겠다. 그 뒤에는 자금 관리에 대한 설명이 이어질 것이다.

파트 1에 포함된 챕터로는 '터틀 수프Turtle Soup', '터틀 수프 플러스 원Turtle Soup Plus One', '80-20 전략', '모멘텀 핀볼Momentum Pinball' 등이 있다. 파트 2의 되돌림 패턴을 다루는 챕터로는 안티와 두 가지 ADX 거래가 있다. 마지막으로는 각기 다른 클라이맥스 반전 패턴에 대해 알아볼 것이다. 우리는 '뉴스 반전News Reversal' 패턴부터 독특한 바 차트 형태까지 다양한 매매 신호를 즐겨 사용한다.

시러큐스 대학Syracuse University의 재무학 교수인 친구가 집필한 부분도 있다. 최상위 파생상품 운용 자문가Commodity Trading Advisor, CTA들의 장기 생존력과 수익성 비결을 연구하고 그 결과를 요약한 그의 글에 당신도 빠져들 것이다. 우리가 그랬듯 말이다.

부록에는 적용할 수 있는 모든 백테스트 결과가 수록되어 있다. 오리건주 유진에 있는 무어 리서치 센터Moore Research Center에서 독자적으로 테스트했는데, 시장의 패턴을 설명하고 이에 따라 시장에 기회가 분명히 존재한다는 사실을 보여준다. 그러니 이러한 백테스트들은 단순히 (따라 할 수 있는) 기계적인 전략 시스템이 아니다.

전략들을 살펴보기 전에 먼저 스윙 트레이딩의 메커니즘을 알아보자.

스윙 트레이딩

"진정한 의미에서 투기는 예지력을 요구하는 일이다."

−리처드 와이코프 Richard D. Wyckoff

전략이 어떻게 작동하는지 이해하려면 스윙 트레이딩의 기본 내용부터 익혀야 한다. 찰스 다우Charles H. Dow 시대 이후로 트레이더들은 두 가지 상반된 투자 방식을 언급해왔다. 첫째는 '길게 끌고 갈' 마음을 먹는 것이다. 펀더멘털을 통해 시장이나 증권의 내재가치를 파악하는 방식이 여기에 속한다. 거래는 재평가가 이루어지기 전까지 그대로 유지된다. 이는 궁극적으로 장기적인 경제 정책이나 수요 및 공급의 근본적인 변화에 의존하는 추세 추종 전략과 유사하다. 두 번째 투자 방식은 1908년 다우가 설명한 것처럼 "활발한 시장에서 여러 차례 거래를 실행하고, 손실 방어를 위해 손절매 주문에 의존하는 것"이다. 후에 '스윙 트레이딩'이라고 불리는 방식이다. 장기적으로 어떤 추세인지와는 관계없이 매수 포지션과 매도 포지션 모두에서 거래 기회는 자연스레 발생한다.

스윙 트레이딩은 시장의 다음 움직임을 예측하고 가장 가능성 있는 결과가 무엇인지 파악하는 일이다. 예를 들어 시장이 지지선을 돌파해 급락하는 경우, 가장 효과적인 거래는 첫 번째 반등 시점에 매도하는 것이다. 어느 정도 높은 확률로 방향을 전환하려면 시장은 적어도 그 전에 새로운 저점을 다시 테스트할 것으로 예상된다. 이것이 시장이 다음으로 보일 가장 유력한 움직임이기 때문이다.

모든 거래의 주된 목표는 수익의 극대화가 아니라 위험의 최소화다. 포지션은 거래 이후의 시장 상황에 따라 관리되지만, 결과를 정확히 예측할 수는 없다. 일례로 테스트 구간에서 트레이딩하고 있을 때, 그 결과가 진정한 반전으로 이어질지 아니면 단순히 이전 움직임이 계속되기 전에 나타나는 횡보 패턴에 불과한지 알 수 없다. 따라서 우리는 적절한 방향으로 '남보다 먼저 진입'하는 동시에 진입 포인트 가까이에 손절매 포인트를 설정할 기회를 노린다.

추세 추종 전략은 거래가 숨 쉴 공간을 제공하고 가치 하락을 용인한다. 하지만 스윙 트레이딩은 시장의 반응을 견딜 것이 아니라 기존에 거둬들인 이익을 포기하지 않는 데 달려 있다. 거래는 가격이 움직이는 방향으로 청산하거나 가격 반전이 발생한 즉시 청산해야 한다. 트레일링 스톱[*]은 이미 얻은 이익을 확정할 수도 있다.

트레이딩을 잘하려면 극단적인 가격 변화와 높은 거래량 및 유동성을 잘 활용해야 한다. 이 책에 나오는 모든 패턴은 활발한 시장 상황에서 수익을 낼 수 있도록 설계되었다. 우리는 감정적으로 과열된 시장 상황을 가려내는 방법, 스마트 머니와 뒤늦게 뛰어든 대중들의 매매가 어떻게 다른지 파악하는 방법을 알려주고자 한다.

스윙 트레이딩에서 가장 강력한 패턴은 이전에 형성된 고점이나 저점을 테스트하는 구간에서 거래하는 것이다. '이중 손절매 포인트'를 형성하는 이 테스트 패턴은 가장 적은 손실 위험으로 훌륭한 거래 진입 포인트를 제공한다. 매수 포지션을 취할 수 있는 저점 테스트는 이전의 저점보다 약간 높거나 낮은 수준에서 나타날 수 있다. 지지선은 이러한 테스트 이후에 형성된다. 우리가 사용하는 수많은 매매 신호 패턴은 성공적인 테스트가 이루어진 후(시장이 이전의 고점이나 저점까지 다시 한번 도달하여 테스트한 뒤 더는 같은 방향으로 움직이지 않을 때)에 발생한다.

---

* trailing stop, 보유한 포지션에서 이익이 발생할 때 이익을 보호하기 위해 가격을 따라가며 추적하는 익절매 방식이다. —편집자 주

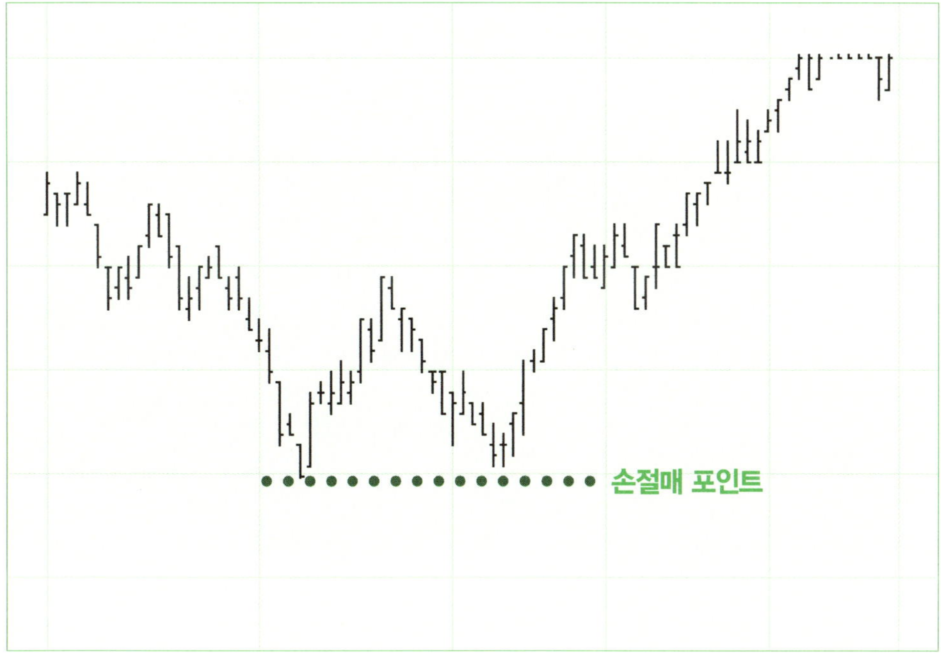

두 번째 유형의 거래는 반응reaction 또는 되돌림 시점에 진입하는 것이다. 이는 저점과 고점이 높아지는 추세에서 '더 높은 저점에 매수하는(혹은 저점과 고점이 낮아지는 추세에서 더 낮은 고점에 매도하는) 것'을 의미한다. 이때 손절매 포인트는 단 하나뿐이다. 하지만 거래 진입이 추세와 같은 방향으로 이루어지기 때문에 (추세의 반전을 확인하는) 별도의 테스트는 필요 없다.

마지막 거래 유형은 클라이맥스 또는 소진exhaustion 패턴에서 이루어진다. 성공적인 클라이맥스 거래는 변동성이 높은 환경에서 시장이 반전된 **이후**에 이루어진다. 트레이더는 포지션에 진입하기에 앞서 '클라이맥스 손절매 포인트'가 설정되어 있는지 확인해야 한다. 정확한 시점에 진입한다면, 시장은 그 즉시 유리한 방향으로 움직일 것이다.

스윙 트레이딩은 이 세 가지 유형의 패턴을 **예측**하는 법을 배우는 것이다. 이 책에서 소개하는 대부분의 패턴과 마찬가지로 사전에 지정가 주문을 걸어놓을 수 있기 때문에 모든 세세한 가격 변동에 주시할 필요는 없다. 하지만 당신은 시간이 흐를수록 테이프 판독 능력, 즉 시장 움직임을 따라가는 능력이 크게 향상되는 것을 느낄 수 있다.

그밖에 스윙 트레이딩에서 지켜야 할 기본 원칙들은 다음과 같다.

- 하나의 주기로만 차트를 바라보라! 큰 그림을 파악하는 일은 물론 중요하다. 하지만 큰 그림이 당신의 진입 포인트나 청산 시점, 거래를 관리하는 방식에 영향을 미쳐서는 안 된다. '큰 그림'을 본답시고 초단기 스캘핑 거래를 질질 끌지도 말라.

- 확신이 없다면 물러나라! 거래에 진입한 이후 시장이 둔해지면서 진입 당시의 예상 방향으로 진전하지 않는다면 손절매 포인트에 도달할 때까지 기다리지 말고 곧바로 철수하라. 더 활발하게 움직이는 시장이나 더 나은 거래 기회를 모색하라. 이 책에서 소개하는 모든 전략으로는 즉각적인 보상을 기대할 수 있어야

한다. 그렇지 않으면 거래가 손실로 이어질 가능성이 커진다.

- 조용하고 움직임이 적은 시장에서는 거래하지 말라. 다우, 리버모어Jesse Livermore, 리아Robert Rhea, 테일러George Douglas Taylor, 갠William D. Gann 등 모든 위대한 투자자들이 입을 모아 강조하는 말이다. 수익성 있는 거래를 하려면 활동성과 유동성이 뒷받침되어야 한다.

- **손실 포지션을 다음 날까지 끌고 가지 말라.** 포지션을 청산하고 다음 날 더 유리한 가격대에서 진입을 시도하라.

- 뜻밖의 횡재가 찾아온다면 **그 즉시 수익을 확정하라.** 뜻밖의 횡재란 예상보다 훨씬 더 큰 수익을 뜻한다. 해당 거래의 절반 또는 전체에서 이익을 실현하고, 남은 거래에 대해서는 극도로 근접한 손절매 포인트를 설정한 뒤 이를 추적하라.

- 마지막으로, 단기 매매든 기계적 시스템을 통한 매매든 수익률 분포는 왜곡되기 마련이라는 사실을 명심하라. 한 달 수익의 대부분은 두세 건의 큰 거래에서 나올 수도 있다. 대부분의 개별 거래에서 수익은 그다지 크지 않게 느껴질지 모른다. 하지만 그보다 더 중요한 건 손실 또한 미미해야 한다는 것이다.

대박 거래의 수익을 '확정'하는 것이 가장 중요하다. 스윙 트레이딩을 할 때는 방어적인 자세를 취하며 한 번 얻은 이익을 내어주어서는 안 된다.

지금 관리

"모든 이익을 취하되, 놓친 이익에 대한 후회는 접어두라.
장어는 생각보다 빨리 빠져나가는 법이니."

—조셉 드 라 베가Joseph de la Vega, 1688년, 초기 트레이딩에 관한 저서에서

적절한 자금 관리가 수반되지 않으면 이 책에 등장하는 모든 트레이딩 전략은 100% 무의미하다. 잘못된 거래 한두 번으로 자산을 날려버린 유능한 트레이더들의 사례는 셀 수도 없을 만큼 많지 않은가. 우리 두 사람도 초짜 시절에 그런 경험을 했다. 트레이더로서의 성패를 가르는 핵심 요인은 시장 진입 기술이 아니라 자금 관리 기술이라고 생각한다. **'자금 관리'란 순전히 수익 기회를 최대한 활용하면서 손실을 최소한으로 유지하는 것을 말한다.**

자금 관리는 모든 투자자에게 중요하지만, 특히 단기 투자자에게 더욱 중요하다. 장기 추세 추종자들과는 달리, 단기 투자자들은 어느 한 건의 거래로 큰 수익을 내는 경우가 드물다. 따라서 홈런의 가능성을 바라보며 큰 폭의 주가 하락을 감수하는 추세 추종자들과는 다르게, 생존을 위해 손실을 최소한으로 유지해야만 한다. **모든 거래의 손실을 최소화하다 보면 80%의 승리를 거머쥘 수 있다.**

이 책에 등장하는 모든 패턴은 동일한 자금 관리 방법을 따른다. 다음 원칙들을 준수하면 어떠한 유형의 단기 트레이딩에서도 성공을 거둘 것이다.

1. 진입은 한 번에 하라! 여러 수량을 매매할 때 한꺼번에 거래를 실행하라는 뜻이

다. 수익이 나고 있는 포지션에 추가 진입해서는 안 된다.

2. 전체 포지션에 대한 초기 손절매 포인트는 가장 최근의 고점이나 저점보다 1~2
   틱(tick, 최소 가격 단위) 아래쪽에 설정하라(시장이 이렇게 정의한 지지선 혹은 저항선,
   즉 '위험 포인트'를 넘어설 때 넋 놓고 있으면 안 된다). 정확히 어떤 순간에 거래를 종
   료할지는 주관적인 문제다. 하지만 초기 손절매 포인트는 주관의 영역이 아니
   다.

3. 시장이 예상했던 방향으로 움직이는 그 즉시 거래를 점진적으로 청산할 기회를
   노리라. 보유하고 있는 포지션 일부를 청산함으로써 위험을 줄이고 수익을 확보
   할 수 있다. 단일 계약 위주로 트레이딩 중이라면(초보자라면 당연히 그래야 한다),
   미리 걸어둔 청산 주문을 실행해 수익을 확정하라.

4. **중요 포인트!** 시장이 포물선처럼 움직이거나 가격 범위가 확대되는 움직임을 보이
   면 전체 수량에 대한 이익을 실현하라. 이는 클라이맥스일 가능성이 매우 크다.

가격 범위가 확대된다는 건 가격 변동 폭이 매우 크다는 의미인데, 최후의 투자자
들(감정적으로 뒤늦게 뛰어든 사람들)까지 시장에 몰려들면서 발생하는 현상이다. 이 마지
막 투자자 그룹의 진입을 끝으로, 시장에 추가로 뛰어들어 가격 상승이나 하락을 지속
하는 데 힘을 보탤 사람은 더 이상 없다.

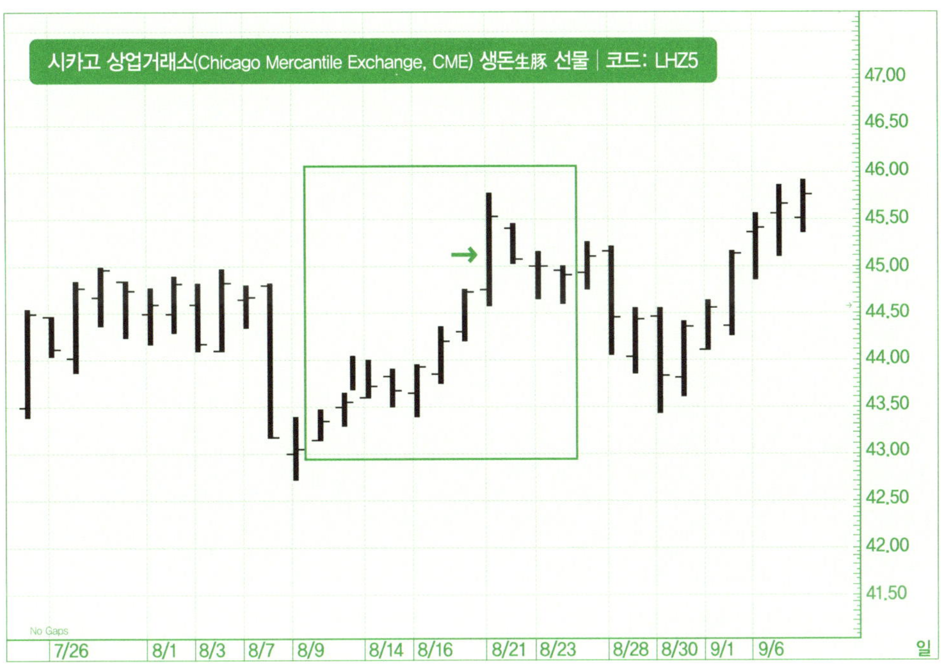

래리_LARRY_ :

포물선형 움직임에서 손절매 포인트를 앞당기는 법을 배운 뒤, 나는 더 수익성 있는 트레이더가 되었습니다. 그런 움직임이 나타날 때면 시장이 내 이익을 잡아먹기 전에 나를 내쫓아 주기를 바라지요.

린다_LINDA_ :

그런 움직임을 포착할 만큼 운이 좋을 경우, 나는 거래 방향과 같은 방향에서 포지션을 청산하고자 합니다. 그렇게 하면 최소한의 슬리피지로 긍정적인 수익을 얻을 수 있을 테니까. 그 시점에는 유동성도 충분하고, 내 주식을 넘겨받을 누군가가 있을 거예요.

요점은 우리 둘 다 추가 진입이 아니라, 적극적으로 거래를 종료하고 이익을 취하려 한다는 점입니다.

큰 수익이 나는 거래에 머무는 게 너무 기쁜 나머지, 때로는 어디쯤에서 수익을 취할지 생각하기를 멈추는 일이 발생합니다. '왜 더 큰 금액을 넣지 않았을까?' 후회하기도 하고요. 당연하게도 바로 그 순간이 청산하기에 가장 좋은 시점입니다. 20년 경력의 전문 트레이더인 한 친구는 이렇게 말했어요. "개미가 몰려들면 먹이를 던져 줘라." 즉, 모두가 원하고 있을 때 파는 것이 가장 현명합니다. 가격은 이미 크게 올랐고, 감정은 시장을 극단까지 끌고 가지요. 이러한 상황이야말로 청산하기에 가장 이상적인 시점입니다.

아무리 거래 경력을 쌓는다고 해도 결코 완벽한 거래를 할 수는 없어요. 그 좋은 예로 내 친구 중에 선물 트레이딩으로 1억 달러가 넘는 수익을 내고 은퇴한 시장의 마법사가 한 명 있는데, 그는 자신의 가장 큰 약점은 청산 전략을 제대로 통달하지 못한 것이라고 말했습니다. 아마도 몇 건의 거래에서 너무 일찍 빠져나왔다고 생각해서 불만족스러운 듯합니다. 하지만 그가 달성한 이익으로 미루어보면 그것이야말로 트레이딩의 정석이지요. 완벽한 청산 전략이라는 건 애초에 존재하지 않을지도 모릅니다. 작은 시장 반응에 너무 일찍 거래를 접는 한이 있어도 일단 수익이 발생하면 그걸 확보하는 일이 가장 중요합니다.

사람들은 스무 번 중 단 한 번 돈 벌 기회를 놓친 경험에만 집중하고, 시장에서 빠져나오는 선택이 옳았던 다른 모든 상황에 대해서는 생각하지 않는 경향이 있어요. 성공한 거래가 순이익에 얼마나 기여했는지만 고려하세요. 이것이 바로 성공적인 거래소 현장 트레이더의 마음가짐입니다.

위험을 최소화하는 궁극적인 방법은 시장에 최대한 짧게 머무르는 것이다. 시장에 오래 머물수록 '가격 쇼크'나 예상치 못한 악재에 더 많이 노출될 수밖에 없다. 시장의 잡음이 커지면 커질수록 시장 반응은 더욱 빈번해진다. 수익을 봤을 때 실현하지 않으면, 시장은 그 이익을 다시 거두어 가기 마련이다.

스스로 생각하고 자립하는 법을 배워야 한다. 어떤 거래에 대해 타인의 의견을 물어야 하는 상황이라면, 그 거래에는 아예 발도 들이지 말라.

1987년 나는 그 교훈을 몸소 체득했습니다. 심각한 '전문가병'에 걸린 것이지요. 평범하고 어느 정도 지적인 개인이 갑자기 스스로 인식하는 능력을 잃고, 자신보다 대단하다고 믿는 타인의 의견에 굴복하게 되는 병 말이에요. 내 경우에는 1984년에서 1987년 사이의 강세장을 정확하게 예측했던 한 시장 전문가를 열렬히 추종했습니다. 1987년 8월 말 다우지수가 사상 최고치(2,700선)를 기록했을 때, 그는 나를 비롯한 추종자들에게 그랜드 슈퍼사이클[*]로 인해 조만간 다우가 700~800포인트 추가 상승할 것이라고 말했습니다.

---

[*] grand supercycle, 엘리어트 파동이론의 가장 큰 주기로, 수십 년에서 수백 년을 주기로 하는 세기적 파동을 의미한다. —옮긴이 주

그전까지 나는 개인 자산에 있어 꽤 보수적인 편이었고 운 좋게도 축적해 놓은 돈도 넉넉한 수준이었습니다. 전문가님께서 한 소식지를 통해 이런 발언을 했을 때, 나는 즉시 백지 한 장을 꺼내 부자가 되는 길을 그리기 시작했지요. 800포인트(예상되는 그랜드 슈퍼사이클의 변동 폭)를 8(OEX* 1포인트를 움직이는 데 필요한 다우지수 포인트의 근사치)로 나누었더니 100이 나왔다. 그런 뒤 재빨리 이 100에 100달러(OEX 옵션 계약 하나가 1포인트 움직일 때마다 증가하는 달러 가치)를 곱해 1만 달러라는 숫자를 얻었지요.

나는 흥분을 감출 수 없었습니다. 전문가님의 예언이 적중한다면, 나는 OEX 한 계약당 1만 달러를 벌 수 있으니 말이에요. 다음 날 나는 훌륭한 제자라면 마땅히 해야 할 일을 실행에 옮겼습니다. OEX 콜옵션을 공격적으로 매수하기 시작한 것입니다. 9월 만기 콜옵션, 10월 만기 콜옵션, 행사가격이 서로 다른 콜옵션 여러 개… 뭐가 됐든 전부 사들였어요. 며칠 만에 순자산의 30%를 이들 콜옵션에 투자했습니다. 앞으로 벌어들일 돈을 생각하느라 밤잠을 이루지 못한 시절이었어요.

우연히도 그 무렵 (첫째를 임신한 지 5개월에 접어든) 아내와 나는 마우이섬에서 2주간 휴가를 보낼 계획이었습니다. 비행기에 탑승하던 날 아침이 되자 전문가님께서 말씀하신 대로 주가는 15포인트 정도 올라 있었죠. 그 6시간은 내 인생에서 가장 긴 비행시간이었어요. 그날 내가 얼마나 많은 돈을 벌었는지 알고 싶어(수십 달러일까? 수백 달러일까? 아니면 수천 달러?) 착륙만 손꼽아 기다렸지요. 그리고 호텔에 도착하자마자 비서에게 전화해 좋은 소식이 있는지 물었습니다. 대화는 이런 식으로 흘러갔던 것으로 기억해요.

---

* S&P100을 기초자산으로 하는 옵션의 계약 코드다. —옮긴이 주

나(래리):

카멜, 오늘 시장이 50포인트 올랐나요? 아니면 100포인트까지 올랐나요?

*카멜*CARMEL:

(침묵)

나:

빨리 말해 봐요. 무슨 좋은 소식 있어요?

카멜:

오늘 하루 52포인트 하락했어요.

나:

하하, 재밌는 농담이네요. 근데 진짜로 얼마나 올랐는데요?

카멜:

농담 아니에요, 래리.

나:

(진지하게) 내 옵션 가격 좀 불러줘요, 카멜.

카멜:

(옵션 가격을 불러준다.)

나:

이런 제기랄!

나는 비서에게 작별 인사를 중얼거리고 곧바로 전문가님에게 직접 전화를 걸었습니다. "너무 걱정하지 마세요. 조만간 그랜드 슈퍼사이클의 고점이 온다는 내 예측은 아직 유효합니다." 그날 하루 큰 손실을 보기는 했지만, 나는 곧 부자가 될 거라는 확신을 품은 채 휴가를 시작했지요.

다음 날 아내와 나는 마우이의 콘도를 둘러보며 아침나절을 보냈습니다. 곧 백만장자가 될 28세 트레이더라면 누구나 콘도 한 채쯤은 가지고 있어야 한다고 생각했거든요. 부동산 탐방이 끝났을 무렵은 마침 그날 장이 마감했을 시간이었어요. 비서에게 다시 전화를 걸어 시세를 물었습니다.

카멜:

좋은 소식과 나쁜 소식이 있어요.

나:

나쁜 소식 먼저 들을게요.

카멜:

시장이 오늘 또 9포인트 하락했어요.

나:

대체 좋은 소식은 뭔데요?

35포인트까지 떨어졌었거든요.

이번에는 카멜에게 제대로 인사도 하지 못했어요. 전화를 끊자마자 전문가님의 직통 전화번호를 눌렀지요. 그는 다시 한번 그랜드 슈퍼사이클은 여전히 건재하다고 장담했습니다(정신과 전문의들은 이를 '부정'이라고 부를 것 같습니다). 이런 상황이 휴가 내내 매일 반복되었고, 매우 평온한 쉼을 누려야 했을 2주는 끔찍한 악몽의 14일이 되고 말았습니다(그 직후에 시장에 어떤 일[*]이 일어났는지는 다들 이미 알겠지요).

이처럼 전문가들의 예측에 따라 당신의 결정이 줏대 없이 휘둘리면 안 된다. 자기 자신의 조언을 따르고 스스로에게 잘 맞는 전략으로만 거래한다면, 위와 같은 비극적인 상황을 피하고 트레이더로서의 역량을 극대화할 수 있다.

---

[*] 1987년 8월 말 다우지수는 사상 최고치를 찍은 뒤 그 해 10월 중순까지 하락 조짐이 이어지다 결국 10월 19일 블랙 먼데이로 폭락했다. —옮긴이 주

테스트

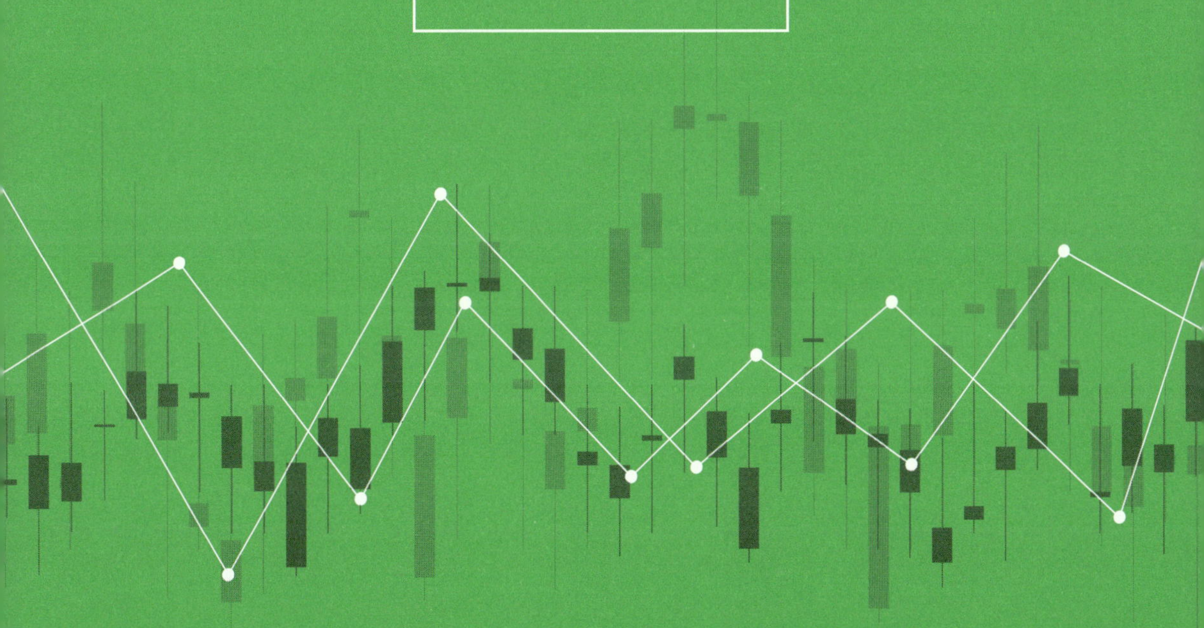

터틀수프™

터틀 수프[*] 패턴은 스윙 트레이딩의 기본 테스트 개념을 잘 나타낸다. 변동성이 크고 상당한 수익 창출 기회를 제공하는 패턴이다. 처음에는 보이는 것만큼 거래하기 쉬운 패턴은 아닐지도 모르지만, 이후에 뒤따르는 반전 패턴은 추세 변화의 가능성을 암시하고 그 추세는 상당 기간 지속될 것이다. 위험 포인트는 매우 근접한 지점에 미리 정의된다.

이 패턴의 규칙을 살펴보기 전에 먼저 그 배경을 알아보자. 1980년대에 '거북이 투자자들Turtles'로 알려진 한 트레이더 그룹은 20일 가격 돌파를 이용한 시스템을 사용했다. 리처드 던키안Richard Donchian이라는 사람이 일찍이 4주 가격 돌파를 표준 추세 추종 전략으로 대중화했다. 20일 가격 돌파 시스템은 가격이 20일 최고가를 경신하면 **매수**하고, 20일 최저가를 경신하면 **매도**하는 전략이다. 특히 여러 자산 시장에서 동시에 거래할 때 장기적인 효과를 나타낸다. 페르시아만의 걸프전(원유 시장)이나 한파(커피 시장)처럼 어느 특정 시장에서 예상치 못한 일이 발생할 가능성은 매우 크기 때문이다.

---

[*] 이 전략의 이름을 거북이 투자자들(Turtles)이나 터틀 시스템(turtle system)을 이용해 트레이딩하는 사람을 비하하는 것으로 해석하면 안 된다. 누군가 이 패턴을 우습게도 '터틀 수프'라고 불렀는데, 그 명칭이 그대로 굳어진 것뿐이다.

이 시스템은 흔치 않은 사건이나 중요한 추세를 포착하는 방법에 상당히 의존한다. 하지만 허위 가격 돌파 횟수가 상당하기에 손실 폭이 매우 크고 비용 대비 수익 비율이 낮은 편이다. 터틀 수프 패턴에서 기회는 바로 이 점에 있다.

우리가 제안하는 방법은 돌파 실패 지점을 확인한 후 그 반대 방향으로 올라타는 것이다. 시장이 강한 추세를 보이면 이러한 돌파 실패는 대부분 오래가지 않는다. 하지만 드물게 이러한 반전이 중장기적인 추세 반전으로 이어지고, 그 결과 엄청난 수익을 가져오기도 한다.

이 책에 제시된 다른 모든 전략과 마찬가지로, 이 전략도 기계적으로 거래하는 시스템은 아니다. 이전 챕터에서 설명한 자금 관리 규칙에 따라 거래를 관리해야 한다. 시장은 20일 고점과 저점을 중심으로 활발하게 움직인다. 따라서 시장 변동성과 그에 따른 거래 기회를 포착하려면 해당 고점 또는 저점이 만들어내는 시장 상황을 예의 주시해야 한다.

규칙은 다음과 같다.

매수 거래 조건(매도 거래는 이와 반대)

1. 오늘 새로운 20일 최저가를 기록해야 한다. 낮을수록 좋다.
2. 이전의 20일 최저가는 최소 4거래일 전에 발생했어야 한다. **이 점이 매우 중요하다.**
3. 시장 가격이 이전의 20일 최저가 아래로 떨어지면, 이전 20일 최저가보다 5~10틱 높은 지점에 매수 진입 주문을 설정한다. 이 진입 가격은 당일만 유효하다.
4. 매수 주문이 체결되면 그 즉시 당일 저가보다 1틱 낮은 가격에 직접 취소하기 전까지는 유효한 최초의 손절매 주문을 걸어야 한다.
5. 포지션이 이익을 내면 수익을 다시 잃지 않도록 트레일링 스톱을 활용하라. 이 전략을 이용하다 보면 거래는 2~3시간 혹은 며칠 동안 지속되기도 한다. 20일 고점

과 저점의 변동성과 노이즈 때문에 각 시장은 서로 다른 움직임을 보인다.

6. 재진입 규칙: 거래 첫날이나 둘째 날 손절매 주문이 실행되어 거래를 종료했다면, 본래의 진입 가격 수준에 매수 진입 주문을 걸고 재진입할 수 있다(진입 첫날과 둘째 날까지만 허용된다). 이렇게 하면 수익성을 높일 수 있다.

1995년의 몇 가지 예시를 살펴보자.

▌[그림 4.1] 1995년 12월물 S&P

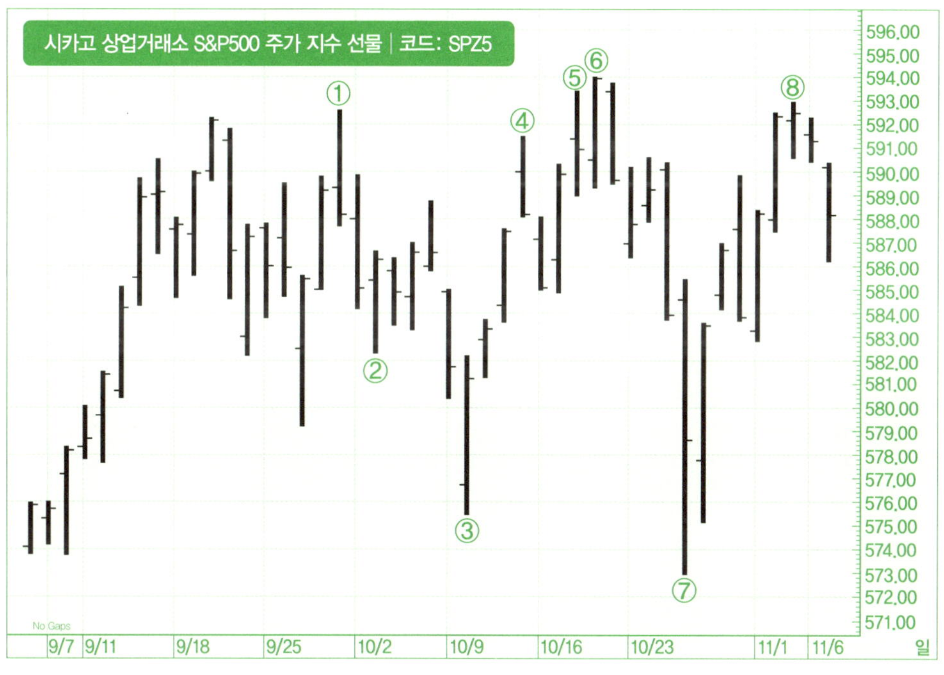

① 9월 29일, 시장은 20일 고점을 경신한 후 반전한다. 이전의 20일 고점은 9월 20일에 기록한 592.25포인트로, 이는 당일 기준 시 최소 4거래일 이전에 기록된 것이다. 우리는 9월 20일 고점보다 5틱 낮은 592.00포인트에 매도 포지션을 취한다. 최초 손절매

포인트는 당일 고가보다 1틱 높은 592.65에 설정한다.

② 이틀 뒤 시장은 최저 582.00포인트까지 내려간다. 트레일링 스톱은 우리가 수익의 상당 부분을 확보할 수 있도록 보장해 준다.

③ 10월 10일, 20일 저점이 발생하고 반전한다. 이전의 20일 저점은 9월 27일 형성된 579.20포인트였다. 9월 27일의 저점보다 5틱 높은 위치에 설정한 매수 진입 포인트에 도달하자 거래가 실행되었고, 우리는 매수 포지션에 있다. 최초의 손절매 포인트는 당일 저가보다 1틱 낮은 575.45에 설정한다. 역시 포지션에서 수익이 발생하면 손절매 포인트를 빠르게 상향 조정한다.

④ 시장은 다음 몇 거래일 동안 가파르게 상승해 지수가 591선 위로 올라간다. 이는 우리의 진입 포인트보다 12포인트 높다.

⑤ 손실 거래. 시장은 20일 고점을 경신한 뒤 반전한다. 우리의 매도 진입 주문은 9월 29일 달성한 이전의 20일 고점보다 5틱 낮은 592.35에서 실행된다. 손절매 포인트는 당일 고가인 593.40보다 1틱 높은 곳에 설정한다.

⑥ 종가 근처에서 손절매 주문이 발동해 1.05포인트(여기에 슬리피지와 수수료를 추가 고려해야 한다)의 손실을 본다.

⑦ 20일 최저가 경신. 이전의 저점은 최소 4거래일 전에 발생했다. 시장이 반전했기 때문에 10월 10일의 저점보다 5틱 높은 지점에서 매수 거래가 실행된다. 최초 손절매 주문은 당일 저가보다 1틱 낮은 가격에 설정된다.

⑧ 5거래일 동안 16포인트 이상 상승했다!

① 1995년 7월 7일, 국채 시장에서는 20일 고점이 경신되고 반전한다. 이전의 20일 고점은 최소 4거래일 전인 6월 23일에 달성한 115-30이었다. 115-25의 가격대에서 매도하고 당일 고가인 116-06보다 1틱 높은 곳에 손절매 포인트를 설정한다.

② 시장은 점진적으로 하락하다가 7월 19일까지 포물선을 그리며 급락한다. 이전 챕터에서 언급했듯이, 가격이 이렇게 넓은 범위를 움직일 때마다 우리는 손절매 포인트를 앞당긴다. 대부분 이러한 움직임은 가격 변동의 종결을 의미하기 때문이다. 이 예시에서 가격은 진입가보다 5포인트 넘게 하락했다.

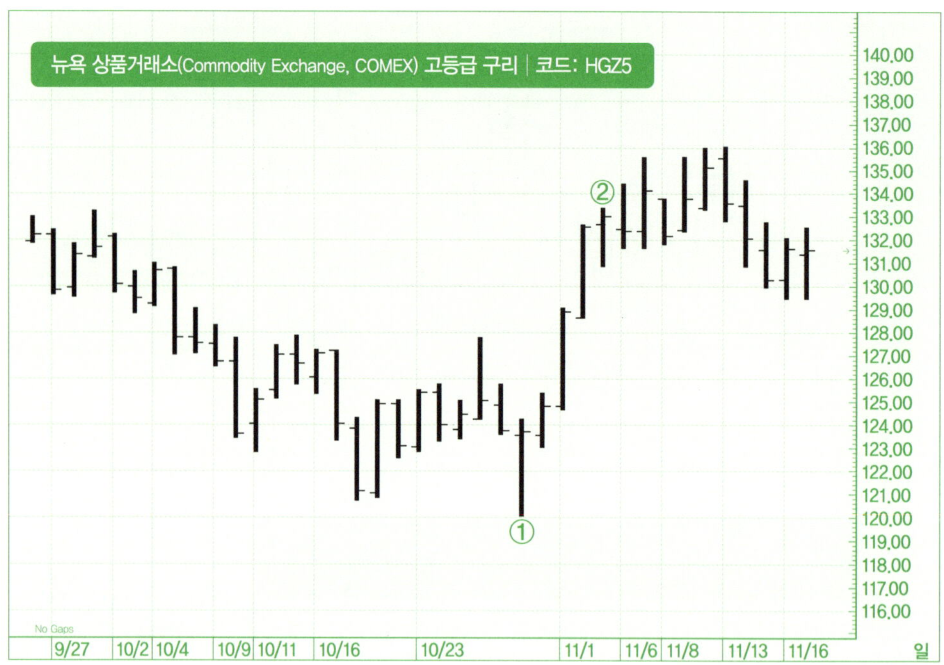

① 1995년 10월 30일, 20일 저점을 경신하고 반등한다. 이전 저점은 최소 4거래일 전인 10월 19일에 120.80포인트에서 형성되었다. 121.05포인트 구간에서 매수하고, 손절매 포인트는 당일 저가보다 1틱 낮은 119.95에 설정한다.

② 시장은 1주일 만에 10센트 이상 상승했다.

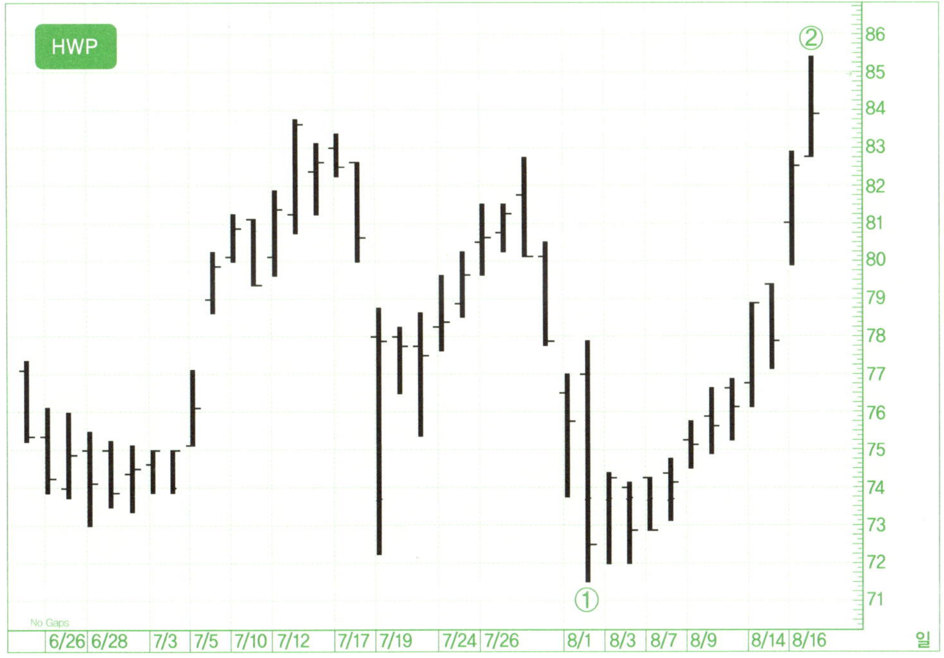

① 휴렛팩커드가 20일 저점을 경신하고 반등한다. 이전의 20일 저점은 최소 4거래일 전에 기록했다. 72½ 영역에서 매수 포지션을 취한다(터틀 수프 진입 신호에 따라 주식을 거래할 때는 20일 고점이나 저점의 약 ⅛포인트 아래 또는 위에서 진입한다는 점에 유의하라). 손절매 포인트는 당일 저가인 71 ½보다 ⅛포인트 낮은 지점에 설정한다.

② 이후 2주 동안 휴렛팩커드의 주가는 15% 이상 상승했다.

---

* 1995년 당시 휴렛팩커드의 종목 코드는 HWP였다. —옮긴이 주

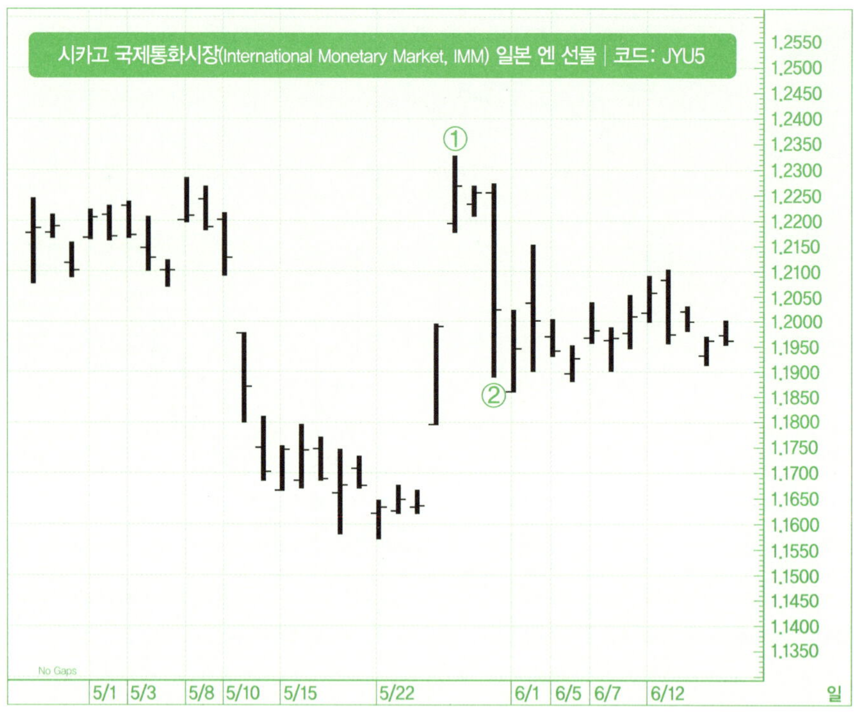

① 20일 고점. 이전의 20일 고점은 최소 4거래일 이전인 5월 8일에 형성되었다. 시장은 최고점을 달성한 이후 5월 8일 고점 아래로 하락했다. 우리는 매도 포지션을 취한다. 최초의 손절매 포인트는 당일 고가보다 1틱 높은 1.2326에 설정한다.

② 1.1900선 이하로 포물선 형태를 그리며 떨어진다. 이렇게 급격한 매도세가 나타나면 즉시 손절매 포인트를 앞당겨 수익을 확보한다.

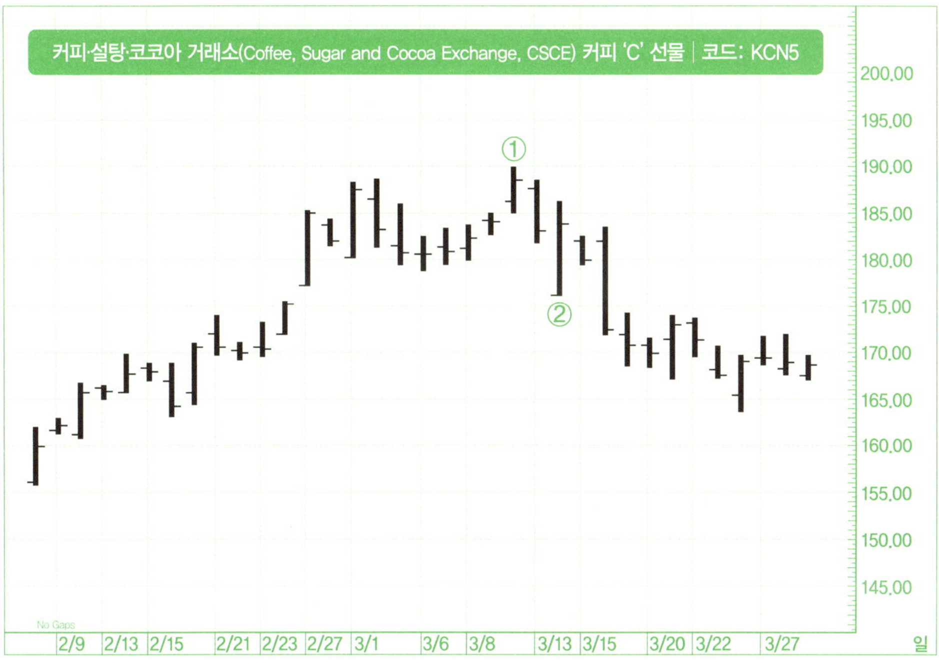

① 시장은 새로운 20일 고점을 달성한 뒤 반전한다. 이전의 20일 고점은 최소 4거래일 이전에 발생했다.

② 매우 급격한 매도세(이 패턴을 이용해 거래할 때 매매가 어려워지는 지점이 바로 이 지점이라는 사실을 명심하라). 3월 14일, 시장은 이틀 전 우리의 주문 체결가에서 거의 12포인트나 떨어진 수준에서 열렸다. 보다시피 시장은 즉시 더 높은 가격 수준으로 급등한다. (급격한 매도세로 얻었던) 큰 수익을 다시 날리는 건 어리석은 일이다. 향후 며칠간 매도세가 재개되지만, 그때는 이미 우리가 포지션을 청산한 뒤라고 보아야 안전할 것이다.

① 1995년 8월 2일, 천연가스는 20일 저점을 형성한 뒤 반등한다. 매수 진입은 1.400달러 수준에서 이루어지며, 최초의 손절매 포인트는 당일 저가보다 1틱 낮은 지점에 설정된다.

② 6거래일 만에 시장이 급등해 가격이 1.570선 위로 올라간다.

린다:

래리, 터틀 수프 전략을 어떻게 생각하게 되었나요?

래리:

시간문제였을 뿐 자연스러운 일이었지요. 윌리엄 오닐William O'Neill이 〈인베스터스 비즈니스 데일리Investors Business Daily〉에서 말한 대로 모멘텀 성장주의 돌파를 이용한 거래를 시도했지만 실패로 끝났습니다. 특히 큰 움직임이 발생하기 전에 손절매 포인트 때문에 거래가 종료되는 경우가 많아서 좌절했어요. 단기 트레이더이자 높은 성공률을 자부하는 트레이더로서, 저는 손실을 달갑게 받아들일 수 없었습니다. 그러던 중 거북이 투자자들의 방법론을 읽고, 그들의 시스템도 또한 허위 돌파 때문에 문제를 겪고 있음을 발견했지요.

린다:

그래서 허위 돌파를 이용하는 방법론을 만들었군요.

래리:

맞아요. 실패한 테스트를 위한 체계적인 거래 방법입니다. 그렇지만 이 패턴은 반전하지 않는 20일 고점과 저점이 많이 발생하는 기간이 있다는 단점이 있어요. 그러면 시간도 많이 잡아먹고 답답해지죠. 그래도 30개 선물 시장에서 한 달 평균 약 15~20건의 거래가 발생합니다. 저는 주식 시장에서 거래할 때도 이 패턴을 이용합니다.

린다:

당신만 20일 저점과 고점을 주의 깊게 살펴보는 건 아닌 듯해요. 우리 사무실에서도 수년 동안 그 포인트들을 계속 관찰해 왔거든요. 이렇게 변동성이 큰 시장 상황에 대해 사람들에게 어떤 조언을 해 주고 싶나요?

래리:

이 전략에는 반드시 엄격한 손절매 포인트 관리가 수반되어야 합니다. 대부분의 트레이더는 시장이 강한 추세를 보일 때 시장에 진입하는데, 그 뒤 짧은 가격 조정이 있고 다시 추세가 이어지지요.

린다:

그러면 이 방법은 단지 며칠 정도 거래할 때만 사용하는 건가요?

래리:

맞아요. 바로 이 점에 주관적인 판단이 따릅니다. 이 패턴은 장기적으로 엄청난 수익을 낼 수 있는 잠재력이 있어요. 하지만 저는 단기간 거래하기 때문에 그런 큰 움직임에 완전히 참여하지는 않습니다. 며칠의 투자로 준수한 수익 실현을 선호하지요. 장기 투자 성향인 분들은 때때로 상당한 수익을 낼 전략으로 이 패턴을 고려할 수 있습니다. 옵션에도 이러한 전략을 활용할 수 있겠지만, 저는 그러진 않습니다.

린다:

포지션의 수익이 증가하는 며칠 동안 손절매 포인트를 점점 더 가깝게 당긴다는 뜻인가요?

래리:

맞습니다. 가능한 한 수익을 확보하려고 노력하죠. 과거를 돌아보며 저 자신이 큰 움직임을 놓친 건 아닌지 걱정하지 않습니다.

이제 다음 챕터에서 터틀 수프 플러스 원 패턴을 살펴보자.

터틀 수프 플러스 원™

터틀 수프 플러스 원 전략은 매매 시점이 하루 뒤라는 점만 제외하면 터틀 수프 전략과 거의 같다. 이 전략도 모든 자산 시장에서, 모든 거래 기간에 적용이 가능하다. 우리는 시장이 새로운 중기 고가나 저가를 형성한 **다음 날** 반전할 때를 노린다.

투자 시장에는 추세 추종 트레이더나 돌파 전략 트레이더가 너무 많아서 돌파가 실패하고 시장이 반전되었을 때의 보상이 상당하다. 시장이 기존 포지션에 추가 매수 기회를 제공했다면 더더욱 그렇다. 이 패턴이 수익성을 보이는 이유는 일부 트레이더들이 **종가**가 새로운 20일 고점이나 저점을 벗어난 경우에만 진입하기 때문이다. 그렇게 시장은 더 많은 참가자를 함정에 빠뜨린다.

규칙은 다음과 같다.

매수 거래 조건(매도 거래는 이와 반대)

1. 시장이 새로운 20일 최저가를 기록한다. 이전의 20봉 최저가[*]는 최소 3거래일

---

[*] 20-day low는 '20일 최저가'로, 20-bar low는 '20봉 최저가'로 번역했다. 그러나 다른 언급이 있기 전까지는 예시 모두 1일 1봉 차트이므로 20봉 최저가를 20일 최저가로 봐도 무방하다. —옮긴이 주

이전에 달성한 것이어야 한다. 새로운 저점을 달성한 날의 종가(1일 차 종가)는 이전의 20봉 최저가와 같거나 더 낮아야 한다.

2. 매수 진입 포인트는 다음 날(2일 차)에, 이전 20일 최저가로 설정된다. 2일 차에 계약이 체결되지 않으면 거래는 취소된다.

3. 계약이 체결되면, 1일 차 저가와 2일 차 저가 중 낮은 가격에서 1틱 내려온 지점에 손절매 포인트를 설정한다.

4. 2~6일 사이에 부분적으로 수익을 실현하고 나머지 포지션에 대해서는 트레일링 스톱을 적용한다.

예시들을 살펴보자. 터틀 수프 플러스 원 패턴은 1994년 채권의 고점을 포착했다.

▌[그림 5.1] 1994년 3월물 채권

① 3월 만기 채권이 20일 고점을 달성했다. 만약 내일 채권이 1월 12일 달성한 이전 20일 최고가보다 낮은 가격에 거래된다면, 우리는 매도 포지션을 취할 것이다.

② 채권 시가는 117-09이므로 매도 포지션을 취한다. 최초의 손절매 포인트는 전일 고가보다 1틱 높은 117-29에 설정한다.

③ 터틀 수프 전략과 마찬가지로, 이 부분은 주관적인 판단이 필요하다. 채권은 하루 동안 강한 상승세를 보이다가 반전한다. 이러한 반전으로 인해 향후 2주 동안 가격은 111½* 까지 하락한다. 우리는 둘 다 단기 트레이더이므로 2월 4일에 수익을 확정했을 테고, 더 큰 이익을 놓쳤을 것이다.

▌[그림 5.2] 1995년 7월물 대두

* 이전과 일관된 표기법에 따르면 111-16에 해당한다. —옮긴이 주

① 1995년 4월 11일, 대두는 20일 최고치를 경신하며 마감한다. 만약 3월 20일에 기록한 이전 20일 고점보다 낮게 거래된다면, 우리는 매도 포지션을 취할 기회를 노린다.

② 대두의 시가가 이전의 20일 고점보다 낮으므로 매도 포지션을 취한다. 손절매 포인트는 전일 고가인 604보다 1틱 높은 곳에 설정한다.

③ 상당한 하락세. 4거래일 만에 25센트 이상 하락했다. 4월 13일의 급격한 매도세에 주목하라. 이런 날이 있고 나면 해당 거래의 이익을 확정하기 위해 평소보다 포지션의 수를 줄이거나 손절매 포인트를 당기고 싶을 것이다.

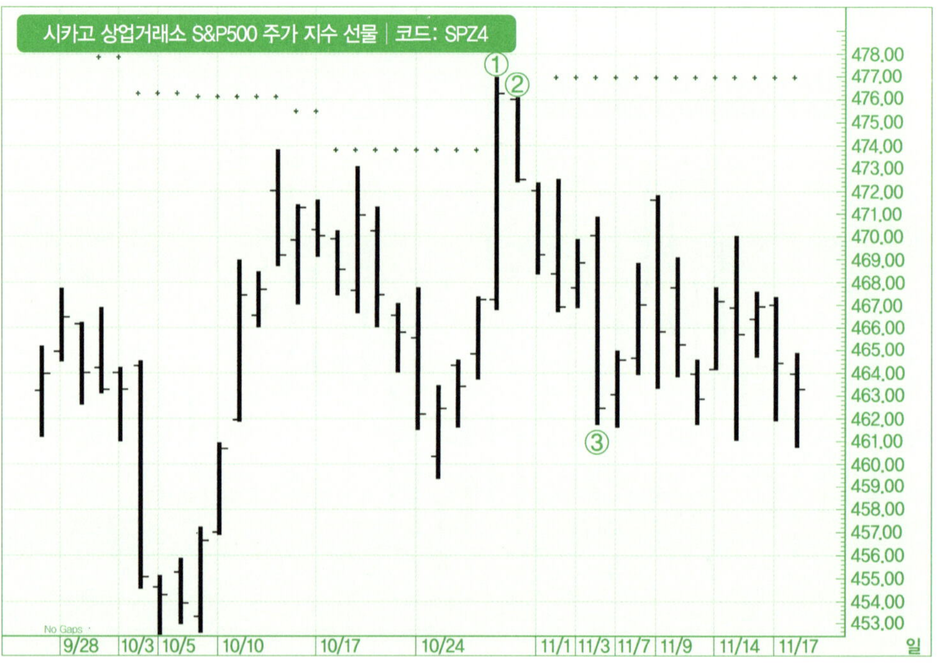

① 새로운 20봉 고점을 달성했으며 종가는 이전 기간의 고점보다 높다.

② 매도 진입 포인트는 10월 13일 달성한 고점인 473.75에 설정된다.

③ 4거래일 뒤 이 상품은 12포인트 더 하락한 지점에서 거래된다.

① (사상 최대 실적으로 인한) 새로운 고점이다.

② 79 7/8에 매도 포지션 진입. 손절매 포인트는 81 1/4이다.

③ 며칠 만에 5포인트 이상 하락했다.

① 20봉 고점이다.

② 79⅞ 부근에서 매도 포지션에 진입한다.

③ 9일 만에 14포인트의 수익을 달성했다.

터틀 수프와 터틀 수프 플러스 원 전략은 모든 거래 기간에 적용할 수 있다. 다음으로는 10분 봉을 사용한 두 가지 예시도 살펴보자. 참고로 이 전략을 이용해 하루 이내의 단기로 거래할 때는 이전 20봉 고점에서 1틱을 빼거나 저점에서 1틱을 더한 곳에서 진입한다.

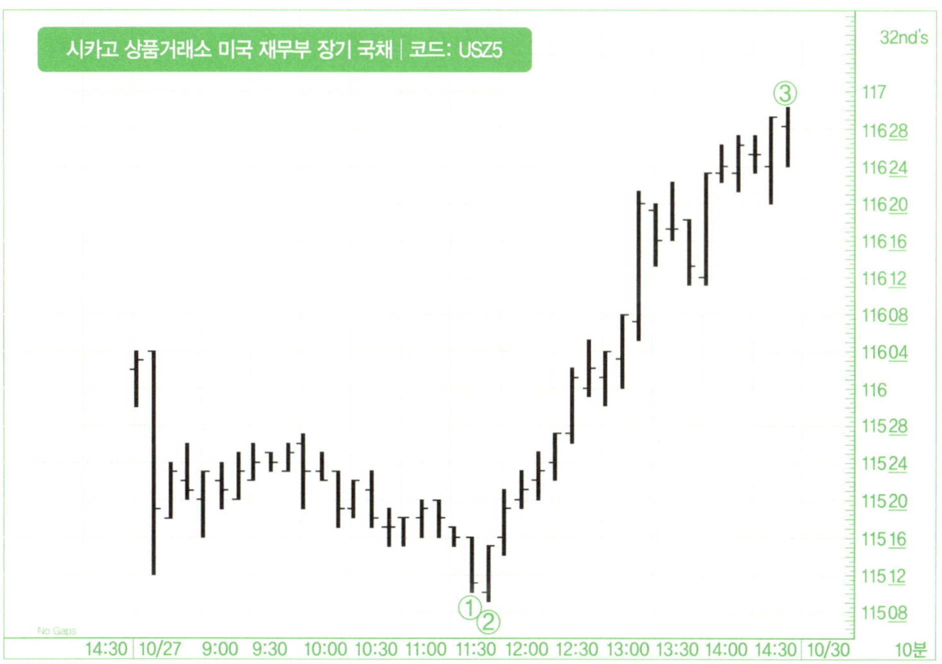

① 20봉 저점이다.

② 다음 10분 봉은 (거래 시작 후 첫 20분에 형성된) 이전의 20봉 저점 위쪽에서 거래된다.

③ 시장은 3시간이 채 안 되어 1½포인트 급등한다.

[그림 5.7] S&P–10분 봉

① 이전의 20봉 고점 수준까지 반전하는 20봉 고점. 604.75포인트에 매도하고, 손절매 포인트는 당일 고점보다 1틱 높은 605.15로 설정한다(총 리스크는 0.40포인트에 슬리피지와 수수료를 더한 값이다).

② 시장은 진입 포인트에서 거의 3포인트 떨어진 곳에서 마감한다.

린다:

래리, 이 전략은 딱 봐도 터틀 수프의 진화 버전이네요.

래리:

맞습니다. 터틀 수프를 연구하기 시작하면서 반전의 상당수가 20일 고점 또는 저점을 달성한 다음 날 발생한다는 사실을 깨달았지요.

린다:

왜 그런 일이 일어난다고 생각하나요?

래리:

두 번째 날이 모멘텀 투자자들이 몰려드는 마지막 시기라는 추측만 할 수 있겠네요. 만약 그들이 매수하거나 매도하는 마지막 투자자라면, 반전은 더욱 커지겠지요.

린다:

잘못된 포지션을 청산해야 하는 투자자들이 더 많아진다는 뜻이군요.

래리:

그렇습니다. 그리고 이 전략은 터틀 수프보다 모니터링하기도 쉬워요. 터틀 수프 장의 예시들에서 볼 수 있듯이, 일부 20일 고점 또는 저점은 아무런 전조 증상 없이 나타났습니다. 터틀 수프 플러스 원을 사용하면 매매 기회 여부를 전날 저녁에 알 수 있습니다.

린다:

밤이 숙제하기에는 제격이지요.

래리:

동의합니다. 하지만 터틀 수프 전략과 마찬가지로 한 가지 단점이 있습니다. 20봉 고점 또는 저점을 형성한 다음 날 시장이 반전하지 않는 경우가 있다는 겁니다.

터틀 수프를 이용할 때처럼 공격적으로 손절매 포인트를 추적하나요?

네, 그렇습니다. 변동성이 비슷하게 크고, 수익이 나기만 한다면 확보하고 싶으니까요.

터틀 수프 패턴은 우리가 거래하는 가장 흥미로운 두 가지 패턴이다. 이러한 매매 신호를 포착할 수 있으면 시장에 매우 중요한 반전이 발생할 때, 거기에 참여할 수 있는 기회를 얻을 수 있다. 이 전략을 정기적으로 사용하지 않더라도 20일 거래 기간 단위로 모니터링하는 습관을 들일 것을 강력히 권한다.

80-20 전략™

80-20은 우리가 데이 트레이딩에 사용하는 전략이다. 스윙 트레이딩의 참고서인 《The Taylor Trading Technique》(조지 더글러스 테일러George Douglass Taylor 지음)을 잘 아는 사람들이 많을 것이다. 간단히 설명하자면, 테일러 방법은 시장이 매수일, 청산일, 매도 진입일로 구성된 자연스러운 리듬에 따라 움직인다고 가정한다. 무어 리서치 센터의 스티브 무어Steve Moore가 진행한 연구 결과도 이러한 패턴의 존재 사실을 뒷받침한다.

스티브는 당일 가격 범위의 상위 10% 구간에서 마감한 날들을 분석했다. 그리고 다음 날 가격을 분석해 이전에 분석했던 날의 고가를 웃도는 비율과 실제로 더 높은 가격에 마감하는 비율을 측정했다. 그의 연구에 따르면 가격 범위의 상위 또는 하위 10% 내에서 마감한 다음 날 오전에는 80~90%의 확률로 그 추세를 이어가지만, 실제로 더 높거나 낮은 가격에 **마감할** 확률은 50%에 불과했다. 이는 장중 반전의 가능성이 크다는 의미다.

이런 반전 현상을 이용해 수익을 내는 방법론은 어떻게 만들 수 있을까? 동료 트레이더인 데릭 깁슨Derek Gipson은 시가가 일일 가격 범위의 반대쪽 끝에서 시작할 때 시장의 반전 가능성이 더 크다는 것을 발견했다. 그래서 우리는 시가가 당일 범위의 하위 20% 내에 있어야 한다는 조건을 추가했다. 그리고 더 많은 거래 기회를 얻기 위해 종가 범위의 함수를 90%에서 80%로 낮췄다. 이 변경 사항은 전반적인 수익성에 영향을 미치지 않았다. 만약 시장이 당일 가격 범위의 하위 20%에서 열린 뒤 상위 80%에서 마감한다면, 다음 날 매도 기회가 있음을 암시한다(매수 기회는 이와 반대다).

이전에 보여 주었던 모든 전략과 마찬가지로 장외 시간 거래의 데이터는 고려하지 않는다. 가격 범위는 정규 거래 시간의 데이터만 이용해 계산해야 한다.

규칙은 다음과 같다.

매수 거래 조건(매도 거래는 이와 반대)

1. 어제 시장은 일일 가격 범위의 상위 20% 내에서 개장한 뒤 하위 20% 내에서 마감했다.

2. 오늘 시장은 전일 저가보다 최소 5~15틱 낮은 수준에서 거래되어야 한다. 하지만 이는 단순히 가이드라인일 뿐, 정확한 가격은 각자 판단해야 한다.

3. 매수 진입 가격은 전일 저가에 설정된다.

4. 거래가 체결되자마자 최초의 손절매 포인트를 당일 최저가 근처에 설정한다. 손절매 포인트를 올려 발생한 수익을 확보하라. 거래는 데이 트레이딩이어야만 한다.

이 전략을 이해하기 위해 몇 가지 예시를 소개한다.

① 1995년 10월 26일, 채권은 가격 범위의 상위 20%에서 시작해 하위 20%에서 마감한다.

② 이날 채권은 전일 저가보다 최소 5틱 낮은 수준에서 거래되다가 반전한다. 우리는 116-
08에 매수 포지션을 취한다. 가격은 3/4포인트 상승한다.

① 1995년 10월 6일, 면화는 가격 범위 상위권에서 거래되기 시작해 하위 20%에서 마감한다.

② 다음 날 면화는 전일 최저가보다 최소 5틱 낮게 거래되다가 반전한다. 우리는 85.80포인트에 매수한 뒤 손절매 포인트를 85.50 부근에 둔다. 장 마감까지 200포인트 이상 상승을 계속한다. 이 전략은 스캘핑 거래에 해당한다는 사실에 주의하라. 이는 전날 패턴이 하루 단위로 반전되는 상황을 이용한다. 80-20 전략에서 큰 이익을 얻는 것은 결코 일반적이지 않은, 매우 예외적인 상황이다.

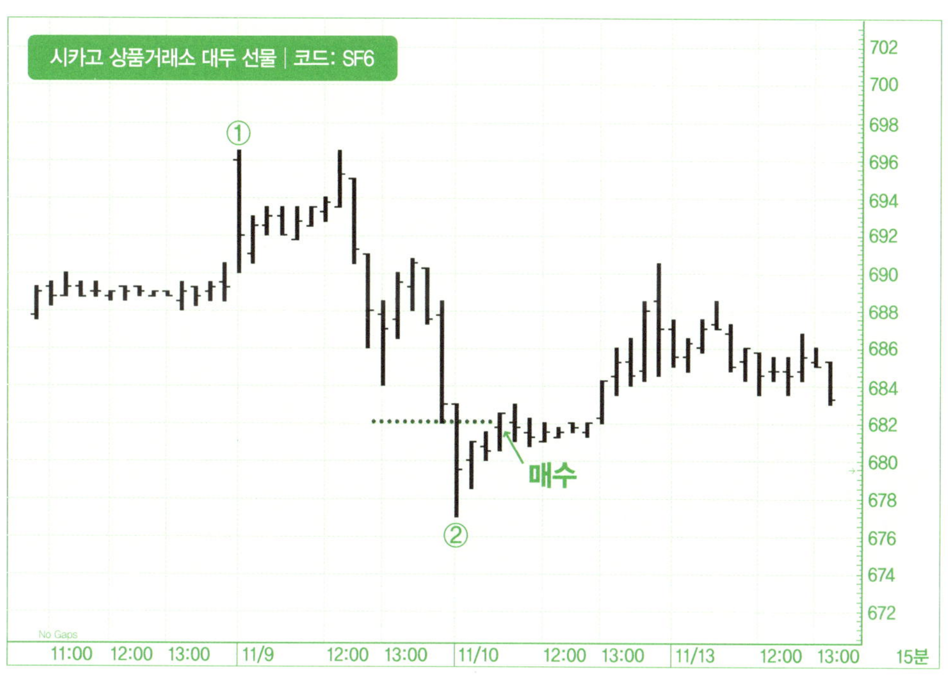

① 11월 9일, 대두는 가격 범위의 상위권에서 시작해 저가에 근접한 가격에 마감한다.

② 다음 날에는 전일 저가에 비해 최소 5틱 낮은 부근에서 거래되다가 반전한다. 전일 저가인 682포인트에서 우리의 매수 주문이 체결된다. 손절매 포인트는 677포인트 근처에 설정한다. 대두는 횡보 움직임을 보이다가 9센트 가까이 상승한다. 수익을 확보하기 위해 트레일링 스톱을 적절히 이용한다.

래리:

80-20은 데이 트레이더들에게 위험이 낮은 전략입니다. 80-20봉 다음에 나타나는 봉이 전일의 고점 또는 저점을 돌파한 후 반전하면, 고점 또는 저점에 대한 테스트가 실패했다는 뜻이지요. 이는 언제나 손절매 포인트를 설정하기에 가장 좋은 지점

입니다. 전날 매수세가 소강상태에 이르면 뒤늦게 진입한 심약한 트레이더들은 가격의 움직임을 지속할 힘이 없어요.

린다:

이 패턴이 항상 장기적인 암시를 주진 않아요. 하지만 테일러가 말한 시장 리듬의 1~2일 하락 움직임을 잘 반영하지요. 전형적인 단기 스윙 트레이딩의 패턴입니다.

래리:

다시금 강조하지만 이는 기계적인 시스템이 아닙니다. 우리는 단지 시장이 기세를 잃고 반전하는 시점을 활용하고자 합니다. 투자자들이 고려할 수 있는 또 다른 조건으로는 반전 신호를 주는 봉의 크기가 있습니다.

린다:

맞습니다. 특히 저는 일반적인 일일 가격 범위보다 폭이 큰 봉이 나타난 다음에 발생하는 반전을 노리는 편이에요.

래리:

올바른 자금 관리와 손절매 포인트 설정을 병행한다면, 이 전략을 수익성 있는 데이 트레이딩 방법으로 체화할 수 있습니다.

부록에 스티브 무어의 연구 원문을 보여주는 표들을 수록했으니 참고하면 좋을 것이다. 시장의 강한 반전 경향성을 이용하는 80-20 전략은 단기 트레이딩의 성공률을 높인다.

모멘텀 피봇™

테일러의 트레이딩 기법에서 가장 혼란스러운 부분 중 하나는 매수일과 매도 진입일을 구분하는 것이다. 테일러는 상당히 기계적으로 거래를 기록했는데도, 순서가 뒤죽박죽인 것처럼 보이는 거래를 하고는 했다. 실제로 그는 매수일에 매도하고는 "매수일이지만 고점을 일찍 찍었다!"라고 설명을 달았다. 그의 기법을 배우려는 트레이더들에게는 도움이 되지 않는 부분이다. 반면 모멘텀 핀볼 전략은 다음 날 매수해야 할지 매도해야 할지를 자동으로 알려 준다. 80-20 패턴과 마찬가지로 장기적인 방향성을 나타내지는 않지만, 단기(1~2일)적 시장 반전에 관해서는 이 지표를 능가하는 것이 없다.

단기 가격 변화율의 활용법은 무수히 많다. 이 전략은 1기간의 변화율 또는 '모멘텀' 함수를 이용한다. 단순하게 보면 당일 종가와 전일 종가의 차이다(일례로, 당일 종가가 592이고 전일 종가가 596이었다면 그 차이는 −4다). 이 1기간 단위 변화율을 가지고 3기간의 RSI를 계산한다(소프트웨어의 차트 패키지는 대개 사용자가 이렇게 하나의 계산에 기초한 또 다른 계산을 수행할 수 있는 기능이 있다).

규칙은 다음과 같다.

<h2 style="text-align:center">매수 거래 조건</h2>

1. 1기간 변화율(일일 가격 변화)에 대한 3기간 RSI를 구해 좌표를 찍으라. 이를 LBR/RSI™라고 부른다.[*]

2. LBR/RSI 값이 30 미만인 날을 1일로 한다.

3. 2일 차 첫 1시간 가격 범위의 **고점** 위에 매수 진입 포인트를 설정한다.

4. 계약이 체결되는 즉시 거래를 방어하기 위해 첫 1시간 가격 범위의 저점에 손절매 포인트를 설정한다. 시장이 이 지점으로 다시 돌아와서는 안 된다.

5. 거래가 정지되면, 원래 가격에 매수 진입 주문을 걸고 재진입할 수 있다. 이런 일이 발생하는 경우는 드물지만, 만약 발생한다면 재진입이 수익 실현에 도움이 된다.

6. 해당 계약이 수익을 내며 마감하면 그날 밤 동안 계약을 보유한다.

다음 날인 3일 차 오전, 추세가 계속될 때 포지션을 청산한다. 장 마감 전에는 반드시 거래를 청산하라. 테일러라면 '전일 고가 바로 위'에서 매수 포지션을 청산할 기회를 노릴 것이다.

<h2 style="text-align:center">매도 거래 조건</h2>

매도 거래의 규칙은 매수 거래 규칙과 반대다. RSI 값이 70보다 큰 날이 1일 차가 된다. 첫 1시간 가격 범위의 **저점** 아래에 매도 진입 주문을 넣는다. 손절매 포인트는 항상 진입한 봉의 극단값에 설정하고, 이익이 발생하면 이를 보호하기 위해 트레일링

스톱을 사용한다.

다음 예시들이 이 전략을 명확히 이해하는 데 도움을 줄 것이다.

▌[그림 7.1] 1995년 12월물 S&P

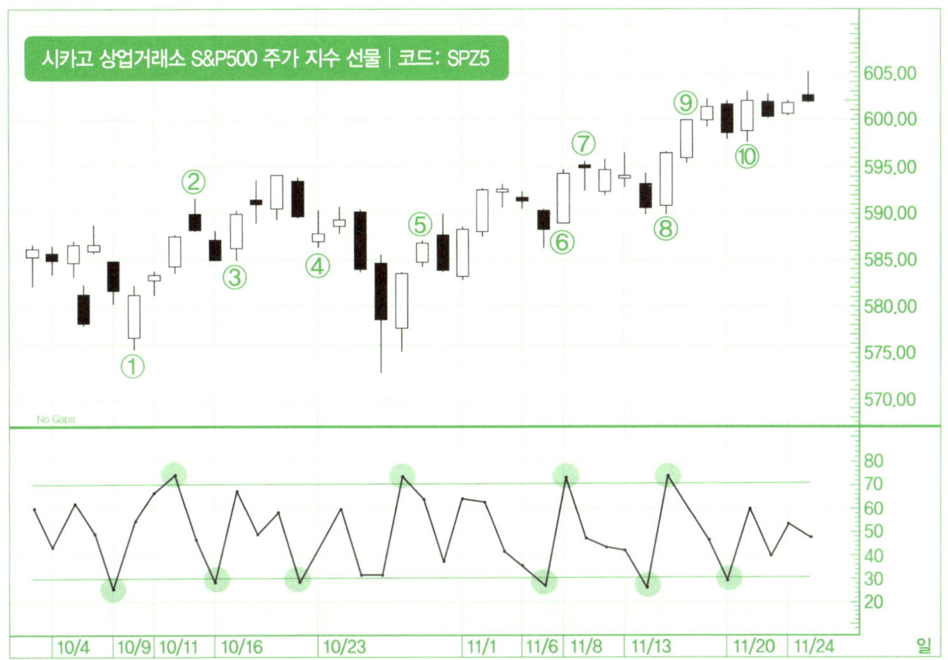

① 전일 LBR/RSI가 30 아래에서 마감. 차트에서 첫 번째 매수 신호에 해당한다. 첫 1시간 가격 범위의 돌파가 이루어지는 지점에서 매수 포지션으로 진입한다. 거래가 수익을 내는 방향에서 장이 마감하므로, 해당 거래를 밤새 보유한다. 다음 날 아침 시장이 갭 상승을 보이므로 우리는 이 거래에서 수익을 실현할 기회를 노린다.

② 차트상 첫 번째 매도 신호가 왔으므로, 첫 1시간의 저점을 돌파하는 지점에서 매도 포지션에 진입한다. 시장이 당일 저가에서 마감하므로 밤새 거래를 보유한다. 다음 날 아침 시장이 갭 하락하므로 매도 거래의 수익을 실현한다.

③ 또 다른 완벽한 매수 사례에 해당하는 지점. 수익성 있는 거래를 밤새 보유할 때 유리한 갭이 몇 번 발생하는지 보라.

④ 이번 매수 신호에서는 처음 두 번의 매수 사례만큼 강한 추세로 마감하지는 않는다. 시장은 보합세로 마감되었고, 우리는 밤새 거래를 보유하다가 다음 날 적은 이익을 얻으며 청산한다. ②번과 ④번 사례에서 보듯이, 이런 거래는 장기 거래로 전환하기보다는 다음 날 청산하면 좋다.

⑤ 전날 RSI가 70이 넘었으므로 이날 우리는 매도 기회를 가진다. 하지만 시장이 첫 1시간 동안의 가격 범위 아래에서 거래되지 않았다. 그 결과 가격이 매도 진입 포인트에 도달하지 못해 거래가 불발되었다.

⑥, ⑧, ⑩번에서는 매수 포지션으로 거래가 이루어진다. 모든 거래에서 수익이 나며, 모든 거래는 다음 날 청산되어야 한다.

⑦ 첫 1시간 가격 범위를 돌파했을 때 매도 포지션으로 진입하는 거래에 해당한다. 장 마감 무렵 시장이 반등해 우리 거래는 손익 없이 마감했다. 하지만 시가보다는 낮게 마감했으며 가격이 손절매 포인트에 도달하지도 않았다. 우리는 해당 포지션을 밤새 유지한다. 다음 날 우리에게 유리한 방향으로 2포인트가 넘는 시장 갭이 발생했다.

⑨ 또 다른 매도 진입 기회에 해당하지만, 가격이 매도 진입 포인트에 도달하지 않았다. 가격은 첫 1시간 범위의 저점보다 더 낮은 저점에 도달하지 못했고 오히려 상승해 고가에 도달하며 마감했다. 이는 우리가 첫 1시간 가격 범위를 돌파할 때 진입하는 이유를 보여주는 완벽한 예시다. 거래에 진입하기 위해서는 시장이 (RSI가 준) 신호와 같은 방향으로 움직이고 있다는 확신이 필요하다.

이 방법은 주식을 거래할 때도 효과적이다. 다만 일일 평균 가격 변동 폭이 준수한 시장을 선택하는 것이 중요하다. 그렇지 않으면 위 차트 시작 부분에 표시된 A 지점처럼 진입 가격과 다음 날 청산할 때의 가격 차이가 지나치게 작아질 수 있다.

위 차트의 화살표들은 거래 시작 가능성이 있는 지점들을 가리킨다. 예시를 자세히 살펴보면 대부분의 거래가 고작 하루나 이틀 정도만 지속된다는 사실을 알 수 있다. 이 기법을 사용할 때는 시장이 당신을 반긴다고 해서 지나치게 오래 머물러서는 안 된다.

이 전략이 효과적인 이유를 다시 한번 살펴보자. 첫째, 1일 차의 진입 기회는 80-20 전략의 매매 타이밍이 그러했듯이 매수 또는 매도 세력의 고갈을 나타낸다. 모멘텀 지표가 약하게나마 과매수 또는 과매도 지표의 역할을 하기 때문이다. 둘째, 1시간 돌파 시점에 진입하는 방식으로 시장이 우리 편이라는 확신을 줄 때까지 기다리기 때문이다. 시장이 개장 첫 1시간에 반전해 손절매 포인트에 도달한 뒤 이후 시간 동안 다시 우리의 예상대로 움직이는 일은 꽤 흔하게 발생한다. 이러한 반전은 전일 고가 또는 저가에 대한 테스트일 확률이 높다.

거래가 유리하게 마감한다면 그 거래를 밤새 보유해야 한다는 건 수년에 걸쳐 얻은 교훈이다. 확률적으로 다음 날까지 추세가 더 이어질 가능성이 크기 때문이다.

린다:

이 전략은 제가 가장 꾸준히 거래하는 패턴 중 하나로 자리매김했습니다. 터틀 수프 플러스 원처럼 전날 밤에 거래 전략을 짜기가 쉬워요.

래리:

2~3일 단위로 시장의 과매수 또는 과매도 시점을 파악할 수 있는 것이 이 전략의 장점입니다. 80-20 전략과 일부 겹치는 면이 있지만, 둘 다 독립적으로 좋은 결과를 나타내고 진입 기법도 서로 다릅니다.

린다:

맞습니다. 반응 모드로 거래하며 시장의 노이즈와 엇갈린 신호에 지나치게 휩쓸리기보다는 전체적인 구조를 갖추고 있는 게 좋죠. 그런 때는 보통 너무 방심해서 손절매 포인트를 미리 걸어두는 걸 깜빡하거나 별 볼 일 없는 거래를 며칠씩 끌고 가게 되니까요.

래리:

옳은 말씀입니다. 좋은 습관이 모든 걸 좌우합니다. 이러한 전략 중 일부는 간단해 보이지만, 이를 거래하기 위한 방법론을 만들고 트레일링 스톱을 사용하는 방법을 익혀야 합니다. 또한 반전 가능성이 가장 큰 극단적인 지점을 파악하는 것도 매우 중요하지요.

마지막으로, 수익에 대한 기대치를 낮게 유지하는 게 중요하다고 말하고 싶어요. 그러면 유리한 반전이 발생할 때 기분 좋은 놀라움을 경험할 수 있습니다. 마치 낚시와 비슷해요. 낚싯줄을 계속 물속에 던지면서 피라미들을 잡다가 어쩌다 한 번씩 대어를 낚지요. 이게 바로 모멘텀 핀볼의 핵심입니다.

2기간 변화율

사실 이 챕터의 제목은 '핀볼-파트 2'여야 한다. 1기간 변화율 대신에 2기간 변화율2-Period Rate of Change을 사용하니 말이다. 우리는 단기 피벗 포인트를 계산해서 2기간 변화율이 매수에서 매도로, 또는 그 반대로 전환되는 시점을 파악하고자 한다. 이 피벗 포인트는 장 마감 전에 새로운 신호 변화가 발생할 때 매수 포지션으로 돌아갈지, 매도 포지션으로 돌아갈지 알려 준다. 테일러의 스윙 트레이딩 방법론과 함께 사용하면 가장 효과적인 전략이다.

논의를 이어가기 전에 먼저 테일러 트레이딩 기법의 주요 원칙을 살펴보자. 테일러는 시장이 2~3일마다 고점 혹은 저점을 형성하는 경향이 있다는 사실을 발견했다. 시장에는 매수 압력과 매도 압력이 번갈아 가며 나타나는데, 이를 잘 이용하면 어떤 날은 적절한 포지션에 진입하고 다음 날은 그 포지션을 청산할 수 있다. 이렇게 오락가락하는 시장 움직임을 잘 이용하면 전반적인 추세나 펀더멘털의 전망과 관계없이 체계적으로 거래할 수 있다. 테일러는 거래일을 매수일, 청산일, 매도 진입일로 구분하고, 각 거래일에 따르는 구체적인 진입 규칙을 제시했다.

여기서는 매수일과 매도 진입일의 규칙을 집중적으로 살펴보자. 매수일은 시장이 1~2일간 급락한 다음에 설정된다(하락장에서는 급락이 하루 정도 더 이어질 수 있다). 이상적인 매수일은 저가에서 개장해 고가에서 마감하는 날이다. 매수일 오전에는 전일 저가에서 지지세를 형성해야 한다. 당일 오전에 형성된 저가는 때때로 전일 저가보다 살짝 낮거나 높을 수 있다. 그러나 이러한 테스트 지점, 즉 매수일에 처음 형성된 저점은 곧 지지선으로 작용한다. 이를 통해 우리는 위험 수준을 파악해 그곳에 손절매 포인트를 설정하며 매수 포지션에 진입할 수 있다.

매수일에 진입한 후에는 시장이 시가보다 높은 가격에 마감하는지 모니터링한다. 만약 시장이 시가보다 높은 가격에 마감한다면, 해당 거래를 다음 날까지 보유한다. 매수 당일 오후에 시장이 새로운 저점을 형성해서는 안 된다. 만약 그런 상황이 발생한다면, 오전에 설정해 둔 지지선의 돌파로 손절매 주문이 발동하며 거래가 청산될 것이다. 거래가 성공적이라면 우리는 다음 날 청산을 고려한다. 가장 이상적인 청산 지점은 진입일의 고가 위다. 80-20 전략에서 언급한 특정일들의 분석 결과가 증명하듯, 다음 날 오전에는 전일의 추세가 계속되는 경향이 있다. 이 방법은 그 패턴을 이용하는 전략이다.

매도 진입일 아침에는 시장이 먼저 고점을 형성해야 한다. 전일 고가는 매도 진입일이 테스트하려는 저항선에 해당한다. 매도 진입일의 가격이 반드시 전일 고가를 넘어서야 하는 건 아니며, 더 낮은 고가를 형성할 수도 있다. 만약 오전에 시장이 전일 고점을 테스트하고 반전하면, 우리는 '시장가'에서 매도 포지션을 취한 뒤 테스트 지점 바로 위에 손절매 포인트를 설정한다. 거래가 수익으로 마감한다면, 밤새 해당 포지션을 보유하고 다음 날 청산을 노린다. 만약 오후에 새로운 고점을 형성하기 시작한다면 (미리 설정한) 손절매 포인트를 통해 시장에서 빠져나갈 수 있다. (이 경우) 시장은 아마도 상승 마감할 텐데, 손실 거래를 밤새 유지하는 것보다는 다음 날 (가능하면 더 높은 가격대에서) 매도 포지션을 취하는 편이 낫다.

(터틀 수프 전략에서처럼) 오전에 테스트 패턴을 찾고, (80-20 전략에서 그랬듯) 바로 그 오전 반전 신호를 활용한 매매야말로 테일러 트레이딩 기법에서 가장 중요한 핵심이

다. 하루 한 건의 진입 또는 청산에만 집중하는 전략은 같은 날 진입과 청산 모두를 모니터링해야 하는 번거로움을 지닌 데이 트레이딩보다 심리적으로 훨씬 수월하다. 수익이 나는 포지션을 밤새 보유하는 전략은 습관으로 삼기에 딱 좋다. 이 전략의 놀라운 점은 다음 날 오전까지 이어지는 추세에 베팅해 추가 수익을 낼 수 있다는 것이다.

테일러의 방법론을 활용할 때는 어떤 날이 매수일이고 어떤 날이 매도 진입일인지 파악하는 일이 가장 어렵다. 앞서 언급했듯이 테일러는 기계처럼 엄격하게 거래 기록을 관리했지만, 매수일에 매도하거나 그 반대로 매도일에 매수하는 등 온갖 특이한 기벽을 발휘했다. 우리는 그렇게 복잡하게 만들고 싶지는 않다.

이제 2기간 변화율에 대해 알아보자. 단기 피벗 포인트를 계산하면 2기간 변화율이 언제 방향을 바꿀지 알 수 있다. 가격이 이 피벗 포인트 위에서 거래되고 있다면 장 마감 시점에 매수 포지션을, 아래에서 거래되고 있다면 매도 포지션을 취할 것이다. 그리고 다음 날에 청산 기회를 노린다.

2기간 변화율에 대한 단기 피벗 포인트를 계산하는 방법은 다음과 같다.

1. 이틀 전(어제가 아니라 그제) 종가에서 오늘 종가를 뺀다. 따라서 '1일 차 종가 – 3일 차 종가'는 2기간 변동률이다.
2. 이 수치를 어제(2일 차)의 종가에 더한다.
3. 이것이 단기 피벗 포인트다. 매도 신호가 나타난 뒤 종가가 이 피벗 포인트보다 높으면 우리는 매수 포지션을 취한다. 2기간 변화율이 매수에서 매도 신호로 전환되고 가격이 단기 피벗 포인트 아래에서 마감하면 우리는 매도를 노린다.

워크시트의 모양은 다음과 같을 것이다.

일자	종가	2기간 변화율	단기 피벗 포인트	장 종료 시 포지션
10–30	586.70			
10–31	583.85			
11–1	588.25	1.55	585.40	매수
11–2	592.35	8.50	596.75	매수
11–3	592.50	4.25	596.60	**매도**
11–6	591.30	−1.05	591.45	매도
11–7	588.20	−4.30	587.00	매도
11–8	594.10	2.80	591.00	**매수**

계산 과정을 살펴보자. 11월 1일 종가 588.25포인트와 2일 전인 10월 30일의 종가 586.70포인트의 차이는 1.55다. 이 수치를 10월 31일 종가에 더하면 단기 피벗 포인트 585.40이 나오는데, 이는 11월 2일의 종가를 모니터링하는 데 사용된다. 11월 2일 종가에 이미 '매수' 신호가 있었으므로, 우리는 피벗 포인트보다 낮은 가격에 마감할 때 매도 기회만 노릴 것이다. 다음 날인 11월 2일, 가격은 592.35로 피벗 포인트보다 높게 마감한다. 따라서 매도 포지션을 취하지 않는다. 11월 3일, 가격은 592.50으로 마감한다. 이는 전일의 피벗 포인트 596.60보다 낮은 수치로, 새로운 매도 신호에 해당한다. 따라서 우리는 매도 포지션으로 장을 마감하고 다음 날 청산을 노릴 것이다.

몇 가지 차트 예시를 통해 이 지표가 2~3일의 시장 주기를 어떻게 표현하는지 살펴보자.

위 차트의 화살표는 2기간 변화율이 역전한 날을 가리킨다. 새롭게 '역전'한 날 종가에 진입하고 다음 날 종가에 청산했다면, 열한 번의 거래에서 여덟 번의 수익을 달성했을 것이다. 이 방법을 기계적으로 사용하라고 권장하지는 않지만, 다음 날 매수할지 매도할지를 결정하는 데 매우 유용한 도구임은 분명하다.

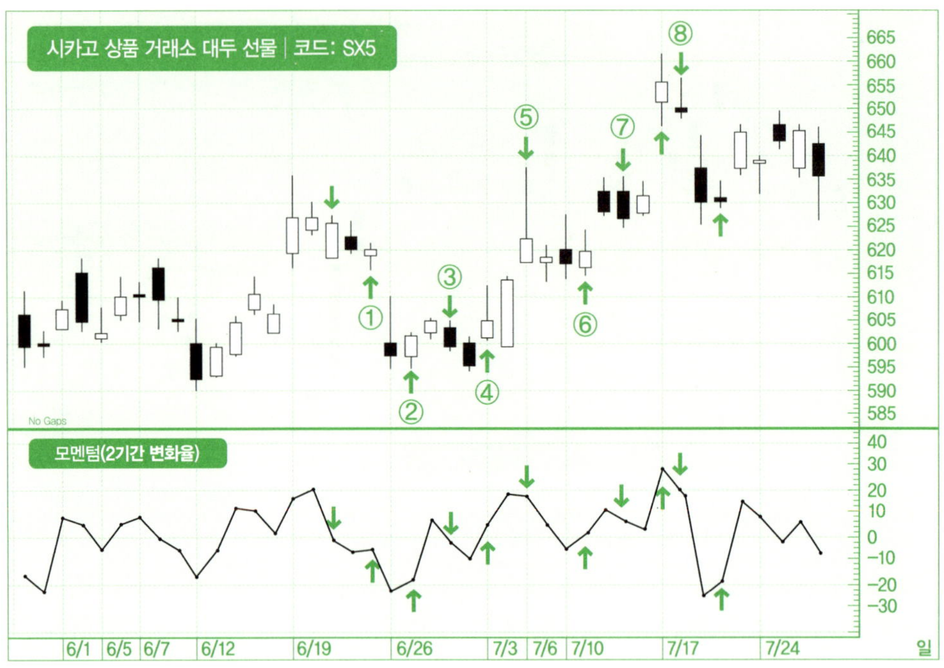

재량적 트레이딩과 기계적 트레이딩 전부에서 불가피한 손실이 발생할 것이다(① 지점). 뜻 밖의 횡재도 있을 것이다(⑧ 지점). 테일러가 말한 리듬이 얼마나 잘 들어맞는지에 주목하라. ②—매수일, 다음 날 청산. ③—매도 진입일, 다음 날 청산. ④—매수일, 다음 날 청산. ⑤—매도 진입일, 다음 날 청산…. 이 방법은 대체로 성공적이다.

주식에도 동일한 3일 주기를 적용할 수 있다. 하락세에서는 매수일에 더 적은 수익을 내기는 하지만 평균적으로는 여전히 수익성이 있다는 점에 유의하라. 이 주식은 일일 거래 범위가 넓어서 활발한 단기 매매에 적합한 종목이기도 하다.

린다:

오랫동안 2기간 변화율을 이용해 거래해 온 사람으로서, 이 책에서 반드시 그 내용을 다뤄야 한다고 생각했습니다. **저는 모든 시장에서 이 지표를 사용하지만, 오직 가이드라인으로만 사용합니다.** 노이즈가 상당한 오실레이터이므로 평탄하고 조용한(일례로, ADX 16 미만) 시장에서 속임수 같은 움직임에 쉽게 휘둘릴 수 있으니까요. 저는 오랜 시간 이를 연구하고 그 미묘한 차이를 관찰했습니다. 이 책을 읽는 당신도 그렇게 할 수 있습니다. 하지만 초보 트레이더라면 이 지표에 너무 주의를 기울이지 말라고 당부하고 싶습니다. 조용한 시장에서 잘못된 신호를 자주 보내고, 별 볼 일 없는 거래를 너무 많이 유도하거든요. 강세장(일례로, ADX가 30보다 크고 계속 상승하는 시장)에도 적합한 도구가 아닙니다.

2기간 변화율과 모멘텀 핀볼은 변동성 있는 시장이나 강한 추세가 **마무리된** 시점에 가장 효과적입니다. 먼저 시장의 변동성과 일일 범위가 적합한지 판별하는 법을 배워야 합니다. 그런 다음 위에서 설명한 단기 피벗 포인트와 함께 테일러 법칙의 적용을 고려해 볼 수 있습니다.

단기 모멘텀 함수는 기계적 거래 시스템의 출발점으로 활용할 수도 있습니다. 부록에 제시된 연구 결과에 따르면, 이 지표는 통계적으로 유의미한 거래 우위를 제공합니다. 모든 테스트는 단 하나의 변수를 사용해 수행되었습니다. 장기 추세 지표, 변동성 필터, 자금 관리 알고리즘을 추가로 적용하면 훌륭한 기계적 거래 시스템을 구축할 수 있습니다.

되돌림

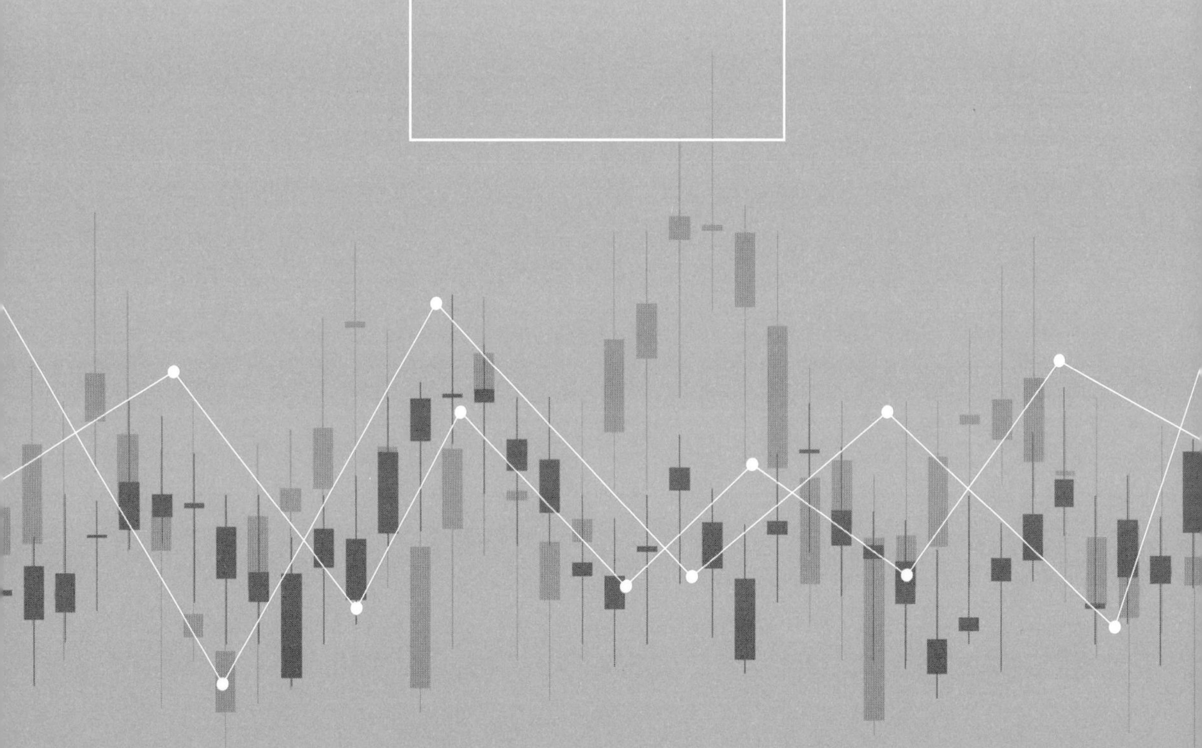

안티™

이제 등장할 네 가지 전략은 되돌림 패턴의 예시다. 이들 모두 장기 추세에 되돌림이 발생한 이후 해당 추세 방향으로 진입한다. 이 패턴의 흥미로운 점은 추세를 정의하는 방식이다.

안티 패턴은 오실레이터를 사용해 적절한 스윙 트레이딩 기회를 포착하고 거래하는 방법으로, 가장 신뢰할 수 있는 패턴 중 하나다. 바 차트 하나만으로는 거래가 항상 명확하게 드러나지 않지만, 안티의 원리를 이해하면 수많은 요령을 터득할 수 있다. 이 강력한 기술을 연구하는 데 정말 몇 시간이든 투자할 가치가 있다.

린다:

1986년에 처음 차트 소프트웨어인 인사이트INSIGHT를 구매하고는 마치 사탕 가게에 들어선 어린아이가 된 기분이었어요. 실험해 볼 기술적 도구들이 정말 많았으니까요. 하지만 제가 1981년부터 사용해 왔던 도구가 패키지에 없다는 것을 발견하고는 어쩔 줄 몰랐습니다(3-10 이동 평균 오실레이터를 간단하게 16기간 이동 평균한 도구였어요). 저는 %K와 %D 스토캐스틱을 만지작거리며 3-10 오실레이터를 흉내 내려 했지요. 그리고 7%K와 10%D를 쓰면 기존 도구를 사용할 때보다 안티 패턴이 더 잘 먹힌다는 사실을 깨달았습니다.

기본적으로 단기 추세는 결국 장기 추세 방향으로 움직이는 경향이 있다. 같은 방향으로 움직이는 두 개의 서로 다른 기간이나 주기는 '긍정적 피드백'이라 불리는 조건을 형성하고, 이는 결국 강력하고 폭발적인 움직임을 만들어낸다.

안티 패턴에서는 추세를 부드러운 %D 스토캐스틱의 기울기로 정의한다(매개변수는 아래에 나열되어 있다). 가장 먼저 눈에 띄는 사실은 %D 기울기가 양수이면서 이동 평균 기울기는 음수(또는 그 반대)인 경우가 종종 있다는 점이다. 실제로 우리가 측정하는 것이 모멘텀의 추세이기 때문이다. 모멘텀은 종종 가격보다 앞서 나타나기도 하므로 이 선이 선행하고 있는지, 추세가 전환되고 있는지 파악하면 도움이 된다.

이 패턴의 규칙은 다음과 같다.

1. 7기간 %K 스토캐스틱(민감한fast 선)을 사용하라. 당신이 사용하는 프로그램에 이 매개변수를 부드럽게 조정하는 기능이 있다면 기본값을 4로 한다.
2. 10기간 %D 스토캐스틱(부드러운slow 선)을 사용하라.

매수 거래 조건(매도 거래는 이와 반대)

1. 부드러운 선(%D는 뒤에 나오는 예시에 점선으로 표시되어 있다)은 확실한 상승 추세를 나타낸다.
2. 민감한 선(%K는 뒤에 나오는 예시에 실선으로 표시되어 있다)은 부드러운 선과 함께 상승하기 시작한다. 가격의 횡보나 되돌림은 민감한 선을 부드러운 선 쪽으로 끌어당긴다.
3. 가격 움직임으로 인해 민감한 선이 (갈고리 모양을 만들며) 다시 부드러운 선과 같

은 방향으로 상승 전환할 때 진입한다.

<h2 align="center">촉발 신호</h2>

이와 같은 매매 기회가 예상된다면 진입 가능한 두 가지 쉬운 방법이 있다. 이를 통해 상당한 우위를 점할 수 있을 것이다.

1. %K와 %D가 최소 3일간 반대되는 기울기를 형성하며 긴장감이 지속되면, 전일 봉보다 1틱 높은 지점에 매수 진입 포인트를 설정한다(%D가 양의 기울기로 돌아왔을 때 매수하기 위해서다). 가격이 매수 진입 포인트에 도달하지 못하면 전일 고가를 계속 추적하며 내려간다.
2. 추세선은 보합세나 되돌림 패턴의 고점에 나타날 수도 있다. 때때로 이 매매 기법은 미세한 '플래그flag'나 '드리프트drift' 패턴에서 돌파 움직임을 포착하기도 한다. 또는 가격 차트를 맨눈으로 봤을 때는 잘 드러나지 않는 매매 타이밍 속에서 깔끔한 움직임을 포착한다.

린다:

저도 민감한 선이 갈고리 모양을 형성한 이후에 진입한 적이 많습니다. 이 패턴은 보통 조금 늦게 진입해도 괜찮을 정도로 강력하지요. 다만 유일하게 주의해야 할 사항은 평균 보유 기간이 3일 또는 4일이어야 한다는 점입니다. 갈고리가 이미 형성된 이후에 진입했다면 2일 안에 빠져나올 준비를 해야 합니다.

초기 손절매 포인트

모든 스윙 트레이딩 패턴과 마찬가지로, 시장이 일단 반전하고 나면 과거를 돌아봐서는 안 된다. 초기 손절매 포인트는 진입 봉 바로 아래에 설정해야 한다. 초기 거래에서 너무 큰 위험을 감수하기보다는 손절매 포인트에서 손절매된 뒤 나중에 재진입하는 편이 낫다. 예시를 살펴보고 직접 이 패턴을 연구하면, 괜찮은 거래가 손절매될 위험은 거의 없다는 사실을 금방 깨달을 것이다.

거래에서 수익이 나기 시작했다면, 3~4봉 이내에 매수 또는 매도 클라이맥스에서 청산할 기회를 노리라. 이건 장기 매매 전략이 아니기 때문이다. 그냥 "오, 땡잡았네!" 하고 손을 털어야 한다.

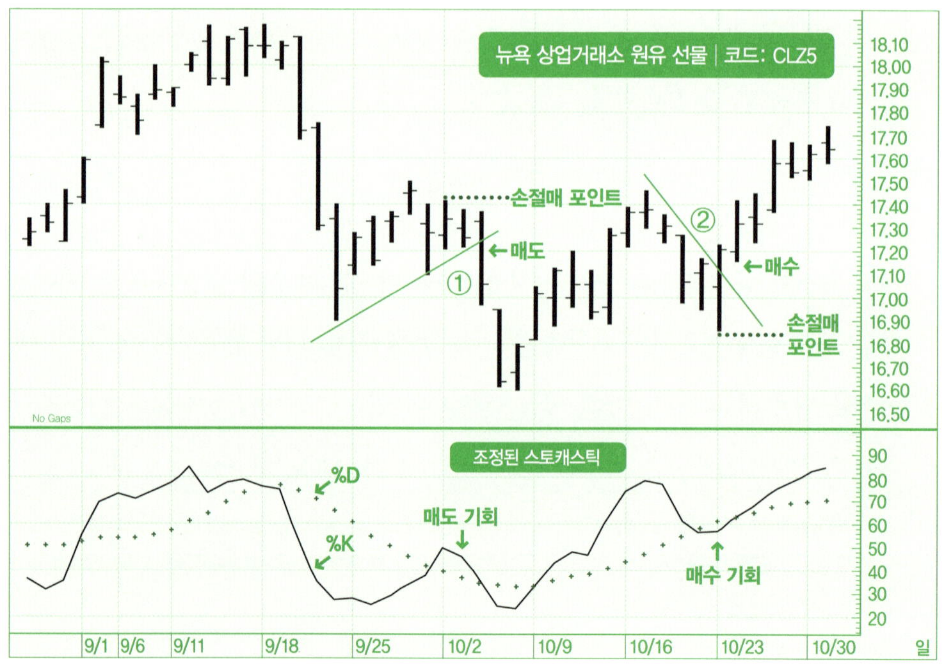

① %D의 기울기는 음수이며, %K는 뒤집어진 갈고리 모양을 형성하면서 하락한다. 우리는 다음 날 시가에 매도 포지션에 진입한다. 초기 손절매 포인트는 가격이 살짝 반등했던 날의 고가를 입력한다. 가격이 이 지점으로 되돌아와서는 안 된다. 횡보 구간을 포함하는 추세선이 돌파하면서 매도 전략의 타당성이 입증된다. 가격은 즉시 유리하게 움직여 60센트 하락한다. 이 극적인 하락에서 이익을 실현하지 않으면, 트레일링 스톱을 통해 적어도 절반 이상의 수익을 확보해야 한다.

② 3주 뒤 매수 거래 조건 달성. %D의 기울기는 양수이며, %K는 갈고리 모양으로 상승한다. 다음 날 아침 시가에 진입하거나, 이런 상황을 먼저 예상했다면 가격이 추세선을 돌파할 때 진입한다. 초기 손절매 포인트는 가장 최근에 형성된 저점에 설정한다. 가격이 이 지점으로 다시 돌아와서는 안 된다. 우리는 안티 전략의 평균 보유 기간인 2~4봉 이내에 청산 기회를 노릴 것이다.

[그림 9.2] 1995년 12월물 면화

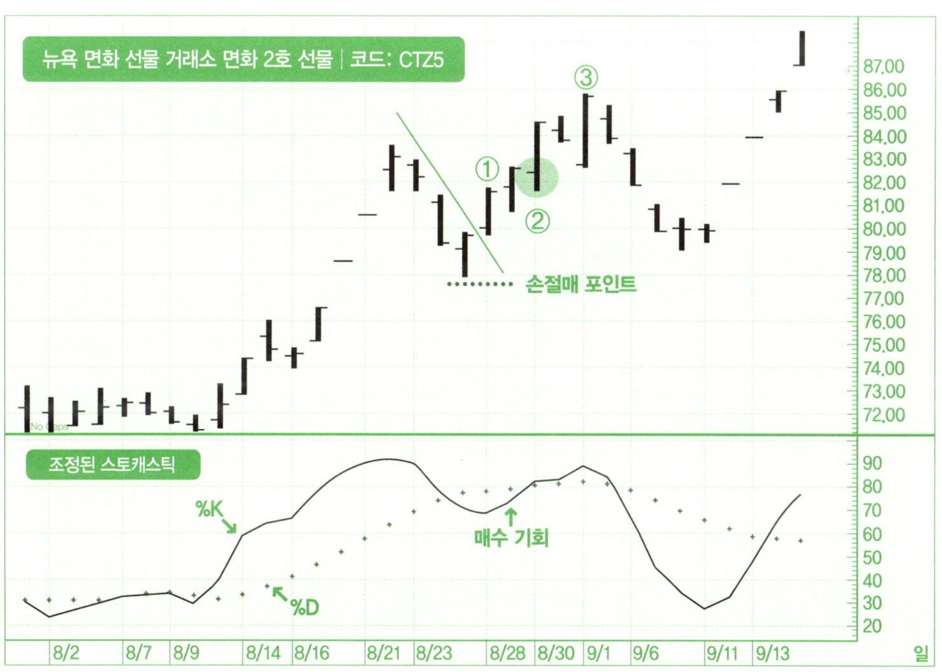

%D의 급격한 기울기는 훌륭한 상승 추세를 나타낸다. %K는 5일간 하락하며 조정 국면을 예고한다. 공격적인 트레이더라면 ① 지점에서 추세선이 돌파될 때를 조기 진입의 기회로 삼을 것이다. 보수적인 트레이더는 %K가 갈고리 모양을 형성하며 상승하는 다음 날 시가인 ② 지점에서 진입할 수 있다. 최초의 손절매 포인트를 되돌림의 저점 아래쪽에 설정한 뒤 2~4일 이내에 청산을 고려해야 한다. ③ 지점에서 시장은 고맙게도 넓은 가격 범위를 보인다. 수익을 실현하기에 가장 이상적인 지점이다.

▌ [그림 9.3] 1995년 마이크론 테크놀로지

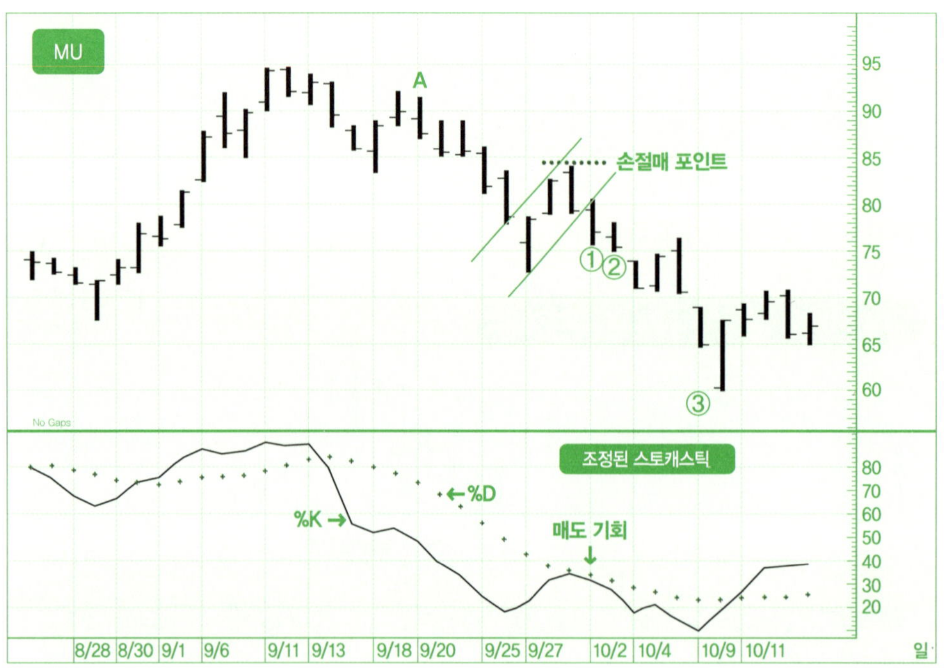

가격의 되돌림과 함께 %K에서 미세한 드리프트 패턴이 나타난다. ① 지점에서 작은 추세선이 돌파되고 %K는 뒤집어진 갈고리 모양을 그린다. 우리는 다음 날 시가에 진입한다. 시장이 협조적으로 움직여 ③ 지점에서 매도 클라이맥스를 보여준다. A 지점에서는 아주 작은 1일짜리 매매 기회를 포착할 수 있을 것이다. 항상 이러한 패턴이 발생하기 마련인데, 초기 손절매 포인트를 설정한다는 전제하에 이러한 지점에서도 거래가 가능하다. 하지만 이 패턴은 2~4일간 지속되는 보합세의 돌파를 포착하는 데 가장 적합하다.

[그림 9.4] S&P–5분 봉

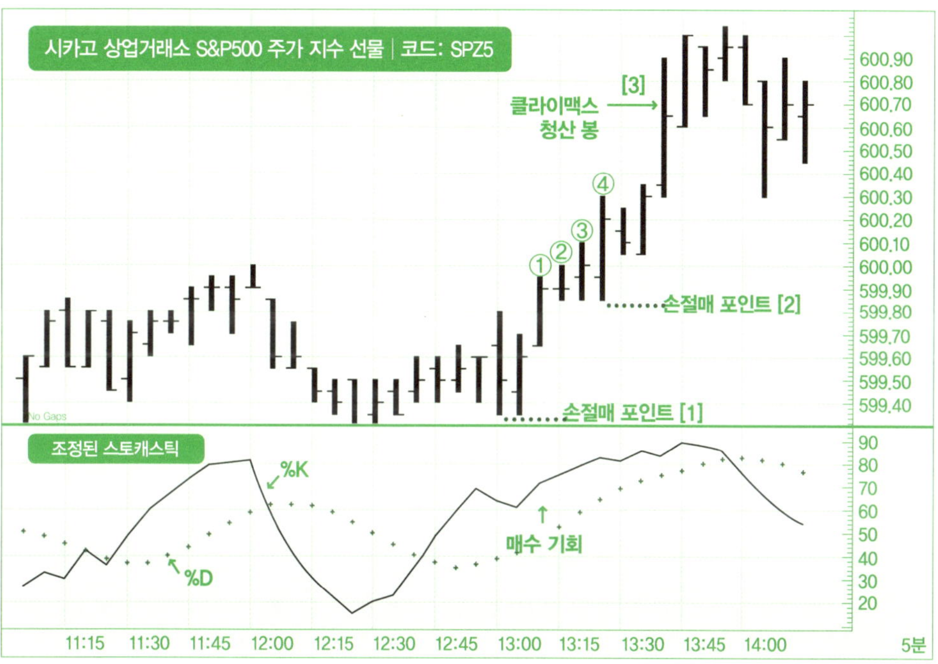

%K가 그리는 갈고리 모양은 정체 구간의 돌파를 의미한다. 모멘텀(%D)은 이미 상승 추세다. 우리는 시장가에서 이 거래의 매수 포지션에 진입하고 손절매 포인트를 [1] 지점과 같이 최근 저점의 아래쪽에 설정한다. 4봉 상승한 뒤 우리는 손절매 포인트를 [2] 지점, 즉 그다음으로 높은 저점으로 이동한다. 2~4봉이라는 시간 목표를 달성한 데다 이 추세가 지속된다는 보장이 없다. [3]에서 시장은 범위가 넓은 봉을 보이는데, 이는 거래를 청산하기에 이상적인 지점이다.

[그림 9.5] S&P-5분 봉

위 차트는 세 가지 예시를 제시한다. 모든 매매 기회는 %D에서 추세가 확립된 이후 발생하며, 모두 초기 손절매 포인트를 갖는다. 시장에서 초기 손절매 포인트 주문을 걸어놓는 법을 배우는 건 언제나 성공적 트레이딩에서 가장 중요한 단계다. 각 거래에 걸리는 기간은 대개 10분에서 20분(2~4개 봉)을 넘기지 않는다는 사실에 주목하라. 시장에 머무는 시간이 짧아질수록 위험은 줄어든다. 5분 봉 S&P 차트를 기준으로 이 패턴을 트레이딩하는 사람들은 밤에 차트를 분석하느라 많은 시간을 보낸다. 이 과정은 '엄선된' 매매 기회가 무엇인지 감을 잡도록 돕는다.

진정한 가격 행동 이론이 그러하듯 이 패턴은 모든 기간, 모든 주식, 모든 선물 시장에서 원활하게 작동한다.

저는 일일 단위 차트에서 안티를 사용하는 편입니다. 제 친구들도 5분 봉 S&P 차트에서 이를 아주 잘 활용하지요.

안티 패턴의 장점은 횡보 패턴에서 돌파를 식별하는 데 탁월하다는 겁니다. 많은 사람이 오실레이터를 과매수 또는 과매도 상태 파악에만 사용하는 듯해 안타까울 따름입니다.

맞습니다. 강한 추세를 보이는 시장을 그냥 지나쳤다간 낭패를 보기 마련이죠. 이러한 매매 여건에서 %D의 기울기는 모멘텀의 추세를 나타냅니다. %K에서 최소 2~3봉 기간의 조정이 발생하면 최고의 거래를 할 수 있지요. 가장 강력한 거래 유형이라서 제가 선호하는 방법이에요.

가장 완벽한 전략

이 챕터의 제목은 농담 반 진담 반으로 지었다. "가장 완벽한 전략The Holy Grail"인 이 유는 이 책에서 가장 쉽게 거래할 수 있는 패턴 중 하나이기 때문이다. 웰레스 월더 Welles Wilder의 평균 방향성 지수Average Directional Index, ADX를 기반으로 하는 이 전략은 어떤 기간, 어떤 시장에서나 유효하다.

ADX는 일정 기간 추세의 강도를 측정하는 지표다. 어느 쪽으로든 추세가 강력할 수록 ADX 수치는 높아진다. ADX의 구조와 해석에 대해 더 자세히 알고 싶다면 찰 스 르뷰Charles LeBeau와 데이비드 W. 루카스David W. Lucas가 저술한 《Technical Traders Guide to Computer Analysis of the Futures Market》을 읽어보길 권한다.

강력한 추세 속에서 가격이 새로운 고점 또는 저점을 형성하면 반드시 첫 번째 조 정 시점에 매수 또는 매도해야 한다. '가장 완벽한 전략'은 되돌림 이후 어느 시점에 진 입해야 하는지를 측정하는 데 사용하는 정교한 방법이다. 일단 거래에 진입한 이후에 는 이전의 추세가 이어지기를 기다려야 한다.

일반적으로 두 가지 결과에 도달한다. 이전의 고점 또는 저점에서 재테스트가 실 패로 끝나면 보통은 소액의 이익 달성에서 그친다. 두 번째 시나리오는 추세를 이어가 는 완전히 새로운 구간이 시작되는 것이다. 적어도 진입 이후 청산을 관리할 수 있는

다양한 옵션을 갖춘 위험이 매우 낮은 진입 포인트가 제공된다.

매수 거래 조건(매도 거래는 이와 반대)

1. 14기간 ADX가 초기에 30보다 크고 상승 중이어야 한다. 이는 강한 추세가 있는 시장을 의미한다.
2. 20기간 지수 이동 평균Exponential Moving Average, EMA을 통해 가격에 되돌림 현상이 있는지 살펴본다. 일반적으로 가격의 되돌림 현상은 ADX의 하락을 동반한다.
3. 가격이 20기간 지수 이동 평균에 닿으면 이전의 고점 위에 매수 진입 주문을 넣는다.
4. 주문이 체결되면 새로 형성된 최근 저점을 손절매 포인트로 입력한다. 수익이 발생함에 따라 손절매 포인트를 추적하고 가장 최근의 고점에서 청산 기회를 노린다. 시장의 추세가 계속될 것으로 예상한다면 가장 최근의 고점에서 포지션 일부를 청산하고, 나머지에 대해서는 손절매 포인트를 앞당긴다.
5. 손절매 포인트에 의해 포지션이 청산되면 원래의 진입 가격에 새로운 매수 주문을 걸고 재진입한다.
6. 성공적인 거래 이후에 ADX는 다시 한번 30보다 높아져야 한다. 그 뒤에 이동 평균을 통한 되돌림을 활용해 또 다른 거래를 시작할 수 있다.

14기간 ADX가 30보다 크고, 가격은 20기간 지수 이동 평균선으로 후퇴한다. ① 지점에서 시장은 이전 봉의 고점을 돌파하며 매수 진입 신호를 보낸다. 최초의 손절매 포인트는 가장 최근의 되돌림 저점인 B 지점에 설정한다. 이 거래의 목표 지점은 테스트 지점이자 가장 최근의 고점인 A 지점이다. 이 목표치는 ② 지점에서 달성된다.

7월에 또 다른 거래 기회가 발생한다. 20기간 이동 평균선에서 거래되고 있으며, 매수 진입 포인트는 전일 봉의 고점 위에 설정된다. ③ 지점에서 주문이 체결되었으며, 최초의 손절매 포인트는 D 지점에 설정된다. 우리는 테스트가 가장 최근의 고점인 C 지점까지 갈 것으로 예상하며, 이 목표치는 ④ 지점에서 달성된다.

위 차트에서는 두 번의 거래 기회가 나타난다. ADX는 30보다 크고, 가격이 20기간 지수 이동 평균선으로 조정되며 되돌아온다.

이전 봉의 고점 위에 매수 진입 주문을 넣는다. 최초의 손절매 포인트는 되돌림 저점인 B 지점에 설정한다. 우리는 A 지점까지 다시 한번 테스트가 발생하리라 예상한다. 이 목표 치는 ② 지점에서 달성된다. 또 다른 거래에서는 ③ 지점에서 진입한 뒤 ④ 지점에서 가격 이 목표 지점인 C 수준에 도달한다.

---

* 시티코프는 시티그룹의 전신으로, 종목 코드는 C다. ―옮긴이 주

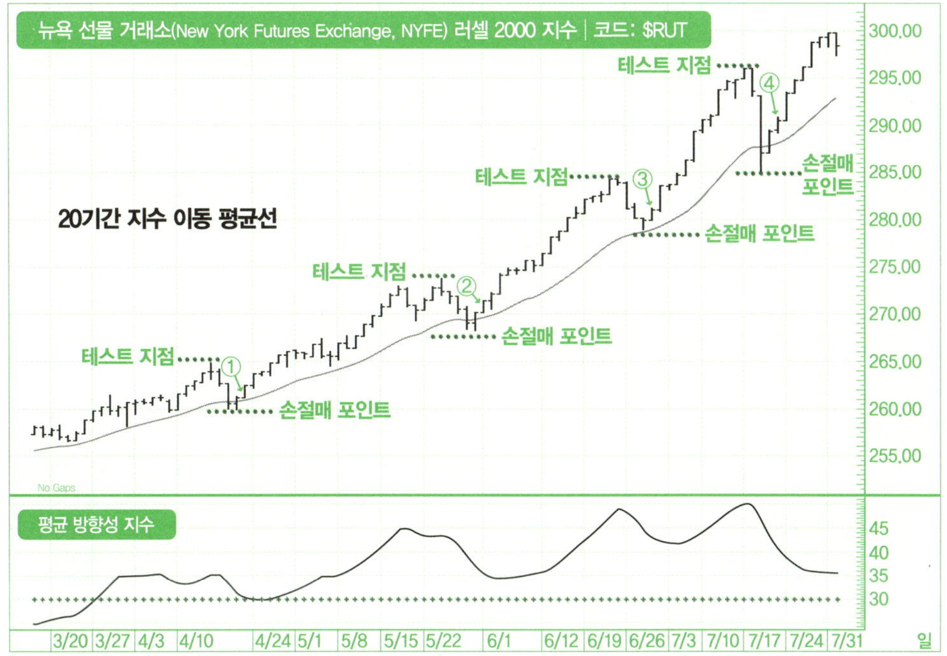

시장 지수를 실제로 거래하지 않는다고 해도, 여전히 이 전략은 전반적인 시장 분석에 유용하다. 최근 5년간 가장 강력했던 강세장에서는 총 네 번의 진입 기회가 있었다. 20기간 지수 이동 평균선이 가격을 제대로 억제한다는 면에서 인상적인 사례다.

이 패턴은 특히 하루 이내의 단기 트레이딩에 적합하다. B 지점에서 시장 가격은 20기간 지수 이동 평균선으로 회귀하고 ADX는 30보다 크다. 우리는 이전 봉의 고점 위에서 진입 포인트를 설정해 ① 지점에서 진입하고 A 수준까지 재테스트가 있을 것을 예상한다. 최초의 손절매 포인트는 B 지점에 설정하여 이 거래를 통한 위험이 150달러를 넘지 않도록 한다. 시장이 유리한 방향으로 마감하므로 이 거래를 밤새 유지한다. 갭 상승의 형태로 다음 날 아침까지 추세가 이어지는 모습을 볼 수 있는데, 우리는 이 지점에서 거래를 청산한다.

이 시장은 매우 강세이기 때문에 가격이 하락하는 대신 일정 기간 횡보하면서 20일 지수 이동 평균선에 접한다. 우리는 시장이 이전 봉의 고점을 벗어나는 ① 지점에서 진입한 뒤 가장 최근의 저점에 손절매 포인트를 둔다. 시장은 새로운 상승 구간을 형성하고, ② 지점 에서는 그다지 넓은 범위는 아니지만 확장된 가격 범위를 보이는 봉이 등장한다. 이는 상 승세가 끝났음을 의미한다. 시장은 하락 대신 다시 횡보하는 조정 움직임을 보이며 휴지 기를 갖는다. ③ 지점에서는 또 다른 거래를 시작할 수 있다.

강한 움직임 이후 가격이 되돌아갈 때는 20기간 이동 평균선이 이러한 되돌림에 대한 지지선 또는 저항선 역할을 하는 경향이 있다. 시장 가격이 전일 고점을 돌파할 때까지 기다리면 더 장기적인 추세가 재개한다는 것을 분명하게 확인할 수 있다.

주의할 점: 많은 트레이더가 ADX의 하락이 추세 반전을 의미한다고 오해한다. 이는 사실이 아니다. 대개 ADX는 가격 횡보가 시작될 때 정점에 도달한다. 이런 경우는 흔히 찾아볼 수 있다. 시간을 들여 차트를 상세히 살펴보면서 직접 확인하길 바란다. 그러면 이 챕터의 제목을 '가장 완벽한 전략'이라고 한 이유를 이해할 것이다.

ADX갭 이용

ADX 갭 이용_{ADX Gapper} 전략은 시장의 추세 방향대로 진입할 수 있는 간단한 되돌림 전략이다. 다른 갭-반전 전략과 유사하지만 ADX와 +DI, −DI를 필터로 사용하여 트레이딩 갭의 전반적인 수익성을 높인다는 점에서 차이가 있다.

ADX는 시간이 지남에 따른 추세의 강도를 측정하는 지표다. +DI와 −DI는 추세의 방향을 나타낸다. 상승 추세에서는 +DI가 −DI보다 높고, 하락 추세에서는 그 반대다. 우리는 ADX를 사용해 강한 추세가 있는 시장을 파악하고, 추세와 반대 방향으로 갭이 발생하는 날을 기다렸다가 시장이 원래 추세로 복귀하면 그 추세에 올라타고자 한다.

이 전략의 규칙은 다음과 같다.

1. 12기간 ADX와 28기간 +DI, −DI를 사용한다(야간 거래는 제외한다).
2. ADX는 30보다 커야 한다.
3. 매수의 경우 +DI는 −DI보다 커야 하고, 매도는 −DI가 +DI보다 커야 한다.

매수 거래 조건(매도 거래는 이와 반대)

1. 당일 시가는 전일 저가 아래로 갭 하락해야 한다.

2. 매수 진입 포인트는 전일 저가 부근에 설정된다.

3. 매수 거래가 실행되면, 당일 저가에 손절매 포인트를 설정한다.

4. 트레일링 스톱을 이용해 수익을 확정하고, 장 종료 이전에 포지션을 청산한다.
   만약 장이 강세로 마감한다면 다음 날까지 포지션을 유지할 수 있다.

1995년 3주 동안 발생한 3건의 7월물 면화 선물 거래는 다음과 같다.

▌[그림 11.1] 1995년 7월물 면화

① 1995년 3월 3일, 면화의 12기간 ADX는 30위에 있으며 +DI가 −DI보다 위에 있으므로 이는 상승 추세를 나타낸다. 갭 하락이 발생한다. 매수 진입 포인트가 전일 저가인 99.15 부근에 설정된다. 시장은 최대 101.18까지 상승하며 99.85에 마감한다.

② 3월 8일, 면화 가격은 다시 갭 하락하며 반전한다. 전일 최저가인 101.65에 걸어둔 매수 진입 포인트가 실행된다. 면화 가격은 190포인트 상승 마감한다.

③ 또 다른 갭 하락이 발생하고 수익성 있는 반전을 보인다.

▌[그림 11.2] 1995년 12월물 밀

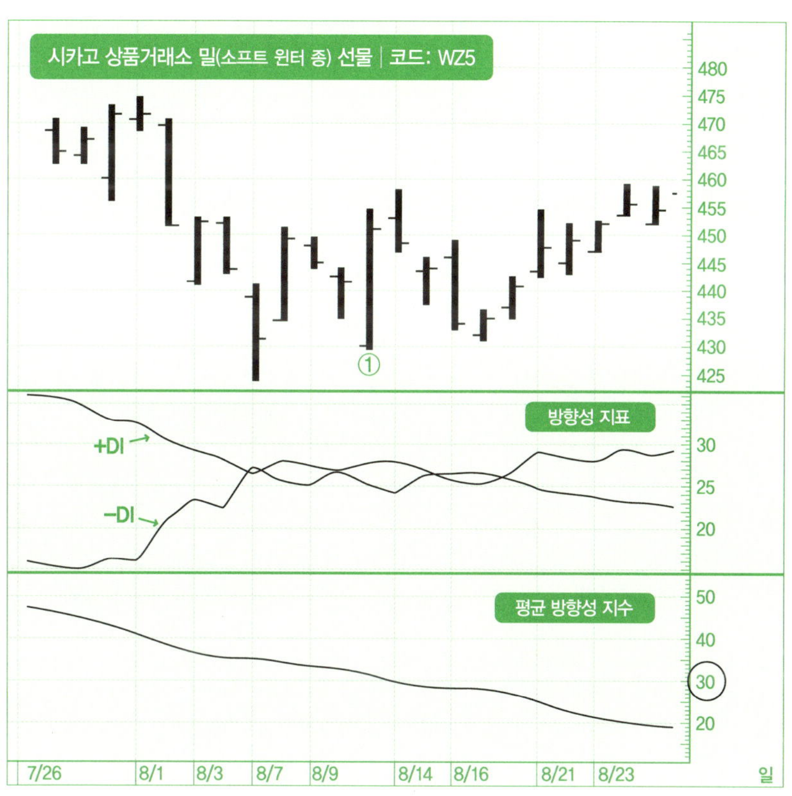

1995년 여름, 밀은 계절과 상반되는 강세장을 경험했다. 8월 11일, 12월물 밀은 갭 하락 후

반전한다. 전일 최저가인 435에 걸어둔 매수 진입 주문이 실행되었다. 트레일링 스톱 포인트는 당일 저가인 429 바로 아래 부근에 설정된다. 시장은 우리의 매수 가격보다 16센트 상승한 지점에서 마감한다.

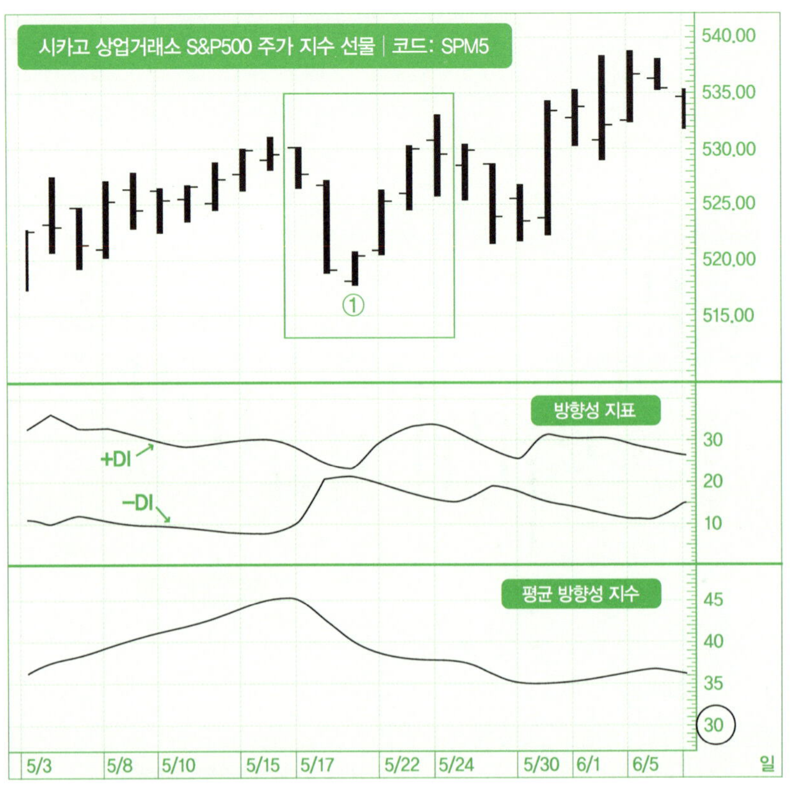

1995년의 강세장은 5월 19일의 매수 기회로까지 이어졌다. ADX가 30이 넘고 +DI가 −DI 위에 있으며, 시장이 갭 하락하고 반전한다. 매수 진입 주문은 518.90에서 실행된다. 시장은 당일 고가 근처에서 마감한다. 트레이더는 이익을 취하거나 밤새 포지션을 유지할 수 있다. 다음 날 S&P는 5포인트 상승한 거래 가격을 보이며 상승 추세가 지속된다. 이 전략을 백테스팅back testing한 결과, 이런 거래는 다음 날 아침까지 보유할 때 수익 개선을 보이는 것으로 나타났다.

내(래리)가 수행한 거래를 살펴보면서 이 전략에 대한 설명을 마친다.

▍[그림 11.4] 1996년 1월물 오렌지 주스

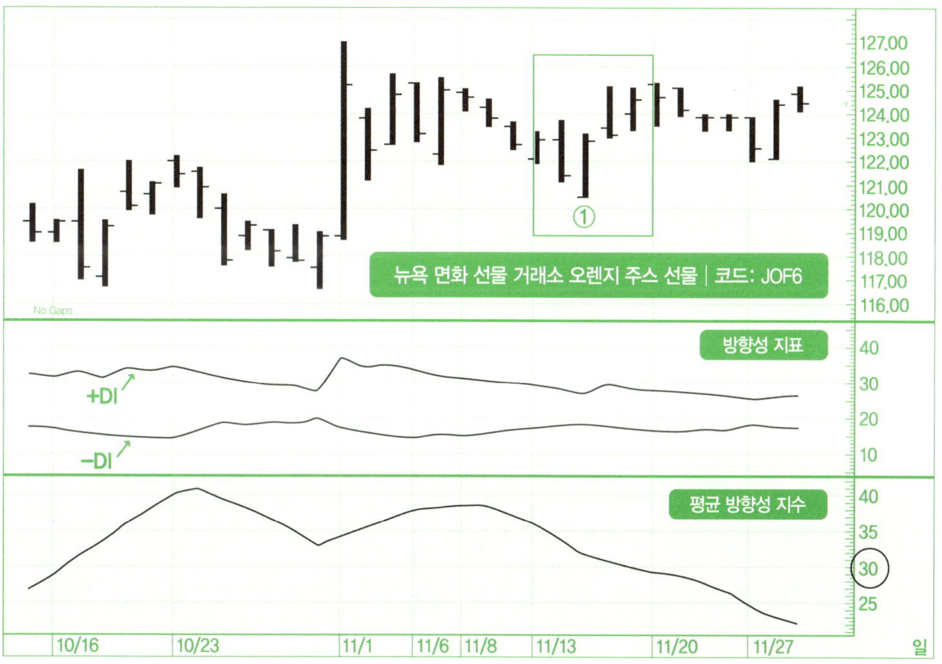

① 1995년 11월 15일(갭 발생일), 1월물 오렌지 주스 선물의 12기간 ADX가 30보다 크고 +DI가 -DI 위에 있으므로 상승 추세를 나타낸다.

② 갭 하락이 발생한다. 전일 저가보다 1틱 높은 121.20에 매수 진입 포인트를 설정한다. 주문이 실행되면, 당일 아침의 저가인 120.50보다 1틱 아래에 최초의 손절매 포인트를 설정한다.

③ 가격은 123.00까지 상승한다. 수익을 확정하기 위해 122.10까지 손절매 포인트를 추적한다.

④ 거래 마지막에 접어들었을 때 수익이 발생한 상태다. 이 시나리오에서 나는 트레일링 스톱 포인트를 122.60으로까지 옮겼다. 시장의 지지를 받고 있으므로 밤새 매수 포지션을 유지한다. 경험상 이렇게 강세로 장이 마감한다면 다음 날까지 그 추세가 이어질

가능성이 크기 때문이다.

⑤ 시장은 상승세로 시작해 처음 15분 동안 거래 가격이 124.55에까지 달한다. 나는 그 즉시 124.00에 손절매 포인트를 설정했고 123.80에 거래가 체결되었다.

린다:

갭은 일반적으로 감정이 극단으로 치닫고 있다는 증표입니다. 다른 시장 참여자들에게 매우 눈에 띄는 차트 패턴을 보이지요. 모든 갭 패턴마다 거래하지 말라는 법은 없고요.

래리:

래리 윌리엄스Larry Williams는 트레이딩 갭 반전이 통계적으로 옳은 전략임을 증명했습니다(부록 참고). 그는 이러한 반전을 '어이쿠Oops' 전략이라고 했지요. 저는 한동안 이 전략으로 돈 좀 만졌지만, 대부분 몇 안 되는 거래에서 발생했습니다.

린다:

그러면 그 성공적인 거래들 사이의 공통점을 찾았나요?

래리:

네. 제 최고 수익률은 강력한 추세 시장에서 발생했습니다. 약세장에서 갭 상승에 매도하는 건 기본적으로 하락세에 올라타는 전략인데, 몇 번은 아주 극적인 결과를 낳았죠. 시장이 상승할 때 갭 하락에 매수하는 경우도 마찬가지입니다.

린다:

추세가 지속되기 때문인가요?

맞습니다. 매년 몇 번씩은 1~5일 동안 상당한 수익을 낼 수 있는 시기가 존재합니다.

ADX 갭 반전은 1년에 몇 번 발생합니까?

ADX 필터는 갭 반전을 이용한 거래 횟수를 줄여줍니다. 저처럼 활발한 움직임을 보이는 모든 시장에서 거래한다면 1주일에 2~4건 거래할 수 있습니다.

이러한 반전에서 갭 없이 거래할 수도 있잖아요. 그런 경우는 어떤가요?

그건 조금 더 주관적인 영역입니다. ADX가 30을 넘고 추세가 상승 중이라고 가정합시다. 저라면 시장이 이른 아침 약세를 보이는지, 하락 상태에서 개장하는지 지켜볼 겁니다. 그리고 시장이 회복세를 보이며 전일 종가를 웃돌면 매수합니다. 이것이 개념적으로 올바른 거래 전략이라고 확신합니다. 오전에 하락의 기미가 보이기는 하지만, 전반적인 추세가 매우 강력하기에 상승 추세가 재개될 테고, 그 지속적인 추세에 올라타는 것이지요.

최초의 손절매 포인트는 어디에 두십니까?

보통은 당일 아침의 저가에 설정합니다. 그런 다음 제 포지션에서 수익이 발생하거나 시장이 매우 둔해지면 더 높은 곳으로 옮깁니다. 마음 같아서는 시장이 폭등하기를 바라지만, 그렇지 않으면 그냥 거래를 접어야지요.

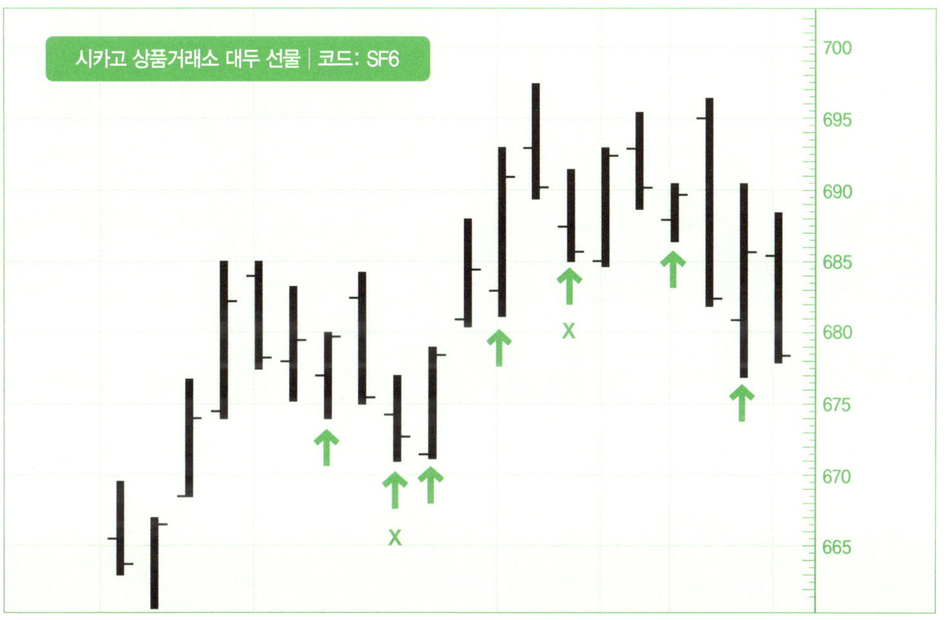

– ADX 30 이상

– 상승 추세

– 시장이 약세로 개장한 뒤 반전

X = 손실 거래

클라이맥스 패턴

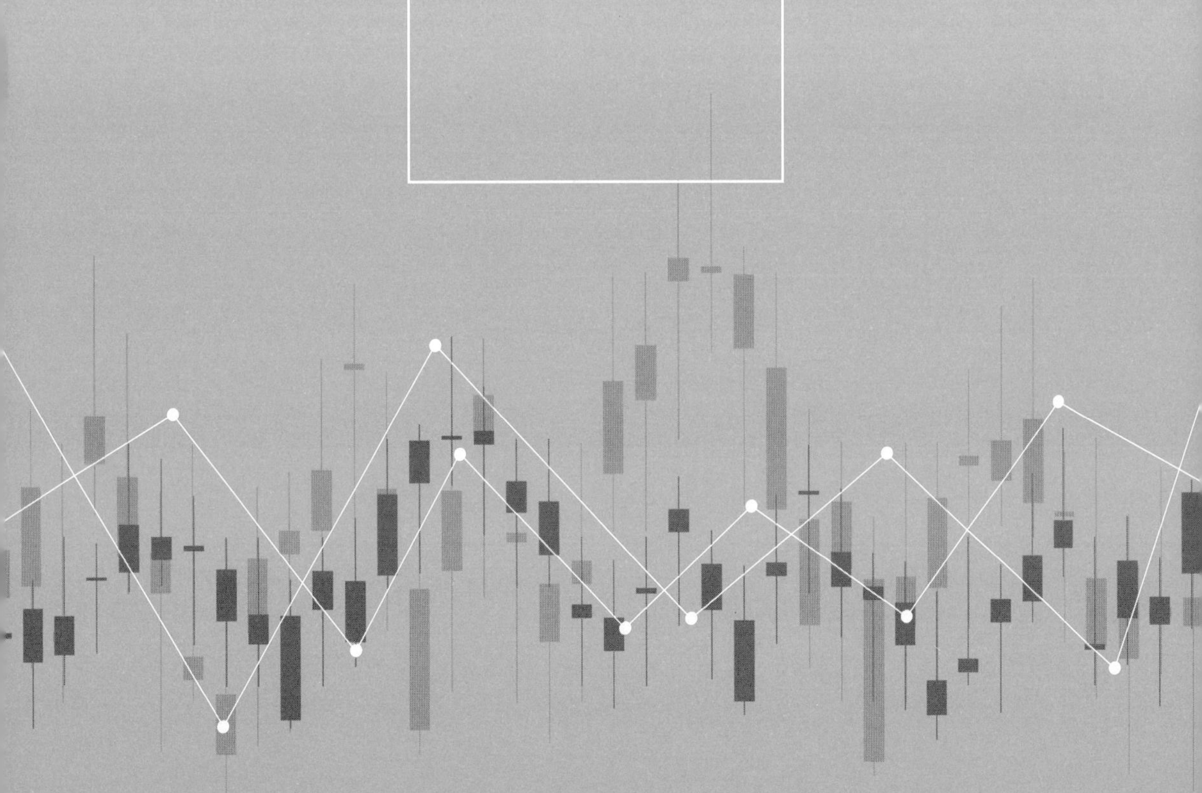

위플래시

'위플래시Whiplash'는 특정 조건이 충족될 때 장 마감(MOC[*] 주문)에 진입해 갭을 활용하는 간단한 전략이다. 갭을 채울 필요가 없다는 점에서도 독특한 전략이다.[**] 우리는 오전에 갭이 발생한 뒤 오후에 반전하는 날을 노린다. 이 반전은 다음 날 아침까지, 때로는 이후 며칠 동안 지속되는 경향이 있다. 시장이 실제로 하락한 것을 확인한 뒤 진입하려면 장 마감 시점까지 기다려야 한다.

매수 거래 조건(매도 거래는 이와 반대)

1. 전일 저가보다 갭 하락해야 한다(야간 거래는 제외한다).

2. 종가는 시가보다 높아야 하며, 당일 거래 가격 범위의 상위 50%에 속해야 한다.

3. 1과 2가 충족되면 MOC에 매수한다.

4. 만약 당일 종가보다 낮은 지점에서 다음 날 장이 열리면(해당 포지션에서의 손실을

[*] Market On Close, 장 종료 시 시장가를 의미한다. —옮긴이 주
[**] 갭을 채운다는 말은 갭 시작 점으로 가격이 되돌아온다는 뜻이다. —옮긴이 주

의미한다), 즉시 매도하고 손실을 감수한다.

5. 다음 날 수익이 나는 방향으로 개장한다면, 수익을 방어하기 위해 트레일링 스
   톱을 활용한다.

종가에 진입했다가 손실이 난 상태에서 시가에 청산하는 게 이상하게 보일지도 모
른다. 하지만 다음 날 시장이 유리하게 개장하는 경우가 더 많을뿐더러, 우리는 바로
그런 작은 규모의 수익을 노린다. 백테스팅 결과 하룻밤 차이를 둔 갭 거래는 높은 승
률을 보이는 것으로 나타났다. 게다가 수익 거래는 관리하기가 매우 쉬우므로, 이는
'유리한 출발'로 삼기에 충분히 좋은 전략이다. 최소한 이 거래의 반대편에 서고 싶은
마음이 들지는 않을 것이다. 몇 가지 예시를 살펴보자.

3주 동안의 대두 차트에서 네 가지 사례를 찾아볼 수 있다.

▌[그림 12.1] 1995년 11월물 대두

① 대두가 갭 상승하고 종가는 시가보다 낮으며 일일 가격 범위의 하위 50%에 있다. MOC인 659 ¼에 매도한다. 다음 날 아침 가격은 더욱 하락해 656에 개장한다. 손절매 포인트를 앞당기고 수익을 방어한다(손절매 포인트를 어디에 둘지는 개인적인 판단 사항이다. 이익이 손실로 바뀌지 않을 정도로만 설정하라).

② 대두가 갭 하락하고 종가는 일일 가격 범위의 상단에 위치하며 시가보다 상승 마감한다. 따라서 MOC인 656 ¼에 매수한다. 다음 날 아침에는 1 ¼ 센트 높은(당일 저가를 형성한) 곳에서 시작해 전일 종가보다 거의 10센트 상승한다.

③ 대두가 갭 상승하고 시가보다 낮은 가격에 마감한다. 종가는 가격 범위의 하위 50%에 위치한다. MOC에 매도한다. 다음 날 아침 대두는 소폭의 이익을 내며 개장한다. 트레일링 스톱을 적절하게 활용해야 한다.

④ 매도 위플래시 전략을 실행할 수 있는 조건이 달성되는 지점이다.

린다:

모든 시장에서 이 전략을 사용해 거래하나요?

래리:

모든 시장에서 이 전략을 염두에 두고는 있지만, 특히 S&P와 채권 시장에서 더 자주 이용합니다.

린다:

갭이 발생하면 겁먹는 사람들이 있는 것 같아요. 일부 트레이더들은 갭 발생에 통상적으로 뒤따르는 변동성 증가를 두려워하지요.

래리:

그래서 갭을 활용하기 위한 체계적인 거래 규칙을 계속 찾아내는 일이 매우 중요합니다. 시장에서 가장 일어날 법한 움직임을 찾아내는 건 끝없는 과정의 연속이지요.

린다:

그렇군요. 이 전략에서는 어떤 경향성을 이용하나요?

래리:

이 전략은 극단적으로 시장이 반전하는 날은 다음 날 아침에도 그 추세가 이어지는 경향이 있다는 사실과 관련이 있습니다.

린다:

그렇네요. 이처럼 거의 60%에 가까운 우위를 선점할 수 있는 거래 기회를 제공하는 전략은 이익을 가져다줄 가능성이 정말 큽니다. 이 전략을 따르다 보면 약간 매도 거래 쪽으로 치우치는 경향이 있는 듯하네요.

래리:

맞습니다. 백테스팅이 그 사실도 증명하지요.

3일 메워지지 않은
갭 반전

'3일 메워지지 않은 갭 반전'[*] 전략은 갭 반전을 이용하는 또 다른 전략이다. 이때 시장은 메워지지 않았던 갭을 3일 이내에 메우기 시작해야 한다.

매수 거래 조건(매도 거래는 이와 반대)

1. 당일 시장에는 갭 하락이 있어야 하며, 갭이 메워져서는 안 된다(이 책의 다른 모든 전략과 마찬가지로 야간 거래는 제외한다).
2. 다음 3거래일 동안 갭 하락 당일 고가보다 1틱 높은 곳에 매수 진입 포인트를 설정한다.
3. 거래가 체결되면 갭 하락 당일 저가에 손절매 포인트를 설정한다.
4. 발생한 수익은 트레일링 스톱을 이용해 보호한다. 시장은 종종 갭 마감 뒤 다시 반전한다.

---

* 3-Day Unfilled Gap Reversals, unfilled gap은 갭 상승의 경우에는 다음 날 저가가 전일 고가 위에 있고, 갭 하락의 경우에는 다음 날 고가가 전일 저가보다 아래에 있는, 즉 전일 가격 범위와 당일 가격 범위 사이에 거래가 없는 경우를 의미한다. 전일 가격과 당일 가격에 겹치는 지점이 없어 차트상 눈에 띄는 공백이 생기므로 unfilled gap이라고 부른다. 이 책에서는 원문의 표현을 살려 '메워지지 않은 갭'으로 번역했다. —옮긴이 주

5. 3거래일이 지나도록 거래가 체결되지 않으면 최초의 매수 진입 포인트를 취소한다.

① 메워지지 않은 갭 상승이 발생한다. 당일 저가보다 1틱 낮은 곳인 394 $\frac{1}{4}$ 에 다음 3거래일에 대한 매도 진입 포인트를 설정한다.

② 가격이 매도 진입 포인트에 닿아 계약이 체결된다. 손절매 포인트는 갭 발생일의 고가보다 1틱 높은 400 $\frac{1}{4}$ 에 설정한다.

③ 손절매 주문이 실행되어 6센트에 슬리피지와 수수료를 더한 값만큼 손실을 본다.

④ 메워지지 않은 갭이 발생한다. 당일 저가인 405 $\frac{3}{4}$ 보다 1틱 낮은 지점에 다음 3거래일

동안 사용할 매도 진입 포인트를 설정한다.

⑤ 거래가 체결된다. 갭 발생일 고가보다 1틱 높은 지점인 41O에 손절매 포인트를 설정한다.

⑥ 이후 7거래일 동안 시장은 20센트 이상 하락한다.

다음 차트는 모토롤라 주식에서 한 달 동안 발생한 세 가지 거래를 나타낸다.

① 메워지지 않은 갭 발생. 다음 날에 당일 고가보다 1틱 높은 곳에서 매수한다. 시장은 향후 며칠간 강한 상승세를 나타낸다.

② 또 다른 메워지지 않은 갭이 발생하지만 다음 날 메워지기 시작한다. 우리는 76포인트

지점에서 매도한다. 시장은 이틀 만에 8포인트 이상 하락한다.

③ 7월 19일에 발생한 갭은 이틀 만에 메워졌다. 이후 3일 동안 가격은 5포인트 상승했다.

이 예시에 대한 자금 관리 규칙도 함께 살펴보자. 7월 19일의 저가는 우리의 진입 가격보다 6 ½ 포인트나 낮으므로, 손절매 포인트는 조금 더 위쪽에 설정해야 한다. 이 거래에서는 2~3포인트의 리스크만 안고 가기를 추천한다.

▌[그림 13.3] 1995년 3월물 오렌지 주스

① 1994년 12월 19일, 메워지지 않은 갭 상승이 발생한다.

② 오렌지 주스는 12월 19일 저점 아래에서 거래되고 있다. 우리는 매도 포지션을 취한 뒤 123.80을 손절매 포인트로 설정한다.

③ 오렌지 주스는 6거래일 만에 10센트 하락했다.

① 메워지지 않은 갭 상승이 발생했다.

② 갭 상승일의 저가보다 1틱 낮은 곳에서 매도 포지션을 취한다(물론, 전일 발생한 터틀 수프 플러스 원 전략의 매도 신호를 놓쳤을 때 해당한다).

③ 대두박은 5거래일 만에 600포인트가 넘는 가격 하락을 보인다.

린다:

이 전략은 시장이 단기적으로 극단적인 움직임을 보인 뒤 반전하는 사례에 해당하나요?

그렇습니다. 이런 극단적인 갭은 시장이 뉴스에 과도하게 반응하는 단계나 소강상태에서 발생합니다.

아일랜드 반전island reversal처럼요?

맞아요. 일단 갭이 메워지기 시작하면 모멘텀에 속도가 붙어서 상당히 강력한 움직임으로 변할 수 있습니다.

이 전략을 이용하면 소액의 이익과 손실을 경험하면서 상당한 반전에 참여할 수 있겠네요.

물론입니다.

왜 하필 3일인가요? 6일이나 20일이 될 수도 있었을 텐데요.

우리가 단기적인 시각에서 거래에 참여하고 있기 때문입니다. 이건 제 생각이지만, 20일 전에 발생한 갭은 어제 발생한 갭보다는 덜 중요하니까요.

확실히 주식에서는 잘 먹히는 전략이에요.

그렇죠. 사실 이 전략은 모멘텀 주식에서 가장 효과적입니다. 주식 변동성이 클수록 더 강력해지죠.

천문이 붙여일견

이 챕터에서 소개하는 세 가지는 독특한 반전 패턴이자, 매수 또는 매도 포지션이 소강상태에 있을 때 반전이 발생하는 **클라이맥스** 패턴이다. 각 패턴은 시장의 반전을 **예측**할 수 있는 **매매 신호**를 가지고 있다. 그 신호는 추세가 있는 시장에 지나치게 선불리 진입하는 것을 방지하는 역할도 한다. 이 3가지 패턴의 특장점은 모두 손절매 포인트를 설정할 수 있는 고유한 위험 포인트를 형성한다는 것이다. 시장이 그 지점에서 반전하면, 수익 확정 전에 되돌림이 발생할 가능성이 작다.

이들은 순전히 **주관적인** 패턴 인식의 한 형태다. 어떤 형태로든 이 패턴에 대해 백테스팅을 하기란 불가능하다는 뜻이다. 이전에 설명한 전략들과는 달리, 정확한 규칙이나 진입에 사용할 지정가 주문 설정과 관련한 지침을 제공하기도 어렵다. 우리가 해줄 수 있는 최고의 조언은 예시들을 숙달한 뒤 자신의 차트에서 유사한 패턴을 찾아보라는 것이다. 이 3가지 패턴은 모든 거래 기간에, 모든 시장에 적용이 가능하다.

우리의 친구 대다수가 이러한 패턴을 활용해 거래해 왔기 때문에, 이 패턴들을 이해하기가 그리 어렵지 않다는 걸 안다. 사실 세 명의 인디언 패턴을 처음 가르쳐준 사람은 틱 차트를 사용하는 동료 트레이더 두 사람이었다. 주관적인 차트 패턴을 활용하는 사람은 장 마감 후 그날 형성된 패턴들을 재검토하는 데 상당 시간을 할애한다. 그리고 두세 가지의 정해진 매매 기회에서만 거래에 몰두한다. 그들은 스스로 순수주의자라 칭하며 오실레이터나 이동 평균법을 이용하지 않는다(그래서 이 챕터의 제목을 '트레이딩-미니멀리즘 사관학교'라고 지을 수도 있었을 것이다).

이러한 거래에 진입할 때 사용할 수 있는 가장 좋은 기술은 예상되는 반전이 발생하는 바로 그 순간, 고전적인 테이프 판독이나 차트 모니터링을 하는 것이다. 그리고 거래에 진입하기 전에 **위험** 포인트나 손절매 포인트를 설정할 논리적 위치를 집중적으로 파악해야 한다. (매수 거래의 관점에서) 시장의 하한선인 중단기 저점을 발견하면 시장가 매수에 들어간다. 거래 가격을 지정하려는 시도는 금물이다. 기회를 놓칠 확률이 너무 크기 때문이다. 이 세 가지 전략에서 가장 좋은 진입 기회는 아주 잠시만 열려 있다.

이 거래를 청산하는 쉬운 방법은 시장이 벌어들인 수익을 거두어들이기 시작할 때나 움직임이 정체될 때까지 기다렸다가 시장가에 청산하는 것이다. 수익 확정 목적으로 트레일링 스톱을 활용하기에 쉬운 전략들이다. 트레일링 스톱 사용은 능동적 트레이딩의 과정 중 하나라는 사실을 잊지 말라. 새로운 지지선이나 저항선이 형성되는 것을 계속 관찰하고, 이 지점 바로 아래쪽이나 위쪽에 손절매 주문을 설정해야 한다. '취소-대체' 방식으로 주문할 수도 있지만 그럴 경우, 이전의 지정가 주문을 취소하는 걸 잊지 않도록 주의해야 한다. **손절매** 주문을 걸어놓지 않은 상태에서 폭주하는 시장 상황에 노출되는 일은 절대 없어야 한다. 어떤 패턴이든 언제나 반전할 수 있기 때문이다.

▍[그림 14.1] 금–30분 봉

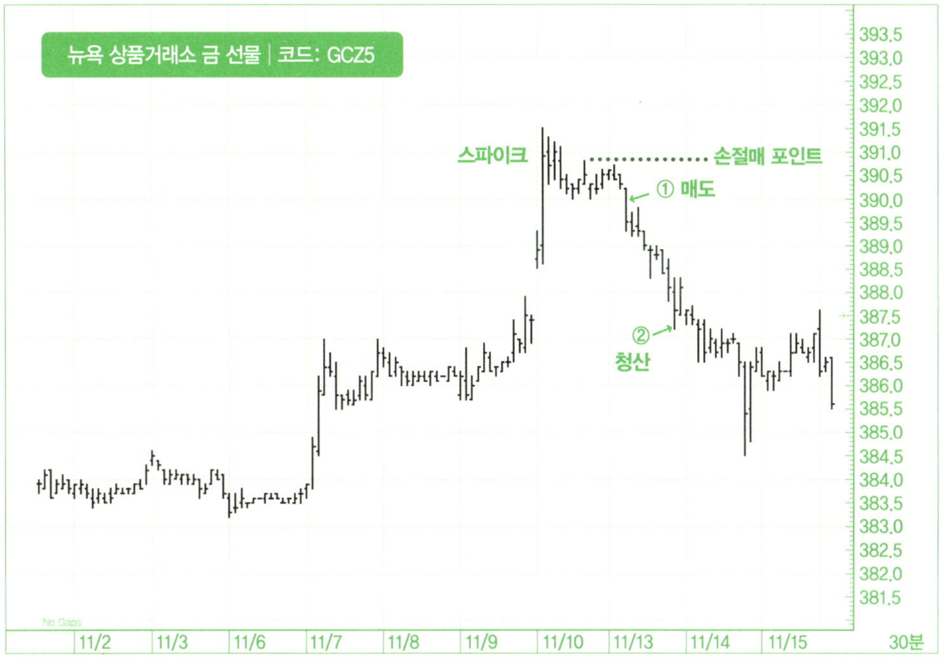

첫 번째 패턴은 '스파이크와 횡보Spike and Ledge' 패턴이다. 여기서 매수 클라이맥스는 하루 단위의 금 단기 차트에서 스파이크와 횡보 패턴을 형성한다. 횡보 구간을 하향 돌파하는 ① 지점에서 매도 거래에 진입하고, 횡보 구간의 반대편 지점[*]에 최초의 손절매 포인트를 설정한다. 시장은 이 지점으로 다시 돌아와서는 안 된다. 시장은 갭을 메우고, 우리는 그다지 넓은 범위는 아니지만 확장된 가격 범위를 보이는 ② 지점에서 청산했을 것이다.

---

[*] 횡보 구간의 고점을 의미한다. —옮긴이 주

극적인 매도 클라이맥스가 A 지점에서 스파이크를 형성한다. 이어지는 횡보 구간의 돌파 지점인 ① 지점에서 매수한 뒤 반대편인 B 단계에 손절매 포인트를 설정한다. ② 지점에서 처럼 확장된 가격 범위를 갖는 봉의 출현은 가격 움직임이 소강상태에 이르렀다는 신호다.

스파이크와 횡보 패턴은 모든 거래 기간에 효과적이다. 두 거래 모두 이전의 저점과 고점을 테스트하는 거래였다는 사실에 주목하라.

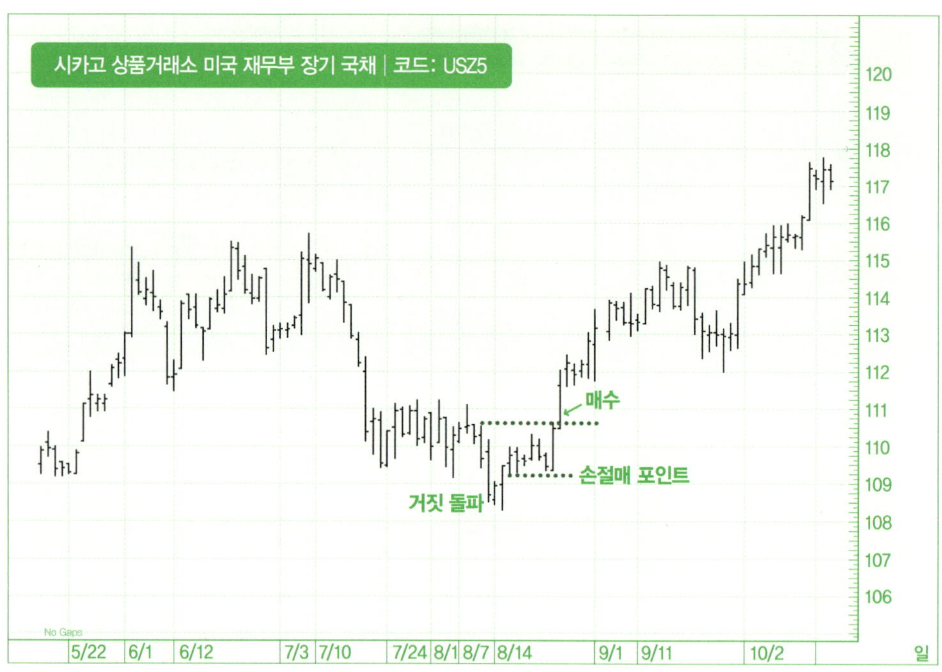

이 패턴은 '거짓 돌파와 개미 투자자 털어내기Fakeout–Shakeout' 전략이라고 불린다. (진정한 돌파라면) 시장이 횡보나 트라이앵글 구간을 돌파한 뒤 그 돌파 지점이나 삼각형의 꼭짓점으로 되돌아오지 않는다. 만약 그런 일이 발생한다면, 반대 방향으로 훌륭한 거래 기회가 생기는 셈이다. 위 특정 예시에서는 시장이 하향 돌파한 지점 바로 위에 매수 진입 포인트를 설정했다. 최초의 손절매 포인트로는 가장 최근의 저점을 입력했다. 시장이 이 지점으로 되돌아와서는 안 된다. 손절매 포인트는 재빨리 손익분기점까지 올린 뒤 수익 확정을 위해 적절히 추적한다.

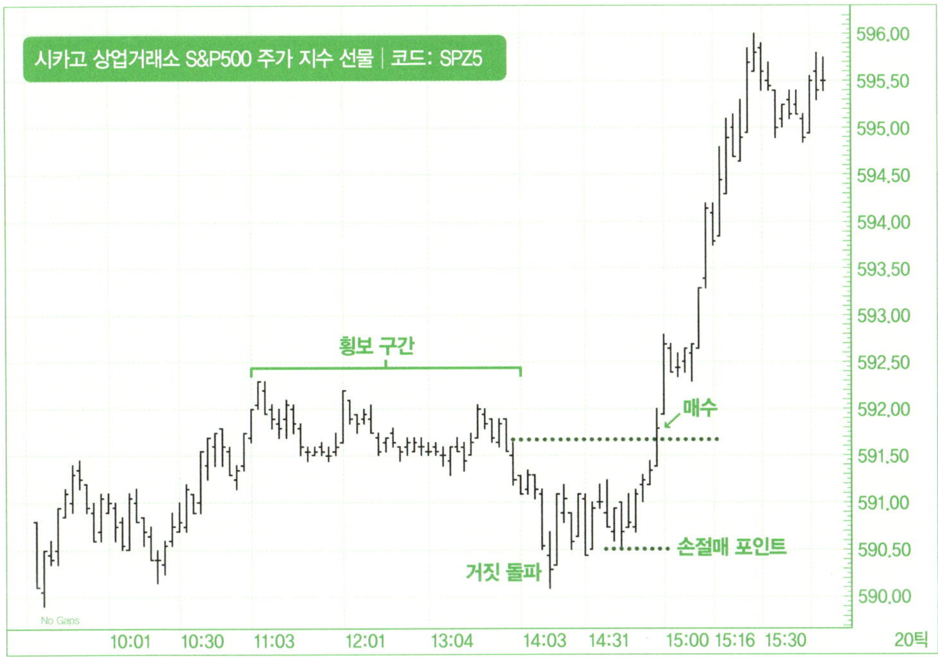

시장은 3시간(오전 11시~오후 2시) 동안 형성된 좁은 범위의 횡보 구간에서 벗어났다. 매도한 사람들은 속임수에 놀아났고(faked out), 매수한 사람들은 겁을 먹고 내뺐다(shaken out). 진짜 돌파라면 횡보 구간의 중간 지점으로 되돌아오지 않는다. 만약 되돌아온다면 그 돌파는 함정이었다는 의미다. 따라서 우리는 가격이 반전될 때 올라타고자 한다. 위 예시의 경우, 가격이 반대 방향으로 돌파했을 때 시장가에 매수할 것이다. 손절매 포인트는 손익분기점까지 빠르게 상향 조정한다.

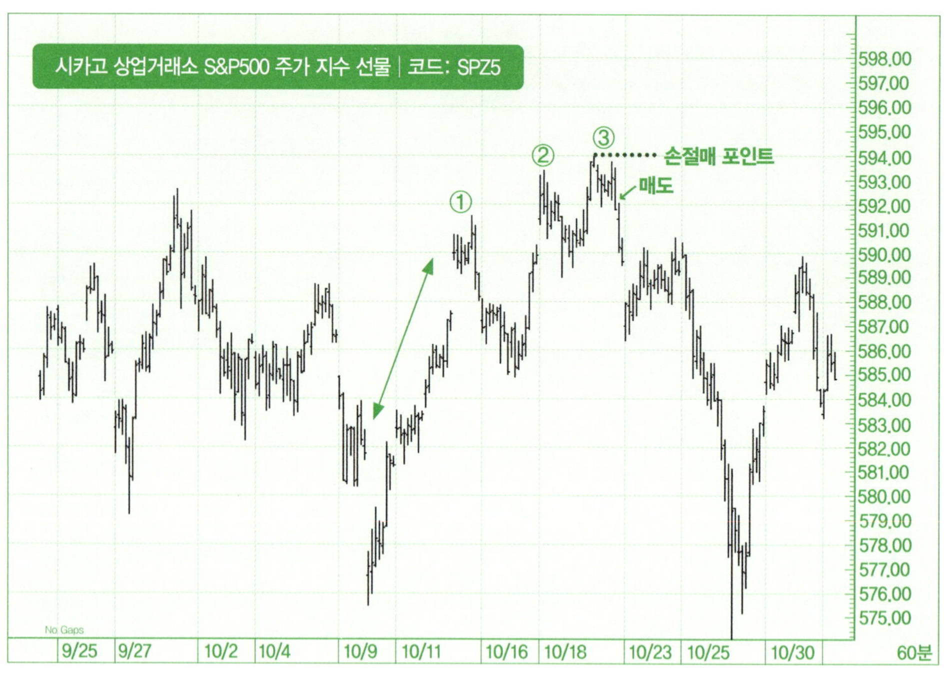

세 명의 인디언 패턴은 3개의 대칭적인 봉우리 모양을 형성하는 클라이맥스 패턴이다. 세 번째 봉우리 형성을 예상할 수는 있지만, 진입 전에 반드시 가격이 마지막 봉우리에서 **반전**되기를 기다려야 한다. 그런 다음 포지션에 진입함과 **동시에** 손절매 포인트를 설정해야 한다. 진입은 시장가에 한다. 하루 이내 단기간에 형성되는 이 패턴의 어느 한 지점에 진입 가격을 지정하려고 하다 보면, 대부분의 거래를 놓치고 말 것이다. 손절매 포인트는 신속하게 손익분기점으로 이동해야 한다. 성공한 거래는 뒤돌아보지 않는 법이고, 우리에게 즉각적인 보상을 안겨주어야 한다.

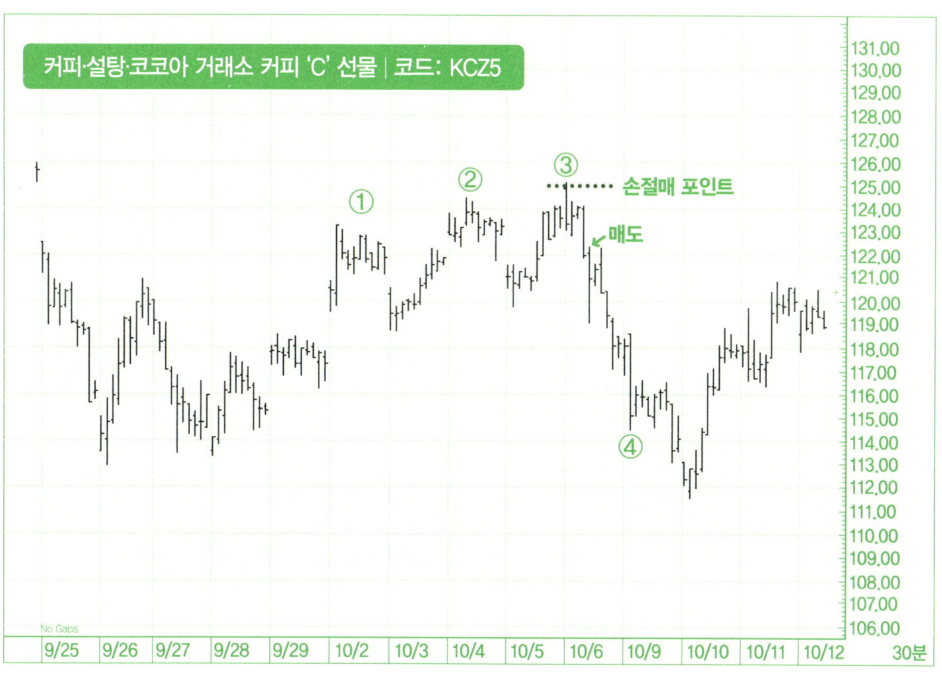

6일간 이어진 상승세 이후 커피는 3개의 대칭적 고점, 즉 세 명의 인디언을 형성했다. 가격 반전이 시작되므로 우리는 시장가에 진입한다. 최초의 손절매 포인트는 가장 최근 고점에 설정한 뒤 빠르게 손익분기점까지 이동한다. 시장이 약세로 마감하기 때문에 밤새 포지션을 유지한다. 다음 날 아침 가격 범위가 확장된 모습을 보이는 ④ 지점에서 매도 포지션을 청산한다. 우리가 시장에 머무는 시간은 총 4시간도 되지 않는다.

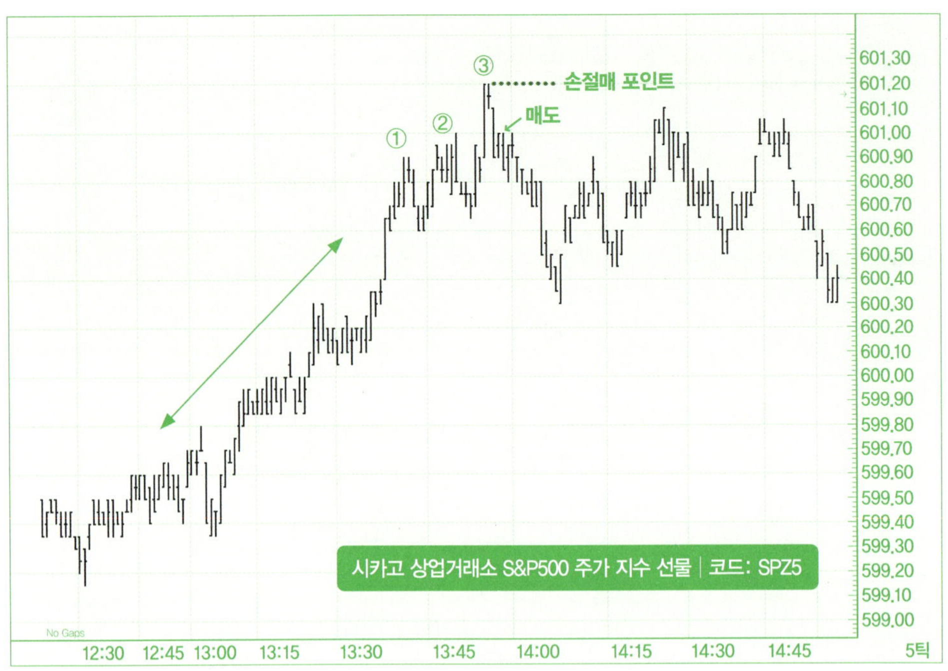

강한 움직임 끝에 나타나는 세 명의 인디언 클라이맥스를 보여주는 전형적인 사례다. 거래를 통한 수익은 적지만, 5틱 차트를 기반으로 거래 시 예상 가능한 수준이다.

일봉 차트에서 스파이크와 횡보 패턴과 세 명의 인디언 패턴이 모두 나타나는 좋은 예시다. 둘 다 초기 손절매 포인트를 설정하기 좋은 지점을 제공했으며, 우리에게 유리한 방향으로 빠르게 움직이는 거래다.

울프 웨이브

'울프 웨이브Wolfe Waves'라는 이 특별한 방법론은 내(린다)가 접한 가장 독특하고 효과적인 트레이딩 기법이다. 지난 10년 동안 S&P 지수 거래를 통해 생계를 유지해 온 빌 울프Bill Wolfe라는 친구가 개발하고 전파한 방법이다. 빌의 아들 브라이언도 이 방법으로 거래한다. 내가 만난 사람 중 집에서 나이프NYFE를 초단타로 매매하여 꾸준히 좋은 수익을 거둔 10대는 브라이언이 처음이었다. 이 원고를 집필 중인 지금 스물한 살이 된 브라이언은 다른 시장에서도 울프 파동을 이용하며 트레이딩 영역을 넓히고 있다.

빌의 웨이브 구조 이론은 뉴턴의 제3법칙, 즉 모든 작용에는 반작용이 따른다는 법칙에 기반한다. 이러한 움직임은 뚜렷한 파동을 형성하며, 그 파동은 상당한 예측력을 갖는다. 이 파동은 변동성이 클 때 가장 뚜렷하게 발생한다. 약간의 연습을 통해 이러한 패턴을 즉시 포착하는 눈썰미를 쉽게 키울 수 있다.

예시를 제대로 살펴보면 다음 규칙들을 이해할 것이다(계산 순서가 특이하다는 점에 주목하라. 곧 알게 되겠지만 이는 귀납적 분석을 위해서다). 바 차트의 상단이나 하단에서 시작하면 확실히 새로운 파동에서 카운트를 시작할 수 있다. 다음의 카운트는 **매수** 포지션을 위한 것이다. 따라서 고점에서 카운트하기 시작한다(만약 **매도** 포지션을 위해 저점에서 카운트를 시작한다면 웨이브 카운트는 반대로 진행될 것이다).

1. ②는 고점이다.[*]

2. ③은 첫 하락세의 저점이다.

3. ①은 ②(고점) 이전의 저점이며 ③은 ①보다 낮아야 한다.

4. ④는 ③ 뒤에 나타나는 고점이며 ①보다 높아야 한다.

5. 추세선은 ①부터 ③까지를 잇는 선이다. 이를 연장한 선은 예상 반전 지점을 나타내며, 우리는 이를 ⑤라고 한다. ⑤는 EPA선(①에서 ④까지 연결한 선)을 타기 위한 거래의 진입 포인트가 된다.

6. 추정 도달 가격Estimated Price at Arrival, EPA선은 ①부터 ④까지를 잇는 선이며, 예상 목표가를 나타낸다. 최초의 손절매 포인트는 새롭게 형성된 반전 지점인 ⑤ 바로 아래에 설정한다. 이후에는 손익분기점까지 빠르게 이동시킬 수 있다.

핵심 사항: ①, ②, ③, ④ 지점이 형성되기 전까지는 울프 파동을 찾을 수 없을 것이다. 매수 거래를 위해서는 ③이 ①보다 낮아야 한다는 사실을 명심하라. 매도 포지션을 취할 때에는 ③이 ①보다 높아야 한다. 가장 좋은 파동은 매수 포지션의 경우 ④가 ①보다 높고, 매도 포지션의 경우 ④가 ①보다 낮은 모양이다. 이렇게 하면 시장이 폭주해 통제 불능인 상황을 맞닥뜨리는 일은 없을 것이다.

이제 예시를 살펴보면서 울프 웨이브 패턴을 찾아낼 수 있을지 알아보자. [그림 15.1]은 울프 웨이브가 형성되기 시작할 때의 모습을 보여준다.

---

[*] 울프 파동의 설명 원문에서는 흐름(flow)의 개념인 '웨이브(wave)'를 점(spot)의 개념인 특정 '지점(point)'이라고 설명하고 있으며, 이는 읽는 이에게 크게 혼란을 주는 이유이기도 하다. 이어지는 설명에서는 독자의 혼란을 방지하기 위해 'N 번째 웨이브(wave N)'를 'N 지점(point N)'으로 번역했다. 따라서 본문의 숫자들은 모두 차트 위의 한 점을 나타낸다. 웨이브 구간은 모호하게 정의되어 있으므로 각 점을 잇는 흐름이라고 생각하면 이해하기 쉽다. ―옮긴이 주

①, ②, ③ 지점은 이미 형성되어 있어야 한다. ② 지점은 중단기적으로 상당한 고점이거나 저점이어야 한다. 그러면 ① 지점과 ③ 지점 사이에 추세선을 그린다. 이 선을 따라 ⑤ 지점을 예상할 수 있다.

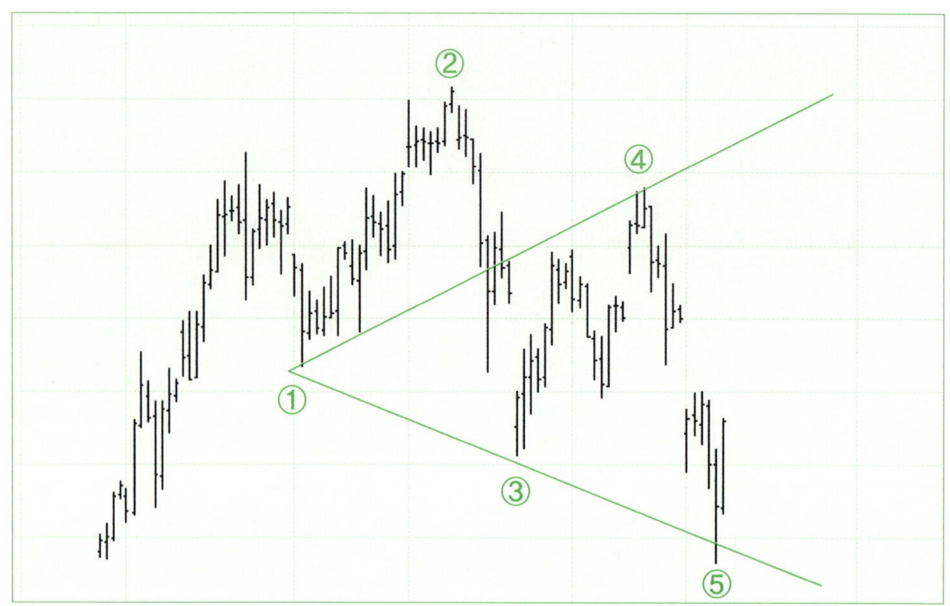

⑤ 지점이 형성되었다. 우리는 이 반전 지점에서 매수하고 바로 그 아래에 손절매 포인트를 설정한다. ① 지점에서부터 ④ 지점까지 추세선을 그리면 가격을 예측할 수 있다.

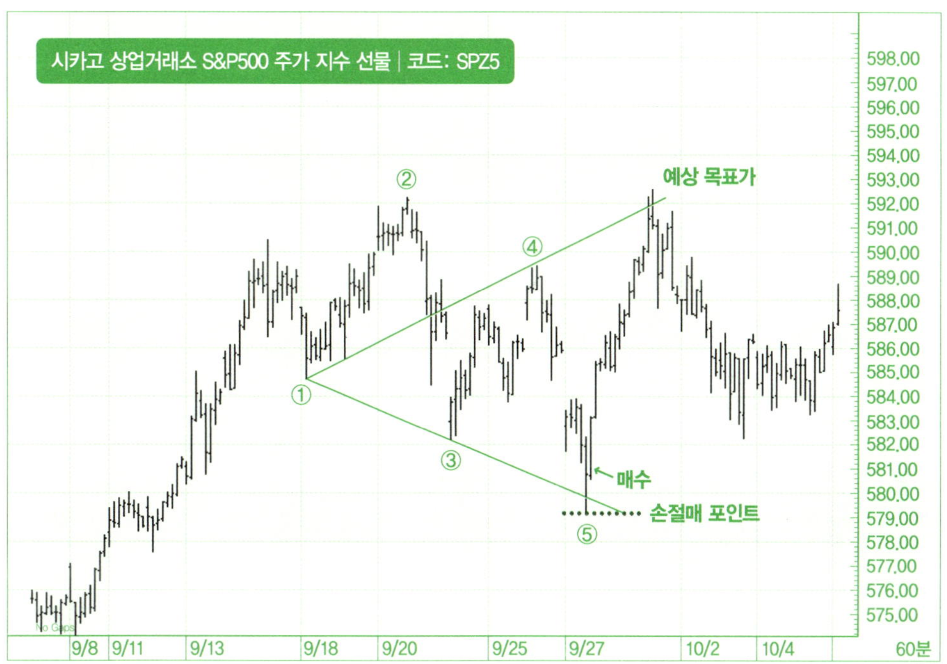

가격이 목표치에 도달하여 12포인트의 잠재적 이득을 얻었다!

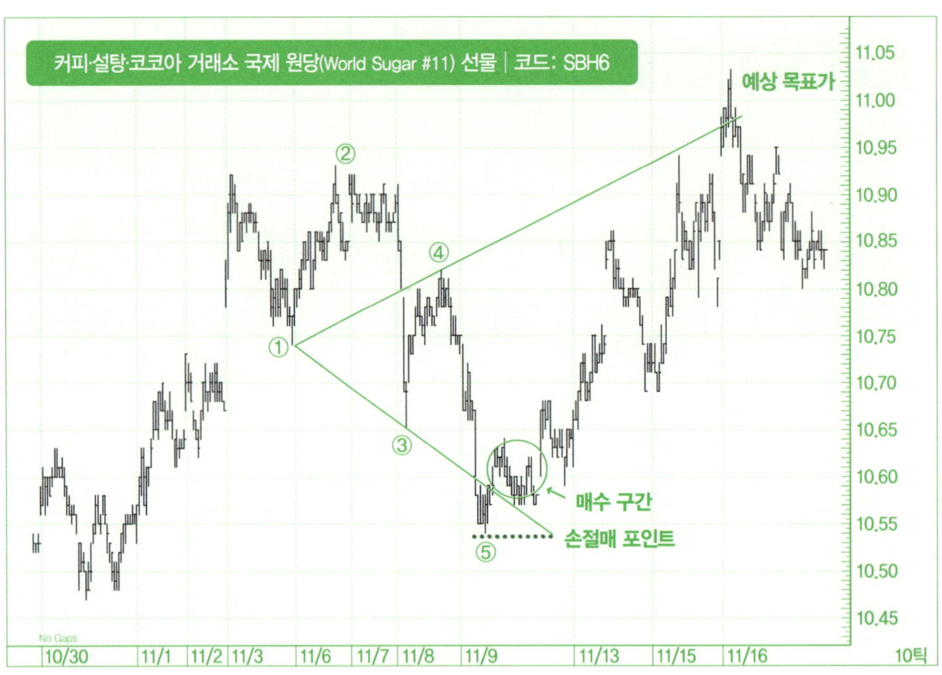

②는 패턴의 최초 시작 지점이다. 나는 항상 이 지점에서 카운트를 시작하는 것이 가장 쉽다고 생각한다. 그런 뒤 역추적하여 ①과 ③ 지점을 찾는다. ④ 지점이 ① 지점보다 높아야 한다는 사실을 잊지 말라. ⑤ 지점을 예측하는 추세선이 그려진다. 시장은 이 수준에서 지지세를 보이므로 우리는 시장가로 매수 포지션에 진입한 뒤 ⑤ 지점 바로 아래에 손절매 포인트를 설정한다. 시장은 목표가를 향해 움직인다.

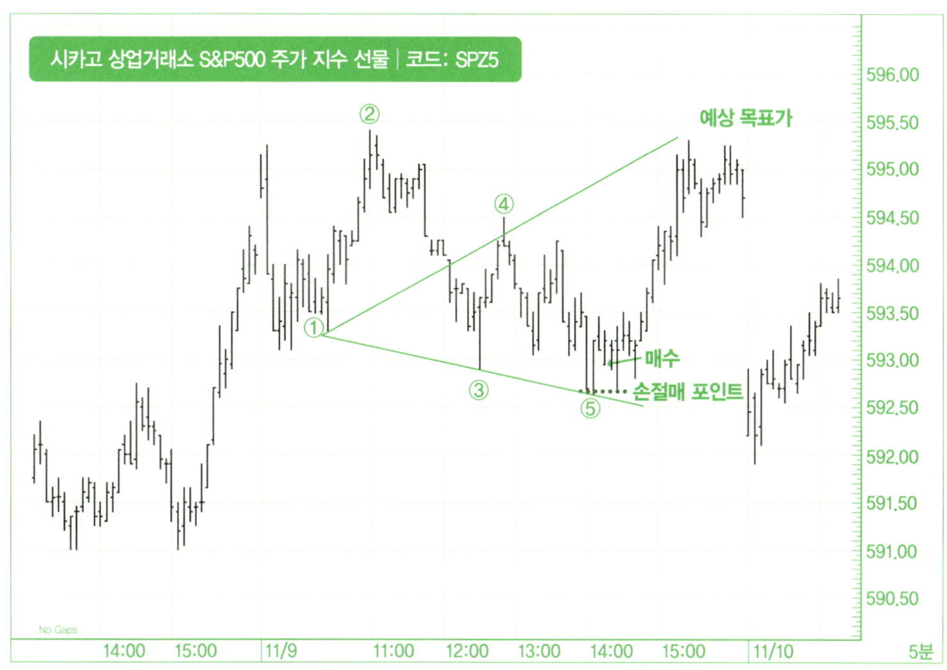

위 차트는 5분 봉 차트에서 볼 수 있는 울프 파동의 사례다. 이 분석 주기를 적용하면 S&P에서 1주일에 3~6개 패턴을 찾을 수 있다. ① 지점과 ③ 지점을 연결하는 추세선이 매수 구간을 알려준다. 시장이 ⑤ 지점을 소폭 넘어서는 일은 매우 흔히 발생하므로, 거래를 시작하기 **전에** 가격이 다시 추세선 위로 반등할 때까지 **기다려야 한다.** 이 사례에서 우리는 시장가에 매수한 뒤 저점 아래에 손절매 포인트를 설정한다. 다음 1시간 동안 가격은 2포인트 상승한다.

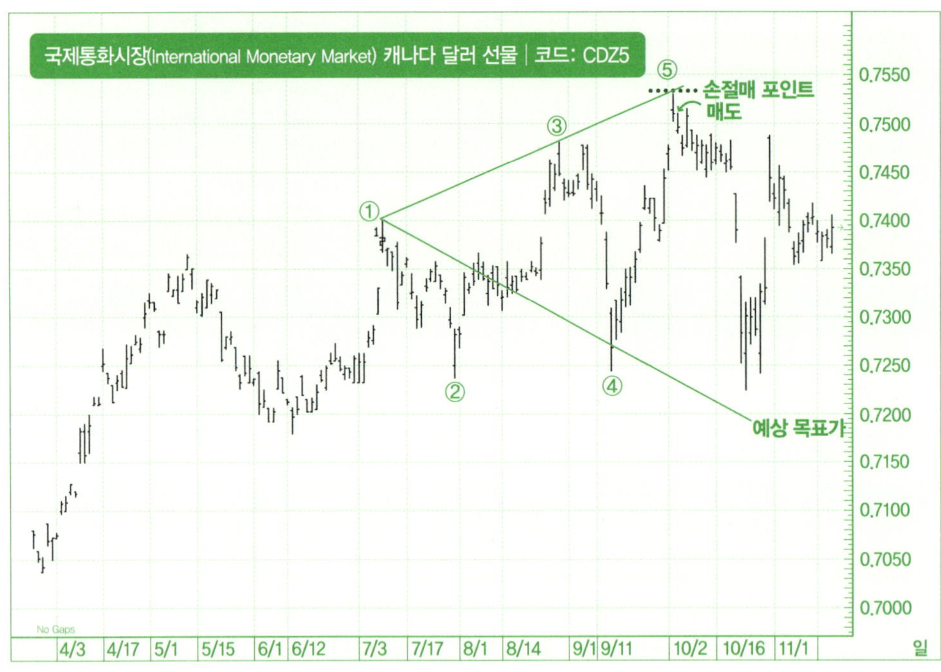

② 지점에서 카운트를 시작한다(①과 ③ 지점이 이미 형성되어 있어야만 ② 지점을 찾을 수 있다). ② 지점이 꼭 장기적인 추세 반전이어야 할 필요는 없다. 상당 수준의 고점이거나 저점이기만 하면 된다. 친구 댄이 ⑤ 지점이 형성되었을 때의 이 차트를 내게 보내줬다. 나는 고개를 저으며 시장이 너무 강세 같아 보이는데 어떻게 하락할 수 있겠냐고 물었다. 하지만 가격은 예상치에 엄청나게 근접했다. 그 당시 이런 사태를 예상할 수 있었던 사람은 아무도 없었을 것이다. 시장이 급락할 때 형성되는 스파이크와 횡보 패턴에 주목하라.

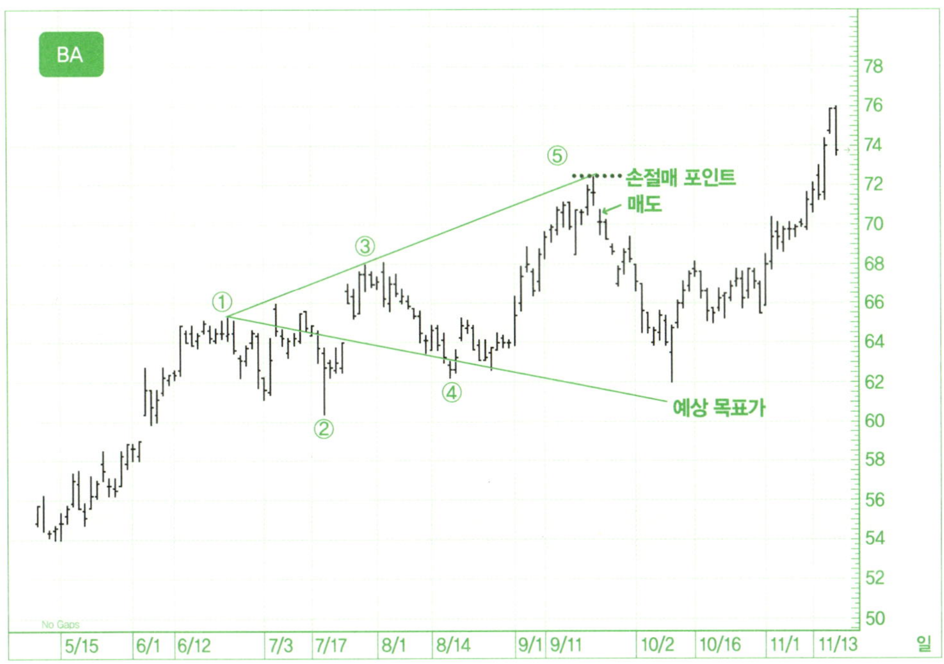

위 차트는 주식 차트에서의 예시다. ② 지점은 상당한 저점이며, ④ 지점은 ① 지점보다 낮다. ①과 ③ 지점을 연결하는 추세선은 ⑤ 지점을 보여주는데, 가격은 그 예상치에 딱 들어맞는다. 캐나다 달러 선물 사례처럼, 이번 거래 역시 예상 하락 가격을 달성하지 못했다. 그러나 이 10포인트 하락을 통해 수익을 거머쥘 충분한 기회가 존재했다.

울프 웨이브는 때로 세 명의 인디언 패턴 위에 형성된다. 챕터 14로 돌아가 [그림 14.7]과 [그림 14.8]에서 울프 웨이브를 찾을 수 있는지 확인하라.

린다:

이 패턴을 알아보는 요령을 터득하는 데에는 어느 정도 시간이 걸렸습니다. 하지만 이제는 모든 차트에서 이 패턴을 찾아보려고 노력하죠. 패턴이 그려지는 모습을 보는 건 정말 즐거워요.

같은 사무실에 있는 모든 사람이 앞서 보여드린 60분 봉 S&P 사례가 모습을 드러내는 걸 지켜보았습니다. 예상 목표가가 달성되었다는 사실을 그 누구도 믿을 수 없었어요. 울프 웨이브를 추종하는 지역 트레이더들은 서로서로 차트를 **팩스**로 보내기 시작했습니다. 물론 우리 중 누구도 전체 움직임을 제대로 파악하지 못했어요. 몇 명은 운 좋게도 이 패턴을 이용해 ⑤ 지점에서 매도 거래를 빠져나왔지만, 브라이언은 실제 저점에서 매수 포지션을 취했습니다.

뉴스.

ESPN의 농구 해설가 딕 바이텔Dick Vitale은 훌륭한 트레이더가 될 자질이 있다. 사람들은 그가 화면 앞에 앉아서 "말 좀 해 봐!"라고 소리치는 모습을 상상할 수 있을 것이다. 마치 화면이 대답해 주기라도 할 것처럼 말이다. 이런 태도로 시장에 뛰어들면 그는 큰돈을 만질 것이다. 시장은 언제나 우리에게 말을 걸기 때문이다.

1994년 12월을 예로 들어보자. 연방준비제도The Federal Reserve는 금리를 인상했고, 캘리포니아의 오렌지 카운티는 파산하기 일보 직전이었으며, 멕시코는 페소peso화의 평가 절하 이후 경제가 곤두박질치는 중이었다. 합리적인 투자자라면 누구나 미국 주식 시장의 하락을 예상했을 것이다. 언론에서 이용한 것과 같은 논리로 이 문제를 들여다보자. 금리가 오르면? 주가는 하락한다. 지방채가 부도나면? 주가는 하락한다. 우리의 무역 상대국인 이웃 나라가 자국 통화를 평가절하하면? 주가는 하락한다. 그 3가지 일이 같은 달에 발생하면? 주가는 무조건 하락한다.

하지만 실제로 시장은 하락하지 않았다. 그달 S&P500은 1.5% 상승 마감했다. **시장은 무슨 말을 하고 있었던 걸까?** 아마도 "금리가 높든 경제 위기든 상관없어! **난 더 오를 거야!**"라고 말했을 것이다. 그리고 그 일이 실제로 일어났다. 그 후 10개월간 다우지수는 30% 이상 상승했다.

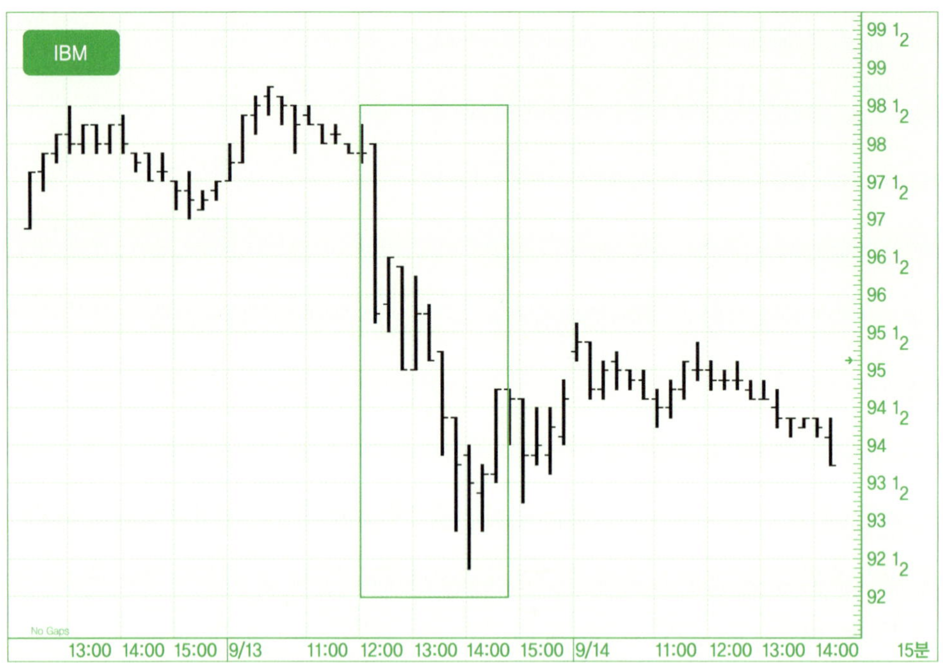

이런 종류의 시장 신호는 늘 발생한다. 1995년 9월 13일 발생한 데이 트레이딩 기회의 예시를 살펴보자. 1995년 강세장을 주도했던 기업 중 하나인 IBM이 애널리스트들에게 실적 예상치를 충족하지 못할 것이라고 발표했을 때 S&P 선물은 몇 포인트 상승했다. 논리적으로 보면 이는 시장에 타격을 입혀야 했다. 시장을 주도하는 하이테크 산업의 선두에 있는 기술 기업이 애널리스트들에게 사업 실적이 생각만큼 좋지 않다고 말하는 꼴이라니. [그림 16.1]과 [그림 16.2]를 보면 실제로 뉴스 보도 이후 IBM은 급락했고 S&P는 초기에 2.5포인트 하락했다. 그러나 시장은 **"IBM 따윈 신경 쓰지 않아. 난 더 올라갈 거야!"**라고 말하듯 하락세를 재빠르게 떨쳐냈다. S&P는 즉시 반등하여 3포인트 상승했고 그다음 날에는 5포인트나 추가 상승했다.

[그림 16.2] 1995년 9월 13일 S&P

역발상을 이용한 트레이딩은 결코 쉬운 일이 아니다. 진정한 시장의 목소리를 들으려면, 시장이 언제 역으로 움직일지를 파악하려면 이미 알고 있는 기존의 개념과 의견들을 모두 버려야 한다. 그럴 수만 있다면, 이 능력은 가장 유용한 트레이딩 기법 중 하나일 것이다. 한 저명한 시장 전문가는 자신이 트레이딩으로 벌어들인 1억 달러 중 거의 절반은 시장이 소위 말하는 논리를 거스르고 반대 방향으로 움직이는 때를 포착할 수 있어서 가능한 수익이라고 말했다.

이 개념은 계절적 요인에도 적용할 수 있다. 계절과 반대되는 움직임은 최고의 추세가 될 수 있다. 1995년 여름, 밀 시장이 일반적인 하락세를 어떻게 거슬렀는지 살펴보면 알 수 있다. 시장에게 당신이 얼마나 똑똑한지를 증명해 보이는 대신, 한 발짝 물러나서 시장이 말해 주기를 기다리는 것이 핵심이다. 시장에 당신의 믿음을 강요하는 것보다는 뉴스 이

벤트, 계절적 경향, 기술적 매매 기회에 대한 시장의 반응을 관찰하는 것이 훨씬 현명하다. 이것이 바로 '투자판에서 감을 잡기' 위해 알아야 할 전부다.

논리적 사고는 당신을 형편없는 집에 살도록 할 것이다. (우리를 포함한) 대부분의 미국 트레이더들은 전형적인 미국식 교육 방식에 따라 자랐다. 우리는 12년간의 학교 교육을 받고, 졸업 파티에 가고, 단체 스포츠를 즐기고, 청소년 사교 모임에 가입했다. 그런 후 많은 이들이 취업을 준비하거나 대학원에 진학하기 위해 4년제 대학에 들어간다. 아무리 자기 자신을 독립적인 개인이라 믿고 싶다 해도, 차고 넘치는 증거들은 한목소리로 말한다. 당신의 사고방식 또한 대다수 트레이더들과 크게 다르지 않다고 말이다.

미국식 교육 방식은 세상을 논리적으로 바라보게 하는데, 같은 논리를 이용해 수천 수백만의 트레이더가 의사결정을 내린다. 논리적으로 따졌을 때, 흉작이 들면 대두 가격은 상승하고, 높은 물가상승률은 채권 가격을 낮춘다. 시장이 논리적으로 어떻게 움직여야 하는지에 따라 결정하는 것은 트레이딩에 전혀 도움이 되지 않는다. 사실상 무언가가 더 논리적일수록, 시장이 지배적인 논리와 반대로 움직일 때 당신이 손실을 볼 가능성은 더욱 커진다.

이제 지배적인 논리에 반하여 트레이딩할 때 이익을 얻을 수 있는 구체적인 두 가지 전략을 살펴보자.

아침뉴스 반전

아침나절의 경제 뉴스는 발표 직후 변덕스러운 가격 변동을 유발하는 것으로 악명이 높다. 그러나 기회는 종종 불확실성이 큰 시기에, 그에 수반되는 변동성에서 창출된다. 극심한 가격 움직임을 활용하는 이 전략의 규칙은 다음과 같다.

1. 동부 표준시 기준으로 오전 8시 30분에 발표되는 경제 뉴스를 기다린다. 실업률, 소비자물가지수, 생산자물가지수, GDP 등의 보도가 이에 속한다. 중요한 내용일수록 더 좋은 거래 기회가 된다.
2. 채권 시장의 전일 고가와 저가를 파악한다.
3. 보도 직후 채권 가격이 전일 고가보다 최소 4틱 이상 상승할 경우, 전일 고가보다 1~3틱 낮은 곳에 매도 진입 주문을 건다(채권이 전일 저가보다 4틱 낮은 가격에 거래될 때는 전일 저가보다 1~3틱 높은 가격에 매수 진입 주문을 건다).
4. 거래가 체결되면 당일 고가보다 1틱 높은 지점(매수 거래의 경우 당일 저가보다 1틱 낮은 지점)에 최초의 손절매 포인트를 설정한다. 수익이 발생하는 즉시 손익분기점으로 손절매 포인트를 이동한다.
5. 같은 전략을 통화선물에도 적용할 수 있다. 전일 극단값보다 10~20틱 벗어난 지점에

서 거래되는 경우, 전일 극단값의 반대편으로 5~10틱 떨어진 곳에 진입 포인트를 설정한다. 수익이 발생하는 즉시 손절매 포인트를 손익분기점으로 이동한다.

1995년 11월의 어느 2주간 발생한 몇 가지 거래를 살펴보자.

[그림 17.1] 1995년 12월물 채권

① 정부는 10월 생산자물가지수가 0.1% 하락했다고 발표하며 낮은 물가상승률을 시사했다. 채권은 그 즉시 전일 최고치인 118-08보다 최소 4틱 이상 높은 수준에서 거래되었다.

② 118-06 근처에 매도 진입 주문을 걸어둔다. 거래는 즉시 체결된다. 손절매 포인트는 당일 고가인 118-14보다 1틱 높은 곳에 설정한다.

③ 가격이 현저히 하락한다. 1시간도 채 지나지 않아 가격이 포물선을 그리며 떨어진다. 채

권은 117-17 정도로 낮은 가격에 거래된다. 우리는 수익을 확정하기 위해 손절매 포인트를 앞당긴다.

① 경기 둔화를 시사하는 10월 소매판매액retail sales이 발표되었다. 그 즉시 채권은 전일 최고가보다 최소 4틱 이상 상승한 뒤 반전했다. 118-00 부근에 매도 진입 포인트를 설정한 뒤 매도 포지션을 취한다. 손절매 포인트는 당일 고가보다 1틱 높은 118-07에 설정한다.

② 채권은 117-17 수준으로 하락한 가격에 거래된다. 이익을 방어하기 위해 손절매 포인트를 앞당긴다.

[그림 17.3] 1995년 12월물 스위스 프랑(Franc)

① 1995년 11월 3일, 미국고용보고서U.S. Employment Report는 비농업 부문 일자리가 예상보다 증가했다고 발표했다. 스위스 프랑 선물은 즉시 가격이 하락했다가 반전한다. 전일 저가보다 몇 틱 높은 0.8775 부근에 매수 진입 포인트를 설정한다. 주문 체결 즉시 0.8757에 손절매 포인트를 설정한다.

② 급격한 반전이 일어나므로 트레일링 스톱 포인트를 올린다. 스위스 프랑은 20분 만에 40포인트 이상 상승한다.

린다:

이 전략은 어떻게 찾아냈나요?

래리:

채권 시장이 아침의 주요 경제 뉴스에 급격하게 반응한 뒤 반전하는 경우가 얼마나 많은지 주목했습니다.

린다:

이런 현상은 수년간 이어져 왔습니다. 채권 시장은 바로 이런 날 반전하는 것으로 악명 높지요.

래리:

그렇습니다. 그리고 이 반전에 참여할 체계적인 계획만 가지고 있다면 시장이 실제로 반전할지 아닐지 추측할 필요가 없어요.

린다:

이 전략을 이용한 거래가 심리적으로 부담이 된다고 생각하나요?

래리:

네. 뉴스에 대한 최초의 반응은 대개 논리적인 반응입니다. 일례로 인플레이션 수치가 낮으면 채권 매도세가 예상되죠. 언론의 해석된 보도는 이런 논리를 더욱 강화할 겁니다.

린다:

거래소 현장에서 우리는 언제나 "소문에 사고 뉴스에 팔라!"는 원칙을 시험했죠.

래리:

이 전략은 논리적으로는 이용할 수 없어요. 논리를 들이밀면 결코 성공할 수 없는 전략이라는 뜻입니다. 소위 말하는 전문가들이 채권 가격 하락을 예측할 때 채권을 매수하기란 상당히 어려운 일입니다.

린다:

손절매 포인트에 도달해서 포지션이 청산된 뒤 채권 시장이 다시 반전하면 어떻게 되나요? 원래 가격에 재진입할 건가요?

래리:

좋은 질문이네요. 네, 저는 포지션에 재진입하는 것으로 가장 큰 이익을 얻었습니다. 때로 시장이 어느 방향으로 가야 할지 갈피를 못 잡기도 하지만, 한번 결정을 내린 뒤에는 상당한 움직임을 보이니까요.

거시적인 뉴스 반전

'거시적인 뉴스 반전Big Picture News Reversals'은 아침 경제 뉴스 보도를 이용한 초단기 거래와는 반대로 장기적인 전략이다. 초기 매매 기회를 찾아내려면 인내심이 필요하지만, 몇 주간 보유할 수 있는 큰 거래로 이어지기도 한다. 주식 시장에서 가장 자주 나타나는 패턴이지만, 상품 선물 시장에서도 쉽게 이용할 수 있다.

1. 시장의 급격한 변동을 초래하는 특별한 사건이 발생하길 기다린다(예시는 우리가 특별한 사건이라고 생각하는 것들이다).
2. 급격한 움직임을 일으키는 사건이 발생하기 전의 마지막 종가를 파악한다.
3. 이전의 종가 수준에 시장 진입을 위한 지정가 주문을 건다. 시장이 급격한 사건을 소화한 뒤 이전의 종가 수준으로 돌아올 수 있다면, 우리는 반전 움직임에 참여할 것이다.
4. 급락 이후 주가가 도달했던 최저 수준을 기준으로 삼고, 손절매 포인트를 이용해 위험을 관리한다. 예를 들어, 사건 발생 전 주가가 20달러에 거래되다가 17달러까지 하락했다면, 주가가 20달러로 돌아왔을 때 매수하고, 17달러까지의(3달러의) 위험을 감수한다.

① 1994년 12월 8일, 인텔은 자사의 펜티엄 칩Pentium chip이 복잡한 수치의 연산을 정확하게 수행하지 못했다는 사실을 인정했다(매우 이례적인 일이었다). 뉴스 이전 65달러에 거래되던 주가는 이후 8일 동안 10% 이상 하락했다. 감소세가 끝나자 주가는 다시 반등하기 시작했다. 우리는 65달러 구간에서 거래될 때 매수 기회를 노린다.

② 1995년 1월 5일, 인텔의 주가는 매수 포인트에 도달했다. 주식을 매수한 뒤, 사건 발생 이후의 저점인 $57\frac{1}{2}$에 손절매 포인트를 설정한다.

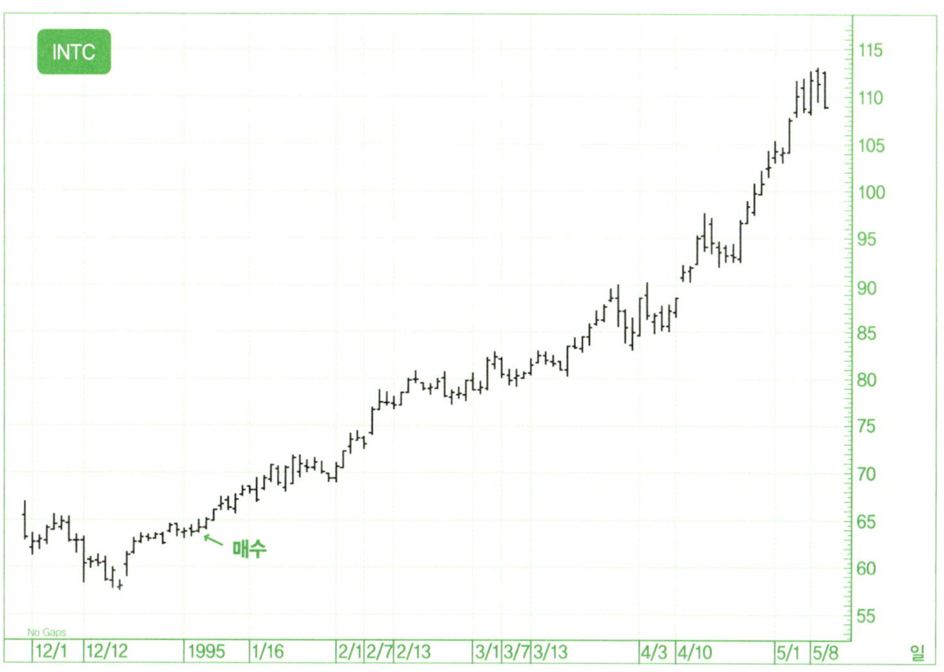

위 차트에서 보듯이 향후 6.5개월 동안 인텔의 주가는 80% 이상 상승한다.

1994년 후반의 또 다른 사례도 살펴보자.

1994년 12월 5일, 미국에서 가장 부유한 지역인 캘리포니아주의 오렌지 카운티는 그들이 운용하던 투자 펀드가 1억 달러 이상의 손실을 기록했다고 발표했다. 이에 따라 지방채는 부도 위기에 처했다. 지방채에 대한 보증 제공업체로 오렌지 카운티 지방채의 대규모 보증사였던 MBIA_{Municipal Bond Insurance Association}에도 문제가 불거지면서 며칠간 공황 상태에 접어들었다. MBIA 주가는 거의 10% 가량 하락했다. 이 엄청난 사건은 우리의 거시적인 뉴스 반전 전략의 시작점이다. 12월 8일, MBIA 주가가 사건 이전의 매매 가격(차트의 ① 지점)으로 회복하자 매수 주문이 실행되었다. 손절매 포인트는 사건 이후의 저점인 47 $\frac{1}{4}$ 에 설정되었다. MBIA는 향후 2개월 동안 거의 20%, 향후 6개월간 거의 40% 넘게 상승했다.

이 사례를 심리학적 관점에서 살펴보자. 이는 결코 쉬운 거래가 아니다. 특히 남부

캘리포니아 주민이라면 더더욱 그렇다! 이 사건은 당시 언론을 장악했다. 지역 신문과 〈월스트리트저널The Wall Street Journal〉은 이 위기를 일간 주요 기사면에 실었다.

뉴스를 켜기만 하면 전문가들 모두 이 상황을 두고 끔찍한 예측을 쏟아냈다. 설상가상으로, 증권사로부터 대부분의 오렌지 카운티 채권에 대한 매수호가를 받을 수도 없었다. 논리적이고 안전한 전략은 물러나 있는 것이었다. 하지만 지금 돌이켜보면 매수가 모범 답안이었다. 주식은 이렇게 말하고 있었다. "부도 위기 따윈 상관없어. 난 더 높이 올라갈 거야!"

(논리적 사고를 자랑하는) 전문가들의 말 대신 시장이 하는 말을 들었다면 거래에서 준수한 이익을 얻었을 것이다.

▍[그림 18.4] 1993년 모토롤라

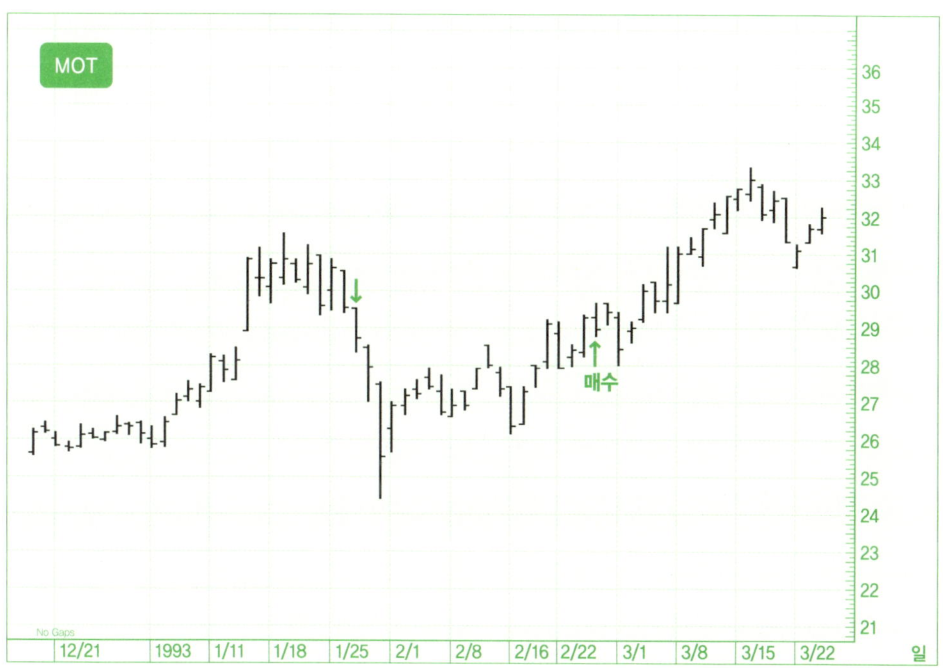

1993년 1월에는 휴대전화가 암을 유발한다는 소문이 무성했다. 슬픔에 잠긴 한 남성이 휴대전화에서 나오는 전자파 때문에 자기 아내가 사망했다고 주장하며 소송을 제기했다. 이 소식이 나오자 모토롤라 주가는 며칠 만에 15%나 하락했다.

이 기간 투자자들이 가장 우려했던 것은 TV 프로그램 〈20/20〉이 보도할 예정이었던 블록버스터급 스토리였다. 그러나 해당 내용은 언론의 과장 보도였다. 모토롤라 주가는 반등하여 사건 발생 이전 가격인 29 $\frac{1}{2}$ 달러까지 상승했다. 이후 10개월간 주가는 60% 이상 상승하며 뉴욕 증권거래소에서 가장 높은 수익률을 기록한 종목 중 하나가 되었다.

린다:

래리가 며칠 이상 지속하는 전략을 이용해 거래하다니 믿을 수 없네요. 정말 잘 먹히는 전략인가 봐요.

래리:

그렇습니다. 이런 매매 기회가 더 자주 생겼으면 좋겠어요. 이런 기회가 생기면 상당한 이익을 얻을 수 있습니다.

린다:

이 전략은 논리를 이용한 거래가 문제가 될 수 있는 이유를 명확하게 지적하네요.

래리:

맞습니다. 나쁜 소식이 들리면 주가가 하락한다고 생각하는 게 논리적이죠. 언론이 이 소식을 과장해서 보도하면 그 생각은 더 확고해집니다. 이런 상황에서는 '시장이 당신에게 말을 걸도록' 해야 합니다.

린다:

시장이 말을 건다는 게 무슨 뜻이죠?

래리:

나쁜 소식에도 불구하고 주가가 상승한다면, 시장이 뭔가를 말하고 있는 거죠. 나쁜 소식에 신경 쓰지 않겠다, 문제에 관심이 없다, 더 높이 올라가겠다고 말이에요.

이 전략을 이용할 때도 다른 전략들처럼 손절매 포인트를 가깝게 두나요?

주식을 거래할 때는 그렇지 않습니다. 포지션을 몇 주, 심지어는 몇 달 동안 유지할 수도 있기 때문에 손절매 포인트에 여유를 두는 편입니다. 그렇게 하면 일시적인 가격 조정을 견뎌내면서 포지션을 최대한 오래 유지할 수 있으니까요.

돌파 모드

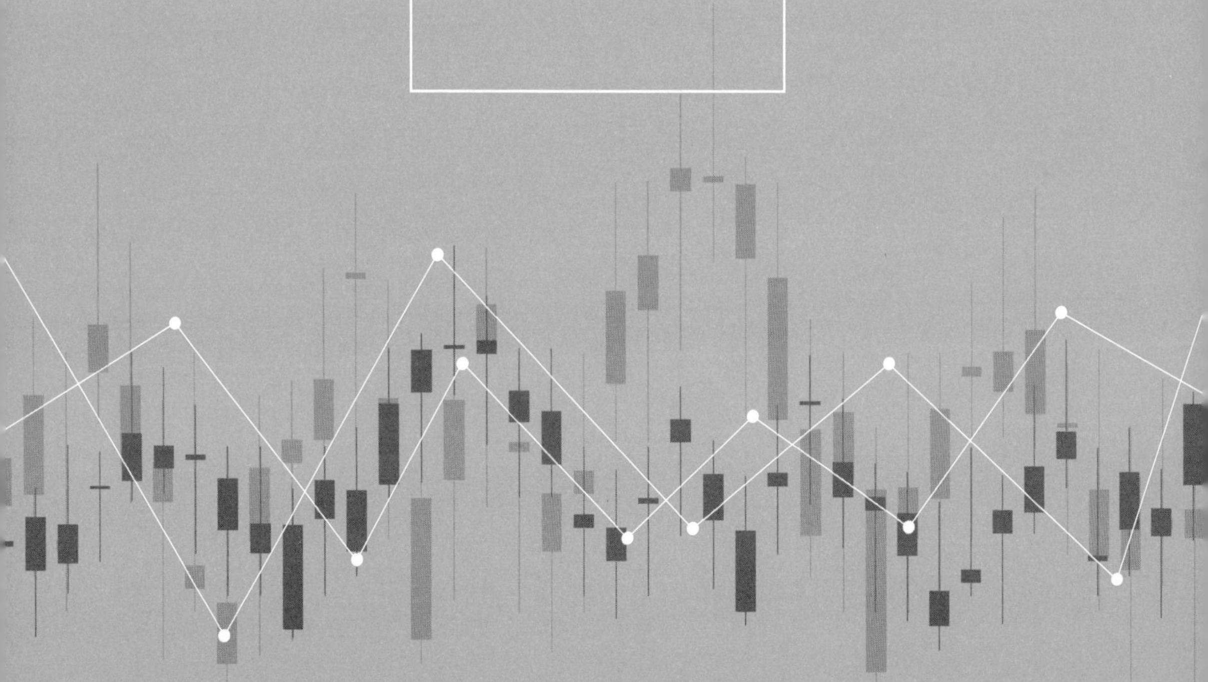

가격 범위 축소

스윙 트레이딩을 이용한 거래는 가격이 오르락내리락하고, 얼마간의 변동성이 있을 때만 수익성이 있다. 그러나 변동성이란 원래 매우 주기적으로 발생한다. 시장은 마치 밀물과 썰물처럼 가격 범위 축소와 확장range contraction/range expansion을 끊임없이 반복한다. 토비 크레이블Toby Crabel은 자신의 저서 《Day Trading with Short-Term Price Patterns and Opening Range Breakout》에서 이 원리를 자세히 설명한다. 그는 시장이 일정 기간의 휴지기나 가격 범위 축소를 거친 뒤 추세일trend day이 잇따르는 경우가 많다고 주장한다.

추세일은 가격 범위 내 한 극단값에서 개장한 뒤 반대쪽 극단값에서 마감하는 날을 의미한다. 매우 적은 되돌림으로 상당 거리를 이동하며, 초반에는 '스멀스멀' 움직이다가 시간이 지날수록 차츰 가속이 붙기도 한다. 추세일의 가능성을 인지하지 못한 채 거래에 뛰어드는 트레이더는 대개 역추세 모드로 거래를 시도하다 발목이 잡힌다. 이들이 오후 늦게야 손실을 만회하기 위해 몸부림치면서 추세는 장 마감 시점까지 추진력을 얻고는 한다.

그렇다면 추세에 언제 올라타야 할지 어떻게 알 수 있을까? 반전과 테스트 패턴을 찾는 '스윙 트레이딩' 스타일에서, 기차에 올라타듯 추세에 뛰어드는 '돌파 모드Breakout

Mode'로 전환하기란 대다수 트레이더에게 몹시 힘든 일이다. 많은 현장 트레이더들이 열흘 중 아흐레는 수익을 내는데, 추세일에 씨름하느라 반절을 까먹는다.

먼저 추세일로 이어지는 조건들을 미리 파악하는 법을 배워야 한다. 그런 날은 돌파 모드로 분류한 뒤 변동성 확대 시스템volatility-expansion system이나 특별한 규칙에 따라서만 거래한다.

그 특별한 규칙 중 첫 번째는 ID와 NR4(ID/NR4) 패턴이다. 간단하고 효과적인 진입 포인트와 지정가 손절매 포인트를 결합한 형태다. 이 패턴으로 거래할 때는 차트에 나타난 ID와 NR4 상태를 미리 파악하는 것이 가장 중요하다.

NR4는 지난 4일 중 일일 가격 변동 폭이 가장 좁은narrowest daily range 거래일이다. 인사이드 데이inside day란 전일 저가보다 높은 저가와 전일 고가보다 낮은 고가를 갖는 날을 의미한다. 두 조건을 합하면 ID와 NR4 거래일이 된다.

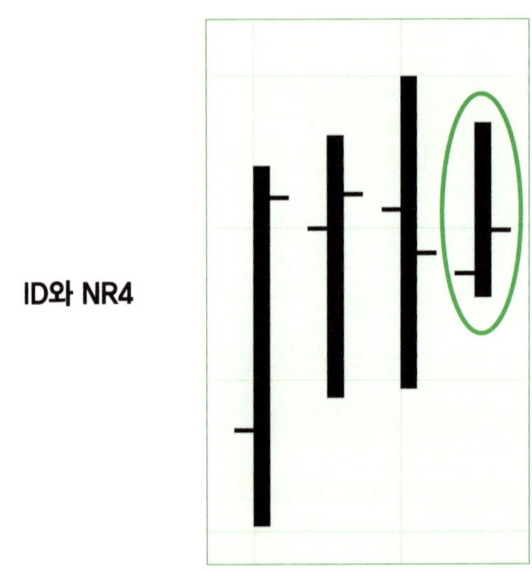

ID와 NR4

크레이블은 초창기에 이 조건에 따른 데이 트레이딩 전략을 제안했다. 그러나 우리의 연구에 따르면 거래를 하루 이상 지속하는 편이 좋다. 돌파 모드에서는 어떤 방향으로 거래에 진입할지를 예측할 수 없다. 오직 변동성이 확대되리라는 예측만 가능할 뿐이다. 따라서 매수 진입 포인트와 매도 진입 포인트에 대한 주문을 동시에 걸어두어야 한다. 그러면 가격 움직임이 우리를 거래로 '인도해 줄' 것이다.

규칙은 다음과 같다.

1. ID와 NR4를 식별한다.

2. ID와 NR4 막대보다 1틱 높은 곳에 매수 진입 포인트를, 1틱 낮은 곳에 매도 진입 포인트를 설정한다. 이는 오직 다음 날에만 적용되는 규칙이다.

3. 매수 계약이 체결되었을 경우 ID와 NR4 막대보다 1틱 낮은 곳에 손절매 포인트를 추가로 설정한다. 즉, 거래가 손실로 끝난다면 우리의 손절매 주문이 발동될 뿐만 아니라, 포지션 반전과 함께 매도 포지션을 취하게 된다. 이는 오직 진입일에만 적용되는 규칙이다(처음 계약이 매도 포지션으로 체결되었다면 이 규칙은 반대로 적용된다).

4. 발생한 수익을 확보하기 위해 손절매 포인트를 추적한다.

5. 포지션에서 이틀 내에 수익을 내지 못했고 손절매 주문도 발동되지 않았다면, MOC에 거래를 청산한다. 경험적으로 이러한 매매 전략이 제대로 작동한다면 대개는 즉시 수익을 낼 것이다.

이제 몇 가지 예시를 살펴보자.

① ID와 NR4 거래일. 다음 날을 위해 우리는 당일 고가보다 1틱 높은 곳에 매수 진입 주문을, 저가보다 1틱 낮은 곳에 매도 진입 주문을 설정할 것이다.

② 매도 쪽으로 거래가 실행되었다. 반전이 발생할 경우를 대비해 전일 고가보다 1틱 위에 두 번째 매수 진입 주문을 건다.

③ 이 정도의 하락세(5거래일 만에 18포인트)는 매우 드물지만, 이런 현상 자체가 이 전략을 사용할 이유이기도 하다. 이 전략은 대개 소폭의 수익과 손실을 가져다주는데, 간혹 이런 큰 기회가 발생한다.

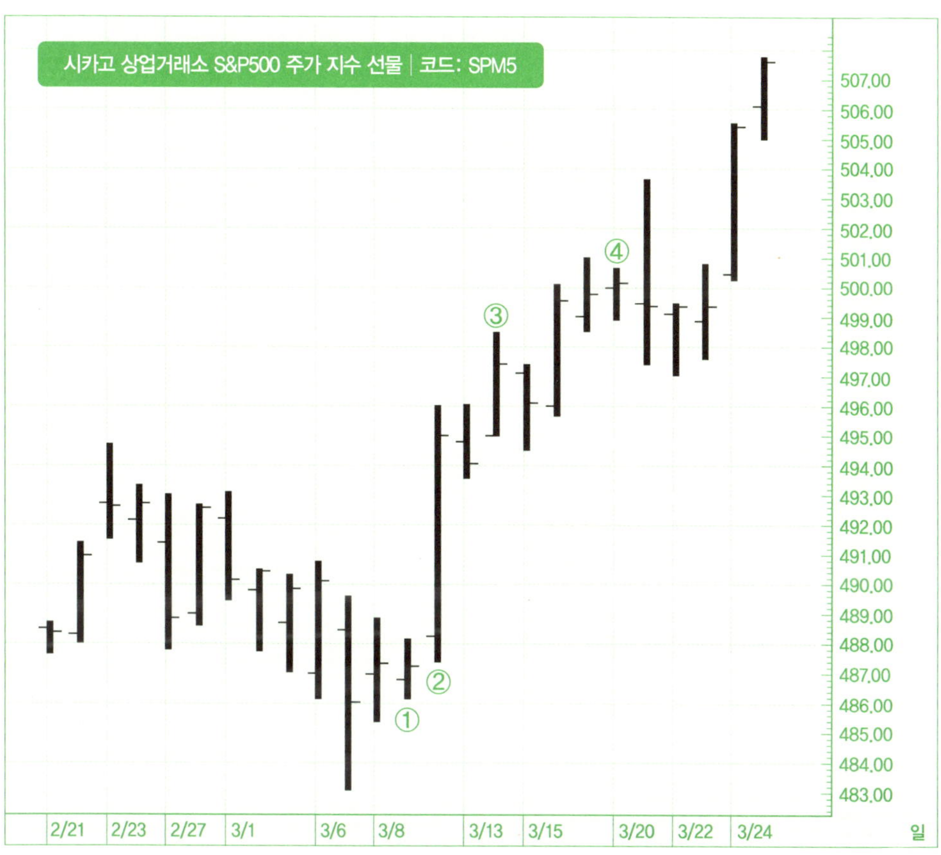

① 1995년 3월 9일의 S&P 선물 가격은 4거래일 중 가장 좁은 범위를 가지며, 이날의 봉은 인사이드 바이기도 하다.

② 매수 진입 포인트는 (전일 고가보다 1틱 높은) 488.20에 설정되었으며, 시가인 488.50에 거래가 체결된다. 손절매 포인트는 (전일 저가보다 1틱 낮은) 486.10에 두는데, 청산과 함께 매도 포지션에 진입하기 위해 더블 오더double order를 낸다. 보다시피 시장은 폭발적으로 상승하여 시가 대비 6.50포인트 상승한 495.00에 마감한다. 시간이 갈수록 거래를 통한 이익이 커지므로, 트레일링 스톱을 활용해 수익을 확보해야 한다.

③ 시장은 다음 한 주 동안 꾸준히 상승한다. 우리 포지션은 10포인트 이상의 건전한 수익률을 자랑하며 3월 20일 또 다른 ID와 NR4 매매 기회로 이어진다(간단한 설명을 위해 1995년 3월 10일 수익을 확정한 뒤로 어떠한 포지션도 가지고 있지 않다고 가정하자).

④ 이러한 유형의 거래도 간간이 발생하는데, 가끔 나타나는 결과를 알려 주는 좋은 사례다.

- ID와 NR4 매매 기회 발생.

- 500.75포인트에 매수 계약 체결.

- 손절매 포인트이자 반전 포인트인 498.90에 청산 및 매도 주문 체결.

- 다음 날(매매 기회 이틀 뒤) 매도 지점에서 0.45포인트 상승한 가격에 마감하며 포지션이 청산됨.

- 1995년 3월 20일 이후 생긴 거래 기회를 통해 대략 2.25포인트에 슬리피지와 수수료를 더한 만큼의 손실을 봄.

이 전략과 더불어 이 책에서 설명하는 다른 전략들을 활용하려면 이런 거래에 익숙해져야 한다. 이전의 사례를 통해 언급했듯이, 이 전략은 종종 소액의 이익과 손실을 가져다주는데, 가끔은 1995년 3월 10일 발생한 것처럼 폭발적인 수익을 낳기도 한다.

① NR4이자 인사이드 데이다.

② 2일 만에 10% 급락했다.

① NR4이자 인사이드 데이다.

② 상승 쪽으로 돌파 발생. 보다시피 저가에 개장해 고가에 마감한다. 이 전략에서는 종종 이런 패턴을 보게 될 것이다.

③ 포지션이 스스로 조정될 때 트레일링 스톱을 이용해 수익을 확정할 수 있다. 며칠 뒤 시장이 상승세를 타는 모습에 주목하라. 안타깝지만 1~4일간 벌어들인 수익을 확정하다 보면 이런 간헐적인 움직임을 놓칠 수 있다.

이 전략을 이용해 거래하는 이유는 손실이 적고, 간혹 큰 수익이 굴러들어 오기 때문입니다.

전형적인 '찔러보기' 전략이네요! 미끼를 계속 던지다 보면 가끔 큰 물고기를 낚을 수 있으니까요.

맞습니다. 트레이더들은 당일 급격한 반전이 발생할 때 청산과 동시에 포지션을 반전하는 게 중요하다는 것을 염두에 두어야 합니다. 때로 '거짓' 손실 거래 이후에 '큰 한 방'이 뒤따르는 경우가 있으니까요.

시장 참여자들 여럿을 **함정에 빠뜨린** 뒤 최고의 거래 기회가 따라오는 경우가 있다는 사실이 정말 놀라울 따름입니다. 그들의 손실이 커질수록 이를 연료 삼아 시장의 불길은 더욱 타오르겠군요. 돌파 전략을 이용해 거래하려면 분명 어느 정도의 용기가 필요하겠네요.

이 패턴을 거래에 이용하지 않더라도, 초기의 낮은 변동성과 가격 범위 축소를 인지하는 건 정말 중요합니다. 적어도 이러한 지점에서 폭발적으로 움직이는 가격 흐름에 역행하는 거래를 해서는 안 됩니다. 추세를 타는 게 부담스럽다면 그날은 거래를 쉬는 편이 더 낫습니다.

동의합니다. 많은 초보 트레이더가 스윙 트레이딩을 그저 약세면 매수하고 강세면 매도하는 전략 정도로 오해합니다. 그러다가 추세일이 오면 된통 당하고 말죠. 초기의 낮은 변동성과 추세일의 느릿느릿한 움직임 때문에, 사람들은 손절매 포인트를 지정하지 않아도 그럭저럭 버틸 수 있으리라 생각합니다. 하지만 방심은 금물이지요. 시장이 폭주하기 시작하면 사람들은 얼어붙고 맙니다. 거의 모든 트레이더가 이런 경험을 했을 겁니다.

스윙 트레이딩을 하지 **말아야** 할 상황(변동성이 낮은 환경)을 파악하는 건 매우 중요합니다. 그러면 가격 돌파를 **포착하고** 이러한 폭발적인 움직임에 올라타는 법을 배울 수 있습니다.

토비의 책에 나오는 패턴 중 거래할 때 사용하는 또 다른 패턴이 있나요?

저는 토비의 NR7이라는 가장 간단한 개념을 주기적으로 이용합니다. 지난 7일간 달성한 가장 좁은 일일 가격 변동 폭을 나타내지요. 저는 NR7 다음 날 자동으로 돌파 모드로 전환하기 위해 이를 일종의 필터처럼 사용합니다. 다시 말해 (NR7 이후에는) 추세 반대 방향으로 거래를 시도하지 않는 대신 시장이 움직이는 방향으로 거래에 진입하려고 노력합니다.

과거 변동성과
토비 크레이블의 만남

먼저 과거 변동성historical volatility이란 무엇인지 살펴보자. 과거 변동성은 특정 시장에서 정해진 기간에 가격이 얼마나 변동했는지를 단순하게 수학적으로 측정한 것이다. 실제 사용되는 공식은 부록에 수록되어 있으며, 많은 시장 소프트웨어 프로그램에 연구 자료로 포함되어 있다.

변동성은 두 가지 흥미로운 특징을 지니고 있다. 첫째, 변동성은 가격보다도 더 주기적이다. 둘째, 변동성은 가격 변동보다 더 높은 자기 상관관계를 갖는다. 이게 무슨 뜻이냐면, 한 번 방향을 바꾸면 그 방향으로 지속될 가능성이 더 크다는 말이다. 따라서 변동성이 줄어들기 시작하면 임계점에 도달하기 전까지는 계속 감소할 것이다. 이 임계점에서 주기는 저절로 반전된다. 변동성이 확대되면 그에 따른 폭발은 가격을 한 방향으로 계속 끌어올릴 것이다.

그 전환점을 파악하기 위해 우리는 과거 변동성 지표와 토비 크레이블의 NR4 패턴 또는 과거 변동성 지표와 인사이드 데이를 한데 묶었다. 그리고 이 조합이 폭발적인 움직임을 정확하게 포착하는 데 효과적이라는 사실을 발견했다.

규칙은 다음과 같다.

1. 먼저, 과거 6일간의 변동성 수치를 과거 100일간의 변동성 수치와 비교한다. '과거 6일 변동성 수치/과거 100일 변동성 수치'가 50% 미만이 될 때를 찾는다(과거 6일간의 변동성 수치가 과거 100일간의 변동성 수치의 절반보다 작아야 한다).

2. 규칙 1이 충족될 경우, 오늘(1일 차)이 인사이드 데이이거나 NR4일이어야 한다. 규칙 1과 2를 모두 만족하면 조건은 충족되었다.

3. 2일 차에는 1일 차 고가보다 1틱 높은 곳에 매수 진입 주문을 넣고, 1일 차 저가보다 1틱 낮은 곳에 매도 진입 주문을 넣는다.

4. 매수 거래가 체결되면, 1일 차 저가보다 1틱 낮은 곳에 손절매 포인트를 추가로 설정한다(매도 거래가 먼저 체결된 경우에는 반대로 하면 된다). 이렇게 하면 거짓 돌파가 발생할 때 포지션 반전을 꾀할 수 있다. 이 추가 손절매 포인트는 진입일에만 유효하며, 그날 장 종료와 함께 만료된다. 수익이 발생하는 거래는 트레일링 스톱을 활용해 수익을 확정해야 한다.

1994년 말과 1995년 초 채권 (선물) 시장에서 발생한 3가지 사례를 살펴보자.

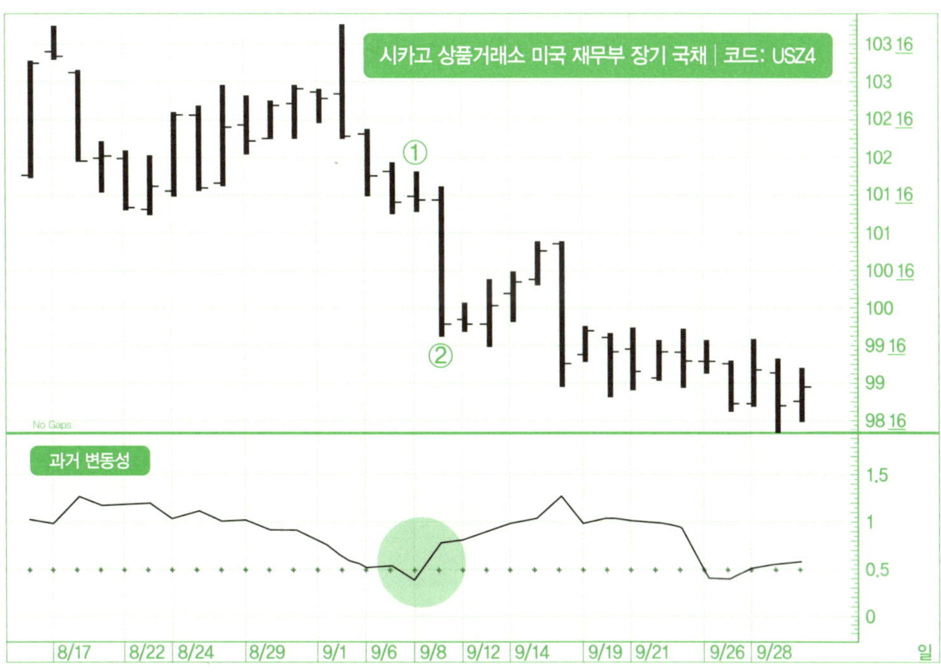

[그림 20.1] 1994년 12월물 채권

① 1994년 9월 8일 채권 시장은 인사이드 데이이자 NR4일이다. 또한 '과거 6일 변동성 수치/과거 100일 변동성 수치'는 50% 미만이다.

② 1일 차 고가보다 1틱 높은 101-27에 매수 진입 포인트를, 1일 차 저가보다 1틱 낮은 101-08에 매도 진입 포인트를 설정한다. 매도 거래가 성사되었고, 101-27에 두 번째 손절매 포인트를 설정한다. 시장은 급격한 하락세를 보이며 하루 만에 거의 1.5포인트 하락한다.

① 1995년 5월 1일은 모든 퍼즐 조각이 하나로 맞춰진 날이다. 인사이드 데이에 NR4 패턴을 보이며, '과거 6일 변동성 수치/과거 100일 변동성 수치'가 50% 미만이다.

② 채권 선물이 1일 차 고가보다 1틱 높은 수준에서 거래되므로 105-13에 매수 포지션에 진입한다.

③ 채권 가격이 급등한다. 가격 상승에 따라 손절매 포인트를 이동한다.

④ 과거 변동성과 토비 크레이블의 전략을 합치자, 6년 사이 주간weekly 채권 가격이 가장 크게 급등한 날이 명확히 나타난다.

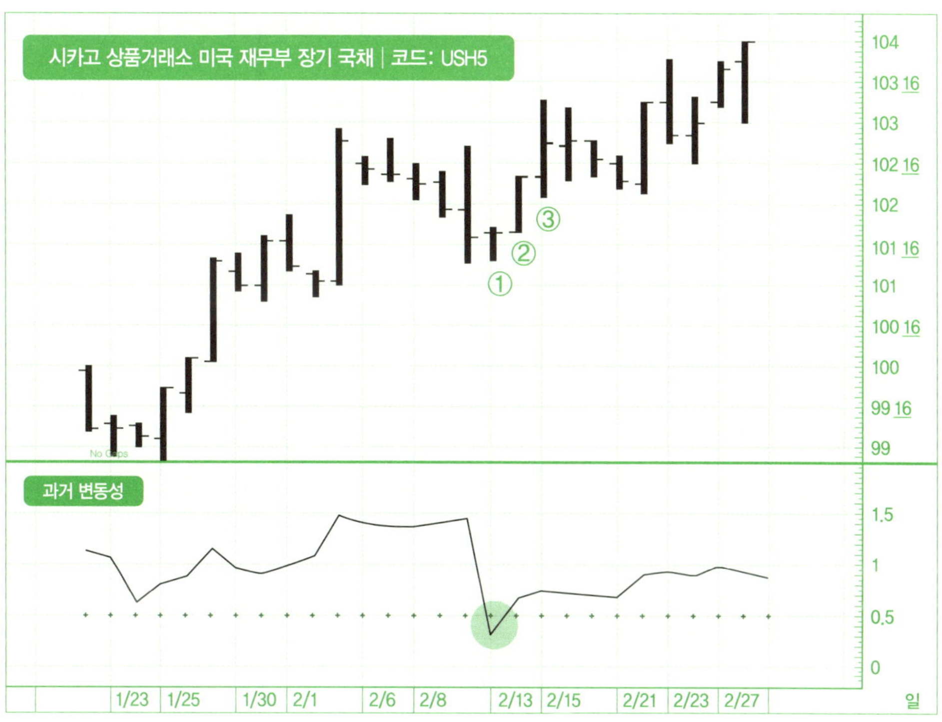

① 1995년 2월 13일 채권은 인사이드 데이이며, '과거 6일 변동성 수치/과거 100일 변동성 수치'가 50% 미만이다.

② 다음 날 아침 채권이 101-28에 개장하므로 우리는 매수 포지션을 취한다. 1일 차 저가보다 1틱 낮은 가격인 101-08에 손절매 포인트를 추가한다.

③ 채권은 일중 44틱(계약당 1,350달러를 웃도는 수치) 상승한다.

① NR4 패턴이 나타남과 동시에 '과거 6일 변동성 수치/과거 100일 변동성 수치'가 50% 미만이다.

② 주가는 상승 돌파하여 2주 만에 20% 이상 상승한다.

① NR4 패턴이 나타남과 동시에 '과거 6일 변동성 수치/과거 100일 변동성 수치'가 50% 미만이다.

② 전일 고가보다 높은 가격으로 개장하므로 우리는 매수 포지션을 취한다.

③ 원유는 전날 진입 시점보다 50센트 이상 높은 가격에 거래된다.

① NR4 패턴이 나타남과 동시에 '과거 6일 변동성 수치/과거 100일 변동성 수치'가 50% 미만이다. 당일 고가인 26.85보다 1틱 높은 곳과 당일 저가인 26.62보다 1틱 낮은 곳에 각각 다음 날 적용할 매수 진입 주문과 매도 진입 주문을 건다.

② 매도 주문이 실행되었으므로 시장 반전을 대비하기 위해 26.86에 손절매 포인트를 추가한다.

③ 시장은 6거래일 만에 100포인트 이상 하락한다.

린다:

이 전략 정말 좋네요. 이런 신호에서 강력한 움직임이 나오거든요.

두 전략의 장점을 결합했기 때문이 아닐까 싶습니다. 과거 변동성이 낮은 시기를 수학적으로 파악하는 동시에 같은 시기를 패턴 인식을 통해 식별하지요.

린다:

과거 변동성의 기간으로 6일과 100일을 사용한 이유는 무엇인가요? 첫 번째 저서에서는 10일과 100일이라는 기간을 사용하셨죠.

래리:

6일과 100일이라는 기간은 10일과 100일을 사용했을 때보다 단기적인 움직임을 파악하는 데 적합합니다. 10일과 100일은 중기적 가격 변동에 더 적절하고요.

린다:

그렇다면 이 전략을 통해 아주 단기적인 움직임만 포착하려는 건가요?

래리:

그렇습니다. 상황이 계속 유리하게 흘러간다면 가능한 한 포지션에 오래 머무를 겁니다. 하지만 대개 1~4일 이내에 포지션을 빠져나오죠.

PART 5

시장에 대한 사색

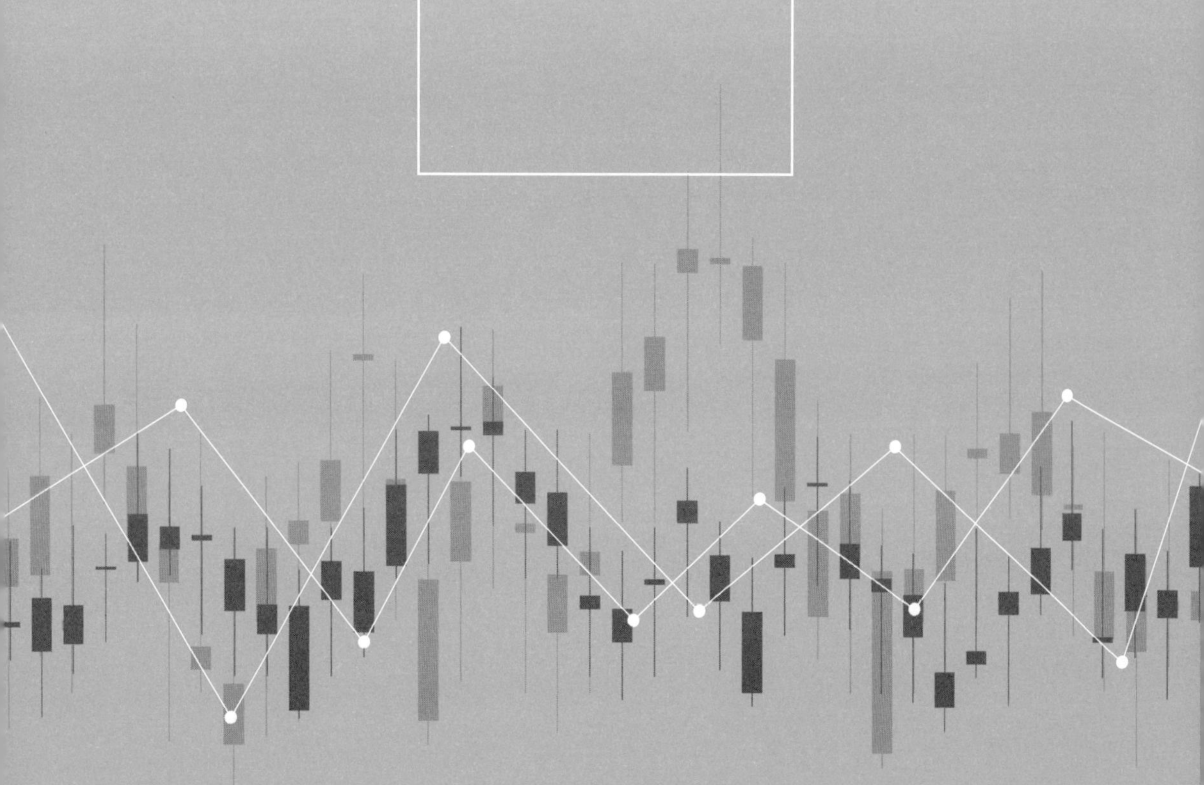

스마트 머니 지표

이것은 제가 S&P 거래에서 전반적인 시장 상황을 모니터링하기 위해 사용해 온 광범위한 시장 지표입니다. 주관적인 지표이므로 항상 다른 지표나 패턴과 함께 사용해야 합니다. 하지만 저는 이 지표를 이용하기 위한 충분한 지침을 제공할 수 있다고 생각하며, 독자 여러분 또한 이 지표가 유용하다는 사실을 알게 되리라 믿습니다.

스마트 머니 지수

맨 처음 알아볼 지표는 '스마트 머니 지수Smart Money Index'다. 나는 1980년 중반 〈배런스Barrons〉에서 이를 처음 접했다. 이 지표는 장기 지표로 소개되었는데, 이 지표와 다우지수 가격 움직임의 차이가 벌어지는 것을 이용해 장기 고점과 저점을 정확하게 찾아내는 종합 지수로 활용되었다. 나는 이 개념을 완전히 다른 방식으로 단기 트레이딩에 적용했는데, 그 방법을 여기에서 소개하겠다.

스마트 머니 지수는 트레이더들에게 개미 투자자(투기성으로 자금을 운용하는 대중)와 지능적 투자자(스마트하고 정보력을 갖춘 자금 운용자)에 대한 인식을 고취하고, 아침 반전의 중요성을 강조할 수 있을 때만 스윙 트레이딩 교재에 어울릴 것이다.

주된 논지는 개미 투자자(일반 대중)가 거래의 **첫 1시간** 동안 감정적이고 정보에 기반하지 않은 결정을 내리는 경향이 있다는 것이다. 전문가들은 스마트 머니를 대표하며, **마지막 1시간**의 거래를 주도한다. 스마트 머니 지표는 다우지수의 첫 1시간 순 변동치와 마지막 1시간 순 변동치로 구성된다.

지표를 산출하는 방법은 다음과 같다.

1. 다우지수의 첫 1시간 동안의 순 변동치를 구한 다음, -1을 곱한다. 예를 들어 전일 다우지수 종가가 4,980이었고, 금일 개장 1시간 이후 다우지수가 4,985라면 순 변동치는 +5일 것이다. 여기에 -1을 곱하면 -5를 얻는다.

2. 마지막 1시간 동안의 다우지수 순 변동치를 규칙 1의 최종값에 더한다. 예를 들어 다우지수가 오후 3시 기준으로 4,990이었고 4,984로 장 마감했다면, 우리는 이 마지막 1시간의 순 변동치 -6을 -5에 더해 그날의 총합 -11을 구한다.

3. (부호를 바꾼) 첫 1시간 순 변동치와 마지막 1시간 순 변동치의 누적 합산 지수를 기록해 나간다.

지표 산출을 설명하기 위해 몇 가지를 계산해 보면 다음과 같다.

	첫 1시간 동안의 순 변동치	× (−1)	+	마지막 1시간 동안의 순 변동치	=	합계	누적 총합
1일 차	10	-10	+	-2	=	-12	-12
2일 차	-5	5	+	-5	=	0	-12
3일 차	-20	20	+	10	=	30	18
4일 차	5	-5	+	20	=	15	33
5일 차	15	-15	+	-12	=	-27	6

과거 기록을 위해 누적 총합을 살펴보고 싶을 수도 있겠지만, 내가 사용하는 단 하나의 수치는 매일의 장 종료 시점 수치이다. 당일 **합계**가 20보다 크다면 다음 날 매수 포지션을 고려하고, 당일 **합계**가 20보다 작으면 다음 날 매도 포지션을 고려한다. 높은 수치는 일반적으로 주식 시장의 중기적 반전을 동반한다. 평균적으로 한 달에 네다섯 번의 신호가 발생한다.

마지막 1시간 동안 시장에서 거래가 어떻게 일어나는지를 파악하는 건 매우 중요하다. 다시 한번 말하지만, 매수 포지션을 보유하는 중 시장이 강세를 보이면 그 포지션을 다음 날까지 유지하라. 다음 날 아침까지 시장이 추세를 이어갈 확률이 압도적으로 높기 때문이다. 또한 거래 시작 후 첫 1시간 동안 감정적인 실수를 저지르지 않도록 특히 유의해야 한다. 이는 S&P뿐만 아니라 모든 시장에 적용되는 법칙이다. 이른 아침의 반전에 발목 잡히고 싶지 않다면 말이다.

틱 지표

틱 지표Tick Indicator는 S&P 지수 거래에만 사용된다. 많은 트레이더들은 이미 이 지표에 대해 잘 알고 있을 것이다. 모르는 사람들을 위해 설명하자면, 여기서 틱은 뉴욕 증권거래소에 상장된 모든 주식 중 가격이 상승하는 주식과 가격이 하락하는 주식 수의 차이를 나타낸다. 틱 차트는 과매수 또는 과매도 지표의 역할을 할 수 있다. 여기서는 틱 다이버전스tick divergence에 대해 살펴보자.

이 책에서 이 패턴을 다루는 몇 가지 이유가 있다. 첫째, 이 패턴은 테스트의 중요한 개념을 다시금 명확히 보여 줄 수 있다. (특정 신호가 다른 지표에 의해) 재확인되지 않거나, (두 지표가 서로 반대 방향으로 움직이는) 발산의 원리가 이런 특별한 상황에 해당한다. 둘째, 너무 많은 사람이 S&P를 과도하게 매수하려고 한다. 아침에 번 돈을 오후에 다 잃는 트레이더들이 무수히 많다. 모든 움직임을 포착하려고 애쓰는 것보다는 몇 가지 전략에 집중하는 게 훨씬 더 중요하다(탐욕은 S&P 시장에서 필패를 부른다). 셋째, 한 가지 패턴에만 집중하는 트레이더는 투자로 먹고살 수 있을 것이다. 그 하나의 매매 기회가 나타나길 기다리려면 인내심이 필요하다.

매수 거래 조건(매도 거래는 이와 반대)

1. 아침 시간, S&P는 최저가를 기록해야 하며 틱 지표는 −350(음수) 미만이어야 한다.

2. 그 뒤 S&P는 최소 90분 이내에 동일하거나 더 낮은 최저가를 형성해야 한다. 틱 지표는 첫 번째 금액보다 더 높은 최저가를 형성해야 한다(이 패턴에서는 5틱만 높아도 충분하다). 이렇게 형성된 두 번째 최저가에서 틱 지표가 100 이상 상승했을 때 시장가로 진입한다. 그런 다음 당일 저가에 손절매 포인트를 설정한다.

3. 발생한 이익을 보호하기 위해 손절매 포인트를 추적한다. 나는 보통 자본 이득의 최소 50%를 보호하는 편이다(일례로 시장이 2포인트 상승하면, 손절매 포인트를 올려 최소 1포인트를 확정한다).

4. 수익이 나는 포지션을 밤새 유지한 뒤 다음 날 아침 추세가 이어질 때 수익을 실현할 수도 있다. 보통 S&P 시장에서는 빠른 수익이 발생하면 극히 방어적인 자세를 취하는 것이 최선이다. 트레일링 스톱을 사용하면 보통 당일 장 마감 전에 거래가 청산된다.

예시를 살펴보고 이 방법을 모의 트레이딩해 보라. 시장 변동성이 클수록 이 전략을 이용한 거래 기회가 더 많이 발생한다는 사실을 알 수 있다. 거래에 진입한 뒤에는 손절매 포인트를 지정하는 것이 **중요하다.** 최고의 거래라면 곧바로 수익을 낼 것이다.

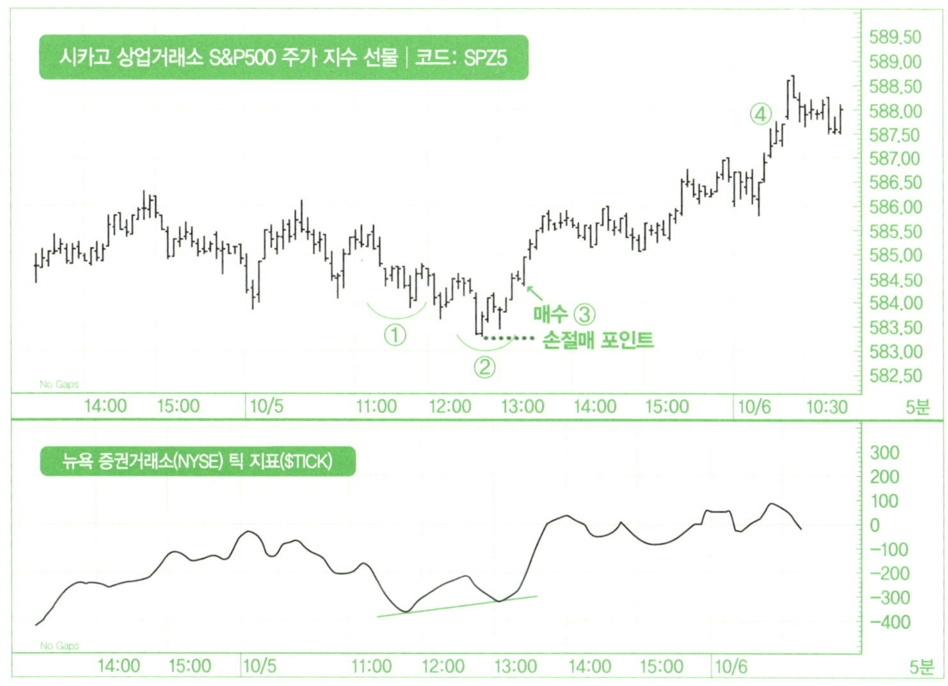

10월 5일, S&P는 더 낮은 저점을 형성하는 반면에 틱 지표는 더 높은 저점을 형성한다. 틱이 100만큼 반등하면 하락 추세가 곧 끝난다는 뜻이다. 우리는 시장가에 S&P를 매수하고 최근 저점 아래에 손절매 포인트를 설정한다. 시장은 4포인트 추가 상승한다.

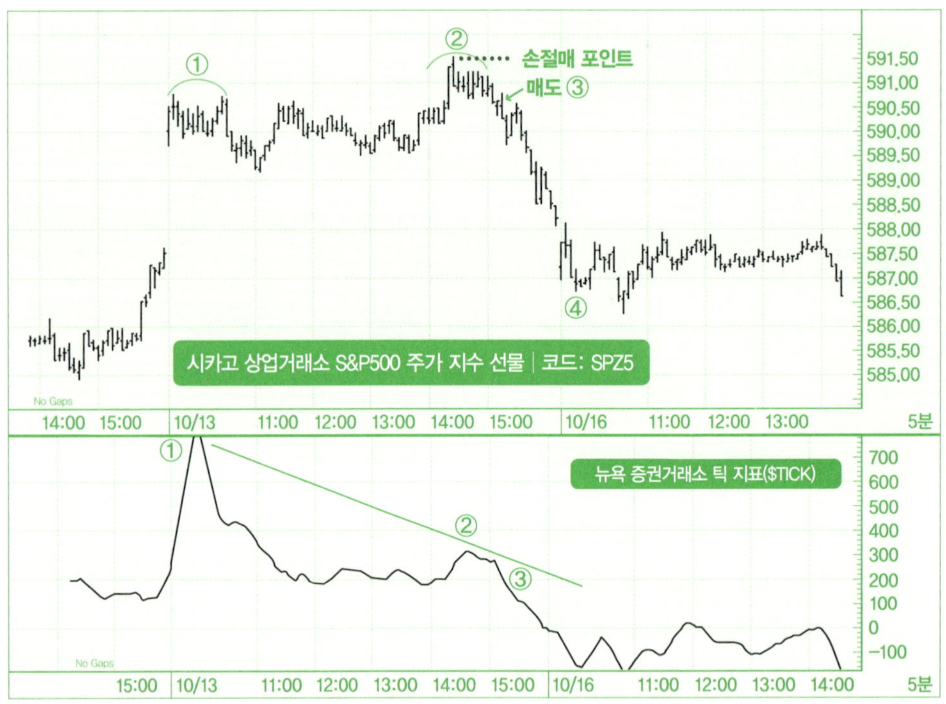

시장은 더 높은 고점을 형성하고, 틱은 더 낮은 고점을 형성한다. 틱이 100만큼 하락하면 시장가에 S&P를 매도한 뒤 최근 고점 위에 손절매 포인트를 설정한다. 시장은 3포인트 추가 하락한다(하락세가 이어지기 전, S&P가 '거짓 돌파와 개미 투자자 털어내기' 패턴을 형성한 것에 주목하라).

다이버전스가 발생하지 않더라도 틱 지표에서 하루 내 극단적인 수치가 나타나는지 파악해 두면 유용하다. 이 정보는 **다음 날**(고점 발생 다음 날)의 거래 예측에 도움이 된다. 예를 들어, 대부분의 주식이 상승하고 장중 400 이상의 틱 지표가 나타난다면, 이는 매수세가 상당함을 나타낸다. 모두가 매수하고 있다! 다음 날, 매수할 사람이 아무도 없다면 어떻게 되겠는가?

첫째 날 틱 지표가 400보다 크다면, 둘째 날 아침 시간대의 반등에 매도 포지션을 취할 기회를 노린다. 첫째 날 틱 지표가 −400보다 작다면, 둘째 날 아침 시간대의 일시적 하락에 매수를 고려할 것이다. S&P가 반전할 때 진입하는 전략에서는 항상 손절매 포인트를 사용해야 한다. 이 전략은 강한 추세를 보이는 시장에서는 그다지 효과적이지 않다. 하지만 나는 1995년 강세장 당시 시장이 상승할 때 이 전략을 사용해 꽤 좋은 성과를 거두었다. 시간당 차트에서 틱 지표를 확인하는 것도 유용한 방법이다. 1~2일간 +400 혹은 −400이라는 수치가 두세 번 연속으로 나타나는지 확인하라. 이는 반전 신호가 될 수 있다.

이러한 유형의 패턴을 사용해 성공적으로 S&P를 트레이딩하기 위해서는 5분이나 30분짜리 바 차트에서 터틀 수프 패턴을 찾는 것이 핵심이다. **테스트**가 발생하길 기다리는 인내심을 가져야 하고, 저점이나 고점의 순간을 반드시 포착하려는 욕심을 버려야 한다.

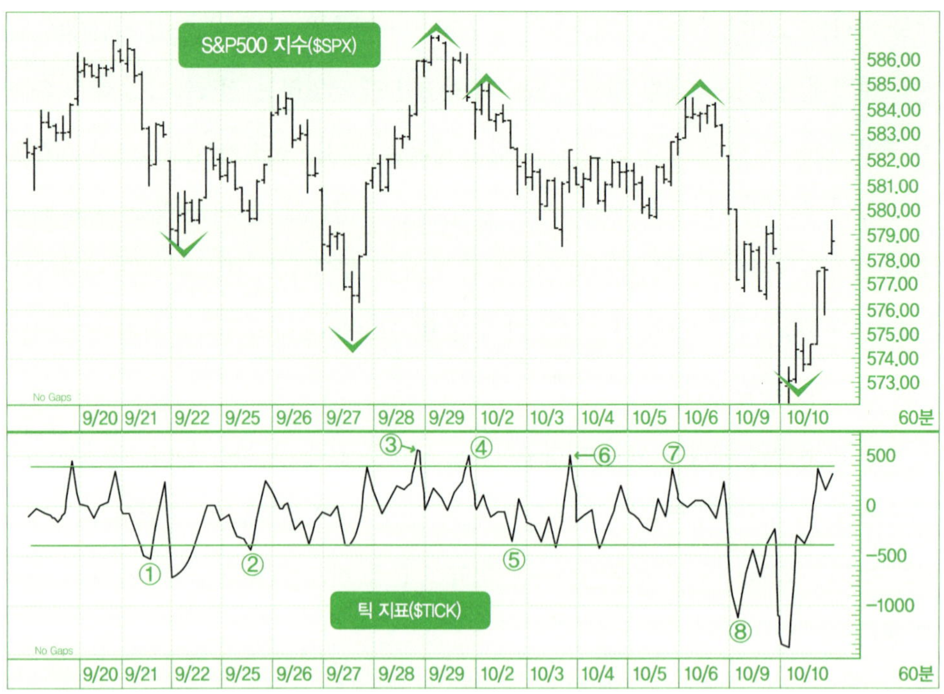

틱 지표 관측치가 400보다 크거나 −400보다 작으면 다음 날 장중에 시장이 반전을 보일

것으로 예상한다. 이는 일반적으로 중요한 거래 기회를 제공한다.

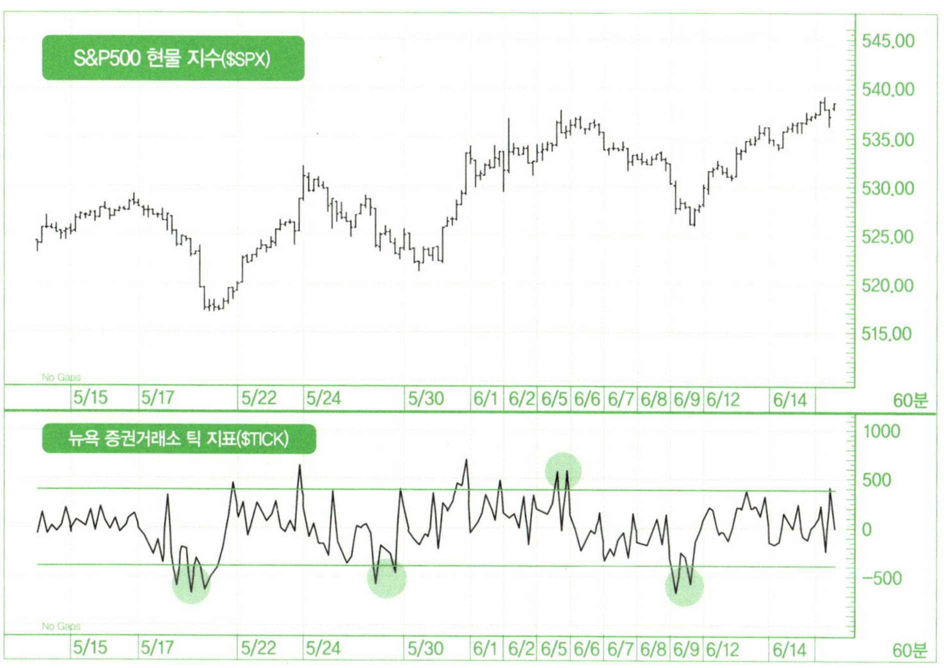

400보다 크거나 −400보다 작은 틱 수치가 결집해 있는 모습은 중기적 시장 반전 가능성을 시사한다.

암스 지수

마지막으로 언급할 지표는 TRIN 또는 트레이딩 인덱스trading index라고 알려진 '암스 지수Ams Index'이다. 상승/하락 비율과 상승 거래량/하락 거래량 비율이라는 두 비율 사이의 비율을 나타내는 지표다. 모든 데이터-피드 서비스에서 기본적으로 제공되는 지표이기도 하다. 우리는 암스 지수의 5일 이동 평균을 사용할 것이다. 관측치가 1.20보다 크다면 중기적 저점이나 과매도 상태의 가능성을 암시하고, 0.80보다 작다면 단기적 고점이나 과매수 상태의 가능성을 암시한다. 다만 이 매매 기회는 오로지 단기적인(1~3일) 기회일 뿐이다.

모든 과매수 또는 과매도 지표와 마찬가지로, 암스 지수는 강력한 추세 시장에서 일찍 신호를 줄 수 있다. 또한 매도 신호보다 매수 신호가 더 신뢰할 수 있는 듯하다(지난 15년간 시장이 명백한 상승 편향을 보여서 그럴 수도 있다).

많은 전문가가 이 지표의 5일 또는 10일 이동 평균을 언젠가 한 번쯤은 사용한 적이 있을 것이다. 매일 밤 암스 지수와 상승/하락선(시장 폭을 파악하는 데 도움을 준다)의 이동 평균을 일상적으로 기록하는 사람들도 많다.

예시를 살펴보고 이 지표가 본인에게 도움이 될지 직접 판단해 보라. 우리는 특히 주식 거래에서 이 지표가 유용하다는 사실을 발견했다. 최고의 거래는 여러 지표가 보내는 신호가 일관되게 한 방향을 가리킬 때 발생한다.

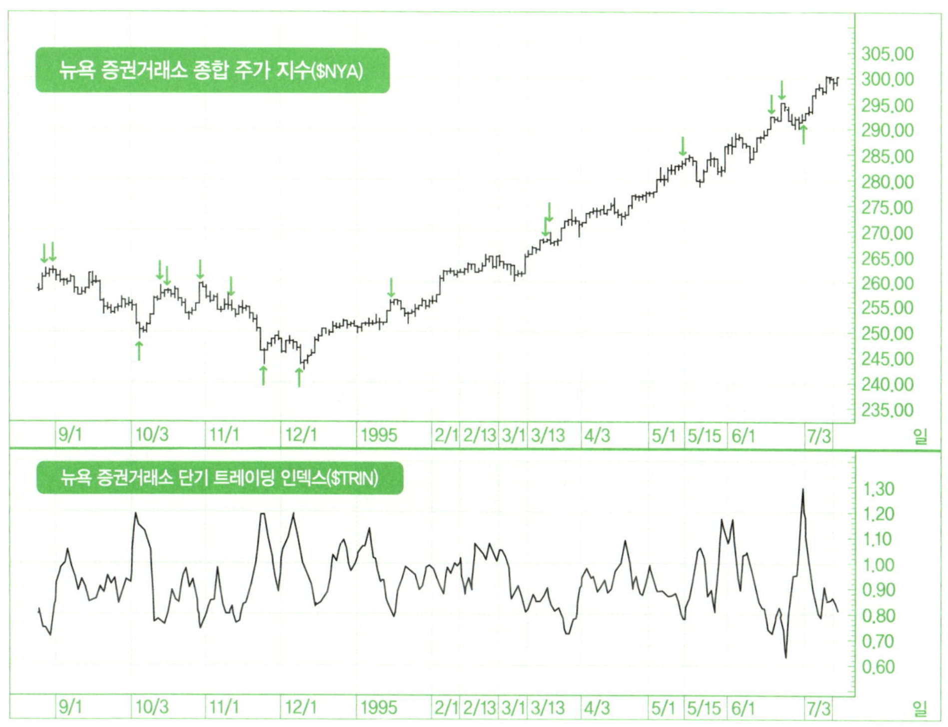

화살표는 TRIN의 5일 이동 평균 수치가 1.20보다 크거나(매수 신호) 0.80보다 작았던(매도 신호) 시기를 가리킨다.

트레이딩 관리에 대한 추가 제언

"또한 너 자신의 판단을 신뢰할지니, 그것이 가장 믿음직한 조언자의 말이다.
때로 사람의 마음은 높은 망대 위에 오른 7명의 파수꾼보다
더 많은 걸 말해 줄 것이다."

—《집회서Ecclesiasticus》

지금까지 우리의 거래 전략들을 살펴봤으니, 이제는 지난 세월 우리가 얻은 몇 가지 교훈을 공유하고자 한다.

먼저, 초보 트레이더라면 처음에는 무조건 모의 거래만 시도하라. 각 거래를 실제 행하는 것처럼 장부에 정확히 써넣으라. 반드시 신중하게 접근해야 한다. 그럴듯한 트레이딩 기록을 확보한 뒤에만 실제 계좌를 통해 거래해야 한다.

수익 대부분이 푼돈이라는 사실을 깨닫게 된 당신은 아마 실망할 것이다. 하지만 대부분의 손실 또한 미미하고, 이것이 트레이딩으로 얻을 수 있는 일반적인 결과다. **트레이딩의 세계에서 당신의 첫 번째 목표는 본전치기 트레이더가 되는 것이다.**

시간을 들여 연습하다 보면 손실이 점점 줄어들고 결국 (손실을 보지 않는) 본전 따먹기 거래를 할 수 있다. 운과 경험이 따라 준다면 어쩌다 한 번 큰 거래도 있을 것이다. 이런 관점에서 트레이딩은 엄밀히 말해 투자금을 보전하는 게임이다. 그러다가 가끔 운이 따라 주기도 하는데, 지금쯤이면 그 운 또한 노력의 산물임을 누구나 알고 있으리라 믿는다.

많은 초보 트레이더들이 기술 지표가 너무 많아서 압도당한다. 옛말에 "시계 하나만 주면 몇 시인지 알 수 있다"라는 말이 있다. 하지만 시계를 두 개 주면 사람들은 몇 시인지 확신할 수 없게 된다. 대개 오실레이터와 이동 평균선이 한 번에 딱 들어맞아 완벽한 거래를 형성하는 일은 발생하지 않는다. 스스로 소화할 수 있는 정도의 기준을 가지고 시장에 접근하면 더 쉽게 거래를 관리할 수 있을 것이다. 대부분의 상황에서는 전문가들조차도 무슨 일이 일어나고 있는지 명확하게 파악하지 못한다. 하지만 그들은 본인이 선택한 특정 패턴의 거래 기회가 나타날 때까지 기다리는 인내심을 배웠다. 당신도 가장 쉽게 알아볼 수 있고 가장 신뢰할 수 있는 패턴 단 한 가지를 기반으로 거래하는 법을 배워야 한다.

시장 자체에서 나오는 신호를 주의 깊게 살피는 법도 알아야 한다. 시장이 미미한 반응을 보이면 무얼 말하고 있는지 주의 깊게 살펴보라. 시장이 호락호락하게 하락하지 않으려 한다면 다음번 상승세는 엄청날 것이다. 시장이 강세 또는 약세 뉴스에 어떻게 반응하는지 주의 깊게 살펴보는 것도 매우 중요하다.

- **시장이 어디로 향할 것인지에 대해 스스로 갖는 선입견이 당신의 가장 큰 적이 될 것이다.** 그다음으로 큰 적은 친구나 브로커의 의견이다.
- **손해 나는 포지션을 밤새 보유하지 말라!** 이 조언 하나만으로 수천 달러를 아낄 수 있다. 포지션을 청산하고 다음 날 더 유리한 가격 수준에서 진입을 시도하는 것이 훨씬 낫다.
- **실수는 즉시 바로잡으라!** 장이 마감했을 때 실수했다는 걸 깨닫는다면 다음 날 **시가에** 청산하라. 실수를 만회하기 위해 거래를 지속하지 말라. 손실 포지션은 시간이 지날수록 더 **악화할** 가능성이 크다.
- **시장이 뜻밖의 수익을 제공한다면 반드시 수익을 확정해야 한다.** 즉, 모든 잔여 거래에서 이익을 실현하거나 극도로 가까운 지점에 손절매 포인트를 설정한 뒤 이를 추적한다. 스윙 트레이딩에서는 방어적인 자세를 취하며 벌어들인 이익을 뱉어내지 않는 것이 매우 중요하다.

기대치가 낮을수록 더 행복해질 것이다. 뜻밖의 행운이 따랐을 때 기분 좋게 놀라도 좋다. 하지만 절대로 '한탕'을 추구해서는 안 된다. 당신이 얼마나 많은 수익을 벌어들일지는 시장이 정한다. **당신이** 결정할 수 있는 건 **오직** 손실을 얼마로 제한할 것인지 뿐이다.

초보 트레이더가 시장에 통제권 전부를 넘겨주는 일은 드문 일이 아니다. 그들은 시장이 수익을 내어줄 때까지 기다린다. 언제 빠져나가야 할지 알기 위해 손실이 나기까지 기다린다. 이들의 수익과 손실은 시장이 결정한다고 해도 과언이 아니다.

좀 더 노련한 트레이더는 그들이 민첩하게 움직여 잡을 능력만 있다면 시장이 실제로 수익을 나눠 주기는 하지만 손실은 본인 스스로 결정해야 한다는 사실을 알고 있다. 시장에 대해 가질 수 있는 유일한 통제력, 즉 수익성에 대한 최선의 통제는 위험을 결정하는 데 있다. 이는 시장 상황이 불리해졌을 때 얼마만큼의 손실을 감수할 것인지를 결정하는 것이다. 이 한 가지 개념을 완벽하게 터득한 트레이더는 지속적인 수익성을 향한 가장 큰 발걸음을 내디딘 셈이다.

마지막으로, 이 책에 나온 전략들을 자신만의 것으로 만들라. 우리의 아이디어를 빌려 나름의 수정을 거친 뒤 자신만의 전략으로 변형해 보라. 이 책에 등장하는 개념들이 훌륭하고 탄탄한 기반이 되겠지만, 궁극적으로는 직접 체득한 경험이 가장 큰 스승이다.

린다:

이제 자금 관리에 대해서는 귀에 못이 박이도록 이야기한 것 같은데요. 트레이더의 성공에 기여하는 또 다른 요소가 있다면 무엇일까요?

래리:

일관성입니다. 자신의 방식이 효과적인지 아닌지를 알 수 있는 유일한 방법이지요.

지표를 끊임없이 변경해 댄다면, 그 지표가 효과적인지 아닌지 결코 알 수 없습니다. 이 책에 나오는 대부분의 패턴은 간단한 개념입니다.

맞습니다. 우리 둘 다 '쉽게 생각해, 바보야Keep it simple, stupid' 철학의 신봉자죠. 트레이딩의 많은 부분은 결국 끈기 있게 버텨낼 수 있는 정신력에 달려 있습니다.

어떤 이들은 전문 트레이더가 매일 돈을 번다는 오해를 하는 것 같습니다. 자기만 돈을 못 번다고 생각하죠.

말도 안 되죠. 전문가들도 호황과 불황을 겪지 않습니까. 현장 트레이더조차 몇 주 동안 수익을 내지 못할 수 있습니다. 그저 한 걸음 물러서서 이렇게 자문해 보면 됩니다. "이 기간(수익이 없던 기간)에 나는 얼마나 **잃었나?**"

첫 목표가 본전치기 트레이더 되기여야 한다고 말한 이유가 바로 그것입니다. 좋은 매매 기회를 기다리고 규칙을 따라 거래한다면, 보통은 수익이 나는 거래를 통해 손실을 만회하기까지 그리 오랜 시간이 걸리지 않습니다.

포커를 치는 것과 매우 유사하죠. 진정한 실력은 좋은 패가 나올 때까지 기다리는 것입니다. 모든 패를 다 플레이할 필요는 없지만, 가장 좋은 패를 가지고 있을 때는 정말 공격적으로 베팅해야 합니다. 반면에 확률적으로 완전히 유리한 게 아니라면 돈을 걸지 말아야 하고요.

대비하라!

다음 날 있을 거래에 대비하기 위해 전날 밤 숙제를 마치는 게 중요하다는 사실은 아무리 강조해도 지나치지 않다. 스윙 트레이딩의 목적은 매매 기회를 사전에 파악해 다음 날 수동적인 모드로 거래하지 않도록 하는 것이다. 즉흥적인 트레이딩은 먹고살기에 좋은 방법이 아니다. 프로 운동선수들에게 경기 계획이 있는 것처럼, 전문 트레이더들도 그래야 한다. 얼마나 많은 운동선수가 경기 전 루틴을 가지고 있는지 아는가? 그런 루틴이나 경기 전 의식은 마음을 안정시키고, 눈앞에 당면한 과제(이 경우에는 다음 날의 매매 기회)에만 집중할 수 있도록 돕는다.

다음 날의 거래를 어떻게 준비하는지에 관한 메모를 서로 공유하기 시작했을 때, 우리가 기본적으로 같은 작업을 하고 있다는 걸 알게 되었다. 우리는 둘 다 저녁에 숙제를 마치며(둘 다 가정이 있다는 점을 고려하면 시간 조율이 필요하긴 하지만), 노트도 여러 개 가지고 있다. 우리가 하루를 준비할 때 어떤 사고의 흐름을 겪는지 관찰하는 건 당신에게 흥미롭고 유익할 것이다.

린다:

거래를 처음 시작했을 때 좋은 롤모델들이 있어서 다행이었던 것 같습니다. 저는 원래 일을 미루는 편이거든요. 다음 날을 준비하지 않았다면 어쩔 줄 모르는 상태가 되기 쉬웠을 테고, 아예 거래하지 않게 되었을지도 모릅니다. 저는 80년대 초에 함께 일했던 두 분의 일상을 거의 그대로 따르고 있습니다. 이런 습관이 없었다면 지금처럼 성공하지 못했을 거라고 확신해요.

처음 함께 일했던 상사에게는 종가, 10일 이동 평균 암스 지수, 상승/하락 비율, 풋-콜 비율 등의 수치를 기록하는 습관이 있었습니다. 그는 매일 밤 시큐리티 마켓 리서치Security Market Research에서 발간하는 차트북을 업데이트하기도 했지요. 이 차트 서비스에는 손으로 직접 그리는 오실레이터가 있었습니다. 이 작업은 45분 정도가 소요되었는데, 그는 매일 밤 같은 루틴을 반복했습니다. 다음 날 아침, 1시간짜리 샌프란시스코행 BART 열차 안에서는 차트를 분석하며 흥미로운 매수 또는 매도 전략을 써 내려갔습니다. 샌프란시스코에 도착한 다음에는 전날의 거래를 확인하고 새로운 주문을 작성하는 데 1시간을 추가로 할애했죠. 이분은 1978년 주식 옵션의 현장 트레이더로 시작해 오늘날에도 여전히 전문 트레이더로 활동하고 있습니다.

두 번째로 함께 일했던 상사도 주식 옵션의 현장 트레이더였습니다. 그는 장이 열리기 1시간 30분 전에 출근해서 장이 마감한 뒤에도 2시간 동안 남아 있었습니다. 그동안 무엇을 했을까요? 수기로 차트를 업데이트하고, 추세선을 그리고, 그날 자신이 한 거래를 분석하고, 제가 한 모든 거래를 검토하고 코멘트를 주었으며(으악!), 다음 날을 위한 트레이딩 카드를 작성하고, 유리한 갭 오픈을 활용하기 위해 개장 전에 청산 주문을 걸어놓고, 거래소를 훑어보며 다른 트레이더들이 놓쳤을지도 모르는 저평가된 OTM 콜옵션*이 있는지 확인하고, ……. 감이 오나요? 그의 일상만으로도 책 한 권은 거뜬히 쓸 수 있을 거예요. 요컨대 그는 현장에서 가장 눈

---

* OTM은 Out of The Money의 약자로, 기초자산 가격보다 행사가격이 높은 상태를 의미한다. OTM 콜옵션의 경우 만기까지 기초자산 가격이 행사가격을 넘지 못하면 아무도 옵션을 행사하지 않아 손해를 보게 된다. 이런 이유로 저평가되는 경우가 많다. 하지만 같은 이유로 아무도 찾지 않는 숨은 보석과 같아 만기 때 기초자산 가격이 높아질 것이라는 확률에 베팅하면 큰 수익을 남길 수 있다. —옮긴이 주

에 안 띄는 트레이더 축에 속했지만, 아마 가장 수익성이 높은 트레이더 축에 속하기도 했을 겁니다. 더 놀라운 건, 그가 여전히 트레이딩 플로어에서 활약하고 있다는 겁니다. 그는 특정한 방법론을 단호하게 고수했습니다. 저는 그가 자신만의 거래 스타일에서 벗어나는 걸 한 번도 본 적이 없습니다.

첫 번째 상사는 옵션 프리미엄을 팔아 생계를 유지했고, 두 번째 상사는 같은 걸 사서 생계를 유지했습니다. 하지만 두 사람 모두 자신만의 독특한 거래 스타일을 고수했죠. 두 번째 상사는 제게 이런 말을 했는데, 저는 이 말을 절대 잊지 못할 겁니다. "트레이딩은 다른 비즈니스와 마찬가지로 비즈니스입니다. 도매가에 사서 소매가에 파는 방법을 배워야 합니다. 사람들이 재고를 사러 오지 않는다면 가격을 낮춰서라도 팔아 치워야지요." (이를 일컬어 손실 감수라고 한다)

첫 멘토를 만났을 때부터 매일 숫자를 기록하는 습관을 들였습니다. 컴퓨터로도 똑같은 정보를 볼 수 있지만, 손으로 적어두지 않으면 아무 의미가 없죠. 우리 집 지하실에는 숫자가 가득 적힌 노트들이 쌓여 있습니다. 그 노트들을 다시 볼 일은 없겠지만, 그것들은 제가 매일 밤 숙제를 마쳤다는 증거이지요. 처음 래리와 저의 공통점이라고 느낀 건 바로 노트에 집착하는 습관입니다.

래리:

저는 일일 손익계산서 외에도 제가 하는 모든 거래를 기록합니다. 그날그날 얼마를 벌고 얼마를 잃었는지 알고 있죠. 그리고 모든 노트를 보관합니다.

린다:

언제부터 노트에 기록하기 시작했나요?

래리:

전문 트레이더가 되기로 결심했을 때였는데, 이제는 습관이 되었죠.

린다:

날마다 특별히 작성하는 워크시트가 있나요?

래리:

S&P 지수를 위한 특별 워크시트가 따로 있습니다. 다음 날 활용할 선물 시장에서의 특별한 매매 조건도 적어두고, 시장의 일일 최저가와 최고가도 기록하죠. 그런 뒤 이 정보를 블룸버그 단말기에 프로그래밍합니다. 트레이드스테이션*에서 매일 매매 기회에 관한 정보를 출력하기도 하지만, 사실 저는 각 시장을 개별적으로 살펴보고 차트에서 직접 매매 기회를 찾는 걸 더 좋아합니다. 조금 번거롭긴 하지만 시장에 대한 감을 더 잘 유지할 수 있게 해 주죠.

린다:

선물 시장뿐만 아니라 주식 시장에서도 이런 작업을 하나요?

래리:

그렇습니다. 저는 대략 100개 종목을 추적하는데요, 아침과 저녁 뉴스를 훑어봅니다.

린다:

처리해야 할 정보가 상당한데요.

---

* TradeStation, 미국의 온라인 거래 플랫폼이다. ─옮긴이 주

음, 가장 잠재력이 있다고 생각하는 매매 기회 쪽으로 정보 범위를 좁히려고 노력합니다. 살펴봐야 할 게 너무 많으면 주의력이 분산되는 느낌이 들거든요.

린다:

저도 그래요. 전날 밤 워크시트에 모든 매매 전략을 적어두는데, 막상 다음 날에는 1~3건 정도밖에 거래하지 못할 수도 있죠. 상황이 제대로 만들어지지 않았거나, 시장이 개장한 방식이 마음에 들지 않는 거겠죠. 저도 많은 거래를 놓치곤 합니다. 몇 개 안 되는 시장에 집중하며 한 번의 좋은 거래를 하는 게 엉성하고 무질서하게 거래하는 것보다 낫습니다. 포커처럼요. 완벽한 패가 없으면 베팅해선 안 되죠.

래리:

결국 인내심 싸움입니다. 실행한 거래도 기록하나요?

린다:

물론입니다. 거래 내용을 기록하는 건 세상에서 가장 좋은 연습이지요. 거래에 진입한 날짜와 시간, 매수 포지션인지 매도 포지션인지, 매매 수량, 계약의 종류, 거래 체결 가격을 기록합니다. 거래 기록은 거래를 청산할 때까지 오픈된 상태로 남겨두었다가 거래가 종료되면 청산 날짜와 가격을 적습니다. 그런 다음에야 손익을 계산합니다. 말할 필요도 없지만, 큰 손실을 보면 눈에 확 띄죠. 이 방법은 수익이 나는 거래를 확정 짓는 좋은 동기가 될 수 있습니다. 수익을 확정해야지만 거래 기록을 남길 수 있으니까요.

　작은 일화를 하나 들려드릴게요. 매일 주식 거래를 기록하는 건 정말 훌륭한 습관입니다. 저도 그렇게 하고요. 하지만 제 계좌가 사상 최고치를 달성했을 때 전

크게 감명받고 말았습니다. 1988년 4월이었죠. 죽음의 키스!* 제 계좌에 어떤 징크스가 생겼는지 그 이후로는 돈을 벌 수가 없었습니다. 이제는 매달 0원으로 시작해 그달의 금액만 기록합니다.

래리:

승리에의 도취는 절대악이죠. **시장의 마법사**인 제 친구는 매년 1월마다 0으로 시작해서 거기서부터 차곡차곡 쌓아 올린다고 하더군요.

린다:

사실 현장 트레이더들 사이에서는 아주 흔한 관행이죠. 제 상사들은 그보다 더했습니다. 매달 계좌에서 발생한 수익을 인출해서 금액을 다시 일정 수준까지 낮추고는 했죠. 계좌에 수익이 쌓여 있지 않으면 손실을 볼 일도 없다고 생각했던 겁니다.

래리:

이전에 말씀하신 부분에 대해 한 말씀 드려야겠네요. 매일 루틴을 반복하며 꾸준히 거래하다 보면 한 달에 두세 번은 완벽한 거래를 통해 뜻밖의 행운을 얻는 경우가 있다고 말씀하셨죠. 저도 정확히 같은 경험을 했습니다. 처음에는 제가 운이 좋았다고 생각했을 뿐 좋은 트레이더가 되는 것과는 아무 상관이 없다고 생각했어요. 하지만 이제는 그게 단순한 행운이 아니라는 걸 압니다.

린다:

맞아요. 훌륭한 트레이더는 거의 한 달 내내 자신의 습관을 고수하고 뜻밖의 수익

* 좋은 상황이나 성공이 재앙으로 바뀌는 순간을 가리킨다. —옮긴이 주

을 낼 수 있는 몇 안 되는 거래에 참여하는 사람들입니다. 진짜 실력은 돈을 **잃지**
않는 것이죠.

마지막으로
전하고 싶은 말

처음 이 책을 쓰기로 결정했을 때 우리의 목표는 간략하고 간결한 전략을 제시하는 것이었다. 이 목표가 이루어졌기를 진심으로 바란다. 또한 이 책을 집필하는 과정에서 우리가 느꼈던 즐거움을 이 책을 읽는 당신도 느꼈으면 좋겠다.

성공적인 트레이딩이 반드시 복잡해야 할 필요는 없다고 생각한다. 이 책을 통해 당신이 배운 전략들은 가격이 특정 방향으로 움직일 확률이 높을 때를 식별해 낸다. 그런 상황이 발생할 때까지 기다릴 수 있는 인내심을 갖는다면, 당신은 '성급하게 반응하는' 다른 많은 투자자보다 유리한 고지를 점할 수 있다.

이 책을 읽은 당신은 자금 관리에 대한 우리의 생각을 잘 알고 있을 것이다. 우리는 엄격한 손절매 포인트를 사용하지 않고 이 책에 나오는 어떤 전략도 통하지 않는다고 생각한다. 이에 따라 우리의 친구이자 시러큐스 대학의 재무학 교수인 페르난도 디즈Fernando Diz의 연구 결과를 소개하며 이 책을 마무리하고자 한다. 그의 연구는 파생상품 운용 자문가의 성공과 실패 원인을 분석한다. 디즈 교수의 연구는 한 가지 결론에 도달한다. 자금 관리야말로 성공적인 트레이딩의 진정한 비결이라는 것이다.

성공적인 트레이딩을
위한 비결

-페르난도 디즈

트레이더가 되고자 하는 열정이 있는 사람들은 종종 이렇게 묻는다. "무엇이 성공적인 트레이더를 만드는가?"

잭 슈웨거Jack Schwager의 《시장의 마법사들Market Wizards》과 《새로운 시장의 마법사들 The New Market Wizards》을 읽은 사람이라면 성공적인 트레이딩에 적어도 3가지 요소가 관여한다는 걸 알 것이다. 트레이더의 심리적 자질, 트레이딩 시스템의 경쟁력 그리고 엄격한 자금 관리가 그 3가지다. 이런 요소들을 안다는 사실은 매우 유용한 일반적 지침을 제공하지만, 성공을 열망하는 트레이더에게는 트레이더들의 성공과 (더 중요하게는) 실패에 관한 체계적인 연구 또한 큰 도움이 될 수 있다. 나는 이 목적을 염두에 두고 1974년부터 1995년까지 CTA가 운용하는 펀드 925개를 연구했다.[*] 나는 심리학자가 아니기 때문에 성공적인 트레이딩의 마지막 두 가지 요소인 시스템의 경쟁력과 자금 관리에만 집중했다. 이 연구의 목적은 시스템의 경쟁력과 자금 관리가 펀드의 성공에 미치는 영향을 파악하는 것이었다.[**]

---

[*] 연구에 사용된 데이터는 바클레이 트레이딩 그룹(Barclay Trading Group)에서 제공한 것이다. 유익한 의견을 주신 솔 왁스먼(Sol Waksman)과 피터 니콜스(Peter Nicols)에게 특별히 감사드린다.

[**] 페르난도 디즈, 1995, 〈CTA Survival and Return Distribution Characteristics〉, 연구 논문, 시러큐스 대학교.

이 연구에서 성공의 정의는 매우 단순했다. CTA 또는 그가 사용하는 프로그램이 사업을 지속할 수 있다면 성공적인 것으로 보았다. 925개의 CTA 또는 펀드 중 490개는 여전히 사업을 유지하고 있지만, 나머지 435개는 사업을 접었다.

시스템의 '경쟁력'은 다음과 같은 5가지 서로 다른 보충적 항목으로 측정, 대표된다.

- 월간 복리 수익률-펀드나 트레이더의 최종 성과이다.

- 월간 최대 수익률-가장 성공적인 달의 수익률이다. 펀드 수익의 잠재력과 펀드가 최적 수준에서 거래되고 있는지를 나타내는 지표이다.

- 샤프 지수Sharpe Ratio-표준편차 단위당 수익률의 측정값이다. 변동성이 다른 펀드 간의 수익률을 비교할 수 있다.

- 수익률의 왜도skewness(비대칭도)-이 수치가 양수이면 펀드가 정상 수준보다 더 자주 높은 수익률을 내는 경향이 있음을 시사한다.

- 수익률의 첨도kurtosis-정규 분포에 비해 수익률이 평균에 얼마나 몰려 있는지 측정하는 수치이다. 이 수치가 양수이면 정규 분포일 때와 비교했을 때 수익률이 평균 근처에 있을 확률이 더 높다.

첫 번째 지표는 펀드 운용 기간의 월 복리 수익률이다. 이는 펀드가 생존해 있을 동안 창출할 수 있었던 수익률 수준을 측정한다. 다양한 펀드들이 생존해 있을 동안 달성하는 수익률 범위에 대해 힌트를 주자면, 월간 최대 수익률은 10.36%였고 월간 최소 수익률은 -6.04%였다.

트레이딩 시스템의 경쟁력을 측정하는 두 번째 지표는 가장 성공적인 달의 수익률이다. 이 지표는 잠재적 수익의 규모에 초점을 두고 펀드 경쟁력의 규모와 펀드가 최적 수준에서 거래되고 있는지에 관한 정보를 제공한다. 성공적인 월간 수익률은 높게는 319%, 낮게는 0.8%였다.

세 번째 지표는 샤프 지수다. 위험 단위당 수익률을 측정하는 지표로, 이를 이용하면 매우 다른 위험 특성을 갖는 펀드들의 수익률을 비교할 수 있다. 월간 복리 수익률이 같은 펀드 A와 B가 있다고 가정하자. 하지만 펀드 A의 샤프 지수가 펀드 B의 샤프 지수보다 2배 높다면, 펀드 A가 펀드 B와 동일한 수익률을 달성하지만 A의 위험이나 변동성은 절반 수준이라는 뜻이다.

마지막 두 지표인 왜도와 첨도는 다소 기술적인 지표로, 펀드가 더 높은 확률로 더 큰 수익률을 창출할 능력이 얼마나 되는지를 보여준다.

시스템 경쟁력이 CTA의 자본금 곡선 증가분을 측정하는 반면, 자금 관리는 그 곡선의 하락과 회복을 살펴본다. 펀드의 자금 관리력은 서로 다른 5가지 측정치로 대표될 수 있다.

- 수익률의 표준편차−펀드가 창출하는 수익률의 일관성을 나타낸다. 예상 손실률과 더불어 예상되는 큰 이익을 파악하는 데 도움을 준다.
- 월간 최대 손실−잠재적 손실 규모를 나타낸다. 위험 관리 정도와 펀드가 최적 수준에서 거래되고 있는지를 파악하는 데 도움을 준다.
- 최악의 손실에서 회복하는 데 걸리는 개월 수−다른 조건이 동일하다면, 자금 관리가 잘 되는 펀드는 그렇지 않은 펀드보다 더 빨리 회복할 것이다.
- 손실로부터 회복하는 데 걸리는 시간의 표준편차−펀드가 손실에서 벗어나는 데 걸리는 시간의 일관성을 측정한다.
- 펀드 수명 대비 펀드가 최악의 손실에서 회복하는 데 걸리는 시간의 비율−이 지표는 최악의 하락을 극복하는 데 펀드의 사업적 수명을 어느 정도 사용하는지 나타낸다.

첫 번째 지표는 월별 수익률의 표준편차로, 펀드의 월평균 수익률 대비 큰 수익이

나 큰 손실이 발생할 확률을 보여준다.

자금 관리력을 측정하는 두 번째 지표는 월간 최대 손실이다. 이 지표는 잠재적 손실의 규모에 초점을 맞추고 펀드의 위험 관리 수준과 해당 펀드가 최적의 수준에서 거래되고 있는지를 보여 준다. 손실 규모에 대한 감을 주자면, 최대 손실은 81%였고, 최소는 손실이 아예 없는 경우였다. 연구 대상인 모든 펀드의 평균 월간 손실은 16%였다.

단일의 월간 손실을 살펴보는 것도 중요하지만, 그보다 더 중요한 것은 펀드가 손실에서 벗어나는 데 걸리는 시간이다. 펀드의 초기 자본금이 100만 달러이고 다음 달에 25%의 손실이 발생해 자본금이 75만 달러로 감소했다고 가정하자. 펀드가 자본금을 100만 달러로 되돌리는 데 걸리는 기간은 최대 몇 개월인가? 이것이 바로 자금 관리에 대한 세 번째 지표가 측정하는 것이다. 가장 부진한 펀드는 최악의 손실에서 회복하는 데 137개월이 걸렸다. 11년 넘게 최악의 손실에서 회복하지 못한 이 펀드가 문을 닫은 건 그리 놀라운 일이 아니다. 보통의 펀드가 최악의 손실로부터 회복하는 데 걸린 시간은 평균 20개월이었다. 이 지표가 중요한 이유는, 자금 관리가 제대로 이루어지는 펀드는 그렇지 못한 펀드보다 손실에서 더 빨리 회복할 수 있다는 걸 이론적으로 입증하기 때문이다.

이는 무엇을 의미할까? 똑같은 시스템 경쟁력을 가진 두 트레이더일지라도 자금 관리를 더 잘하는 트레이더가 손실에서 더 빨리 회복한다는 뜻이다. 한 트레이더가 다른 트레이더보다 경쟁력이 있다면 어떨까? 두 트레이더 모두 자금 관리가 잘 되고 있다는 전제하에, 경쟁력 있는 트레이더가 손실에서 더 빨리 회복할 가능성이 크다. 이론적인 설명은 여기까지다. 하지만 실제 현실에서는 어떤 일이 벌어질 가능성이 더 클까?

가장 성공적인 추세 추종자들을 살펴본 결과, 그들의 월별 수익률 분포가 놀랍도록 비슷하다는 사실을 발견했다. 그들의 경쟁력은 비등비등했다. 다만 그들 사이의 가장 큰 차이는 바로 손실이었다. 평균 수익률이 더 높은 트레이더들은 계속 적은 손실을 낸다. 이것이 자금 관리를 통해 기존의 경쟁력을 더욱 높인 하나의 사례다.

자금 관리력의 기준이 되는 네 번째 변수는 펀드가 손실에서 회복하는 데 걸리는 시간의 일관성을 측정한다. 이 수치가 크다는 건 펀드가 시간이 지남에 따라 일관된 회복 능력을 보이지 못한다는 뜻이다. 이는 펀드의 경쟁력과 자금 관리 모두 관련 있을 가능성이 높다.

마지막 자금 관리 지표는 펀드가 손실을 회복하는 데 걸리는 최장 시간과 펀드 수명의 비율을 측정한다. 예를 들어, 펀드가 24개월 동안 운용되었고 해당 펀드가 최악의 손실로부터 회복하는 데 12개월이 걸렸다면 이 변수의 값은 0.5가 된다. 펀드 운용 기간을 기준으로 최악의 손실이 얼마나 큰 중요성을 차지하는지 파악하기 위해 사용되는 지표이다.

연구 결과는 시스템 경쟁력과 자금 관리 둘 다 CTA의 성공 가능성에 큰 영향을 미친다는 걸 보여 주었다. 이 일반적인 결론은 《시장의 마법사들》 시리즈에서 주장된 내용을 다시 한번 확인할 뿐이었다. 하지만 내 관심사는 그보다 훨씬 더 구체적이었다. 성공한(생존한) CTA 혹은 펀드와 실패한(폐업한) CTA 또는 펀드 사이에 중요한 차이점이 있는지 알고 싶었다. 먼저 나는 그들의 경쟁력을 살펴보았다. [표 25.1]에서 그 결과를 확인할 수 있다.

[표 25.1] 성공한 펀드와 실패한 펀드의 '경쟁력' 변수 평균값

'경쟁력' 변수	성공한 펀드	실패한 펀드
월간 복리 수익률(%)	1.35	0.91
월간 최대 수익률(%)	30.80	34.70
샤프 지수	15.91	9.89

[표 25.1]의 결과를 살펴보면 두 가지가 확실히 눈에 들어온다. 성공한 펀드는 실패한 펀드보다 월간 복리 수익률이 48% 더 높았다.

더 중요한 점은 이들은 고객에게 더 큰 수익을 제공할 뿐만 아니라 실패한 펀드보다 더 낮은 위험으로 이를 달성했다는 것이다. 성공한 펀드의 평균 샤프 지수는 실패한 프로그램보다 61% 높았다. 더 낮은 위험으로 더 큰 수익을 창출할 수 있는 능력은 성공적인 트레이딩의 두 번째 요소인 자금 관리로 이어진다. [표 25.2]에도 유사한 비교 결과가 나와 있다.

[표 25.2] 성공한 펀드와 실패한 펀드의 '자금 관리' 변수 평균값

'자금 관리' 변수	성공한 펀드	실패한 펀드
수익률의 표준편차(%)	8.09	9.10
월간 최대 손실(%)	15.30	17.80
최악의 손실에서 회복하는 데 걸리는 개월 수	19	22
손실 회복에 걸리는 시간의 변동성	6	7
펀드 수명 대비 펀드가 최악의 손실에서 회복하는 데 걸리는 시간의 비율	0.32	0.41

[표 25.2]가 시사하는 바는 상당히 흥미롭다. 성공한 펀드의 수익률 변동성은 실패한 펀드보다 11% 낮았다. 게다가 성공한 트레이더는 최대 손실 폭이 더 낮고, 손실에서 더 빨리 회복하며, 손실 회복에 걸리는 시간이 더 일관적이다. 마지막으로, 실패한 펀드는 운용 기간 중 더 많은 부분을 최악의 손실에서 회복하는 데 사용한다.

이 결과가 알려 주는 교훈은 명확하다. 성공한 트레이더는 실패한 트레이더보다 더 큰 경쟁력과 더 나은 자금 관리 능력을 갖추고 있다는 것이다. 다만 이러한 차이는 성공한 펀드와 실패한 펀드의 평균적인 차이임을 명심하라. 그리고 이 결과가 두 가지 요소 중 어느 것이 성공적인 트레이딩을 설명하는 데 더 중요한지 알려 주지는 않는다. 내가 찾고 있었던 건 바로 이 부분에 대한 답이었다. 나는 이렇게 자문했다. '만약 단 하나 혹은 두 개의 변수로 성공 비결을 설명해야 한다면, 어떤 변수가 성공적인 트레이더와 실패한 트레이더를 구분하는 데 가장 효과적인가?' 앞으로 보겠지만, 그 결과는 매우 놀라웠다.

성공을 단 하나의 변수로 설명해야 한다면, 성공과 실패를 가장 정확하게 예견하는 변수는 펀드 수명 대비 펀드가 최악의 손실에서 회복하는 데 걸리는 시간의 비율이다. 이 변수의 값이 매우 작으면 성공 쪽에 가깝고, 매우 크면 실패에 가까웠다. 이 연구를 통해 도출한 결과는 특히 경력이 얼마 되지 않은 트레이더들에게 중요한 교훈을 준다. "트레이딩을 계속하고 싶다면 큰 폭의 손실을 피하고 신속하게 회복하라. 하지만 그러려고 위험을 증가시켜서는 안 된다."

더 흥미로운 사실은 최악의 손실에서 회복하는 데 걸리는 최대 개월 수를 분석에 포함하면, 이 두 변수만으로도 모든 경쟁력 및 자금 관리 변수를 합친 모델이 갖는 예측력 중 88%를 설명할 수 있다는 것이다. 이는 실패한 트레이더가 성공한 트레이더에 비해 경쟁력이 없더라도 그것이 실패의 원인은 아니라는 것, 원인은 자금 관리에 있다는 걸 분명히 보여 준다. 실제로 그들의 경쟁력이 낮은 원인은 부실한 자금 관리일 가능성이 매우 크다. 이는 상당히 흥미로운데, 기본적으로 폐업한 CTA나 펀드 대부분에게는 운용을 유지할 만한 충분한 경쟁력이 있었다는 사실을 보여 주기 때문이다. **그들이 실패한 원인은 부실한 자금 관리 때문이다.**

성공적인 트레이딩의 가장 중요한 두 가지 요소는 시스템의 경쟁력과 건전한 자금 관리다. 이 연구는 그 개념을 뒷받침한다. 성공한 트레이더는 실패한 트레이더보다 더 큰 경쟁력과 더 나은 자금 관리 능력을 갖추고 있다. 그러나 일반적인 통념과는 달리, 이 연구는 실패한 트레이더의 낮은 경쟁력이 실패의 원인은 아니라는 걸 보여 준다. 트레이더의 실패는 거의 전적으로 잘못된 자금 관리 방법 때문이라고 설명할 수 있다.

이 책에서 가르치는 전략들은 당신에게 필요한 트레이딩 경쟁력을 제공할 것이다. 그러나 경쟁력을 높이기 위해 가장 중요한 건 자금 관리 능력이다.

부록

과거 변동성 계산법[*]

과거 변동성은 일정한 시간 간격으로 측정된 대수적logarithmic 가격 변화의 표준편차로 정의된다. 거래가 체결된 가격은 흔히 가장 신뢰할 수 있는 것으로 여겨지므로, 변동성을 계산하는 가장 일반적인 방법은 결제 가격의 변화를 사용하는 것이다. 우리는 각 가격의 변화량 x_i를 다음과 같이 정의했다.

$$x_i = \ln(P_i\,/\,P_{i-1})$$

여기서 P_i는 i번째 주기가 끝날 때 기초 계약의 가격을 의미한다. $P_i\,/\,P_{i-1}$은 때에 따라 상대 가격이라고도 한다.

---

[*] 셸던 나텐버그(Sheldon Natenberg)의 《Advanced Trading Strategies and Techniques》, 제2판, (시카고: Probus Publishing, 1994년), 부록 B에서 발췌했다.

주수(Week)	기초자산 가격	$x_i = \text{in}(P_i / P_{i-1})$	평균	평균으로부터의 편차	편차 제곱
0	101.35				
1	102.26	+0.008939		0.007771	0.000060
2	99.07	−0.031692		−0.032859	0.001080
3	100.39	+0.013236		0.012069	0.000146
4	100.76	+0.003679		0.002512	0.000006
5	103.59	+0.027699		0.026532	0.000704
6	99.26	−0.042698	+0.001167	−0.043865	0.001924
7	98.28	−0.009922		−0.011089	0.000123
8	99.98	+0.017150		0.015982	0.000255
9	103.78	+0.037303		0.036136	0.001306
10	102.54	−0.012020		−0.013188	0.000174
		+0.011674			0.005778

먼저 대수적 가격 변화의 표준편차를 계산한다.

$$표준편차 \ = \ \sqrt{(0.005778/9)}$$

$$= \ \sqrt{(0.000642)}$$

$$= \ 0.025338$$

그런 다음 표준편차를 가격 변동 주기의 제곱근에 곱해 연간 변동성을 계산한다. 우리는 매주 가격 변동을 살펴보았으므로 가격 변동 주기는 365/7이다.

$$\text{연간 변동성} \;=\; 0.025338 \times \sqrt{(365/7)}$$

$$=\; 0.025338 \times \sqrt{(52.14)}$$

$$=\; 0.025338 \times 7.22$$

$$=\; 0.1829(18.29\%)$$

무어 리서치 센터의 통계 연구

뒤에 나오는 표를 검토하기에 앞서 먼저 이 단락을 읽기를 권한다. 우리가 기계적 시스템을 테스트하려는 것이 아니라는 점을 분명히 밝힌다. 다만 특정 변수가 진입 또는 청산 방법론의 일부로써 유용하게 사용될 경향이 있는지를 확인하기 위해 검토를 진행하는 것이다. 처음에는 '평균 순수익'이라는 열에 이목이 쏠릴 수 있다. 이는 특정 수준의 수익성을 의미하지 않는다. 우리는 시장이 초기 조건에 따라 더 상승하거나 하락하는지 확인하기 위해 백분율에 더 중점을 둔다. 또한 모든 시장에서 지표가 균일한 움직임을 보이는지 확인하는 테스트를 하고 있다.

다음 설명은 표를 독해하는 방법을 더 잘 알 수 있도록 도와줄 것이다.

서론

오리건주 유진Eugene에 위치한 무어 리서치 센터는 우리의 연구를 보완하기 위한 통계 테스트를 제공했다. 이러한 연구들은 시장의 특정 경향성을 강조하고 시장 행동 특성을 정량화하는 방법으로 활용된다. 이 테스트는 패턴 발생 빈도, 방향성 편향, 일일 바 차트의 특성 등의 정보도 제공한다. 우리는 이 통계 검증을 비교 가치로만 활용한다. 이 테스트 자체가 기계적인 시스템을 나타내지는 않기 때문이다. 더구나 수수료나 슬리피지 같은 통계, 총수익성이나 최대 손실에 대한 데이터도 고려하지 않았다.

각 테스트에 대한 간략한 설명과 결과에 대한 의견이 제공될 것이다. 그 전에 테스트 방법론을 설명하겠다. 테스트는 실제 계약 내용을 기반으로 수행되었으며, 가장 거래량이 많은 계약이 만기에 가까워지면 그다음 근월물로 계약을 교체했다. 이러한 데이터 교체는 최초 통지일 하루 전이나 만기 5일 전, 둘 중 더 빠른 날에 진행되었다. 방향성 편향 가능성을 검토하기 위해 매수 테스트와 매도 테스트를 독립적으로 실행했다.

우리가 파악하려는 것은 경향성이나 가능성이기 때문에, 표본의 크기가 매우 중요하다. 테스트는 25개 시장에 걸쳐 10년간의 데이터를 기반으로 실행되었다. 조사 대상이 된 날짜의 수는 '전체 일수' 열에 표시했다. 테스트에서 (특정 조건이) 발생한 전체 횟수는 긍정적 결과를 달성한 횟수를 달성률로 나누어 구할 수 있다. 일례로, 48(60%)은 48건의 긍정적 결과를 달성했으며 달성한 횟수/달성하지 못한 횟수의 비율(달성률)이 60%라는 의미다. 48을 0.6으로 나누면 특정 조건이 발생한 전체 횟수가 80회임을 알 수 있다.

또한 우리는 여러 시장에서 특정 패턴이나 상관관계가 유지되는지 확인하고자 했다. 이를 통해 해당 패턴이 시장 행동의 진정한 원칙을 설명한다는 확신을 가질 수 있기 때문이다. 대부분의 연구는 한두 개의 변수를 대상으로 진행되었다. 우리는 이 결과가 상당히 견고하며, 앞으로도 이러한 관계가 지속되리라 믿는다. 그리고 이 테스트가 새로운 시스템을 개발하려는 사람이나 시장 행동을 분석하려는 사람들에게 좋은 **출발점**이 되기를 바란다.

일봉 데이터의 통계적 특성

첫 번째 연구는 가격 범위의 극단에서 장이 마감된 날 이후의 가격 움직임을 분석한다. 분석 결과는 이러한 조건 뒤에 단기 반전이 뒤따르는 경향이 있음을 보여 준다. 챕터 6에서 논의된 80-20 전략의 토대가 되는 패턴이다.

연구 결과물의 각 열에 관해 설명할 테니 책에서 그 결과를 직접 확인하기를 바란다. 첫 번째 열에는 테스트 대상 '전체 일수'가 나열되어 있다. 그다음 열은 '조건 달성 일수'라는 이름이 붙은 목록이 있는데, 이곳에는 조건이 달성된 횟수가 표시된다. 그다음 열은 시장이 상승 개장하거나 하락 개장했던 날의 비율을 나타낸다. 이후에는 시장이 전일 고가나 저가를 돌파한 횟수와 평균 돌파 금액을 확인할 수 있다. 이 연구 결과물의 마지막 열에서는 시장이 상승 마감하거나 하락 마감한 날의 비율을 보여준다.

"전일 상위 90%로 마감한 경우"라는 제목이 붙은 첫 번째 분석표를 살펴보자. 시장이 가격 범위의 상위 10%에서 마감한 다음 날의 시장 움직임을 분석했다. S&P 지수를 살펴보면 2,436일 중 17%의 비율로 이러한 상황이 발생했음을 알 수 있다. 다음 날 아침 시장은 48%의 확률로 상승 개장했다. 그런 다음 85%의 확률로 전일 고점을 돌파했는데, 돌파한 거리는 평균 2.00 포인트였다. 마지막으로, 장이 상승 마감한 확률은 48%에 불과했다.

다음 연구는 시장이 가격 범위의 상위 20%에서 마감한 다음 날의 시장 움직임을 분석한 것이다. 결과는 거의 같다. 이와 같은 장중 반전 경향은 가격 범위의 하단에서 장이 마감한 때에도 똑같이 나타난다. 사실은 전날 장이 상승 마감했을 때보다 하락 마감했을 때 더욱 유효하다. S&P가 가격 범위의 하위 20%에서 마감했을 때 다음 날 장이 하락 마감할 확률은 42%에 불과했다.

흥미로운 사실은 지난 10년 동안 S&P와 채권 시장이 상승 편향을 보였는데도, 전일 극단값의 돌파 경향은 매도 쪽이 훨씬 더 뚜렷했다는 점이다.

이 섹션의 마지막 연구 결과물은 지난 7일 중 가장 **넓은** 가격 범위를 보인(WR7) 다음 날을 분석한 것이다. 높은 종가를 달성한 WR7과 낮은 종가를 기록한 WR7을 모두 분석한 결과, 대부분의 시장에서 다음 날 반대 방향으로 종가가 형성될 확률이 높았다. 설탕은 극단적 사례인데, 60%의 확률로 반대 방향에 종가가 형성되었다. 이러한 분석 결과는 확장된 가격 범위를 보이는(매우 넓은 가격 범위를 보이는) 봉 위에서 수익을 실현하면 매우 효과적이라는 사실을 보여 준다. WR7 전략을 80-20 바 차트와 결합하면 상당히 유용할 수 있음을 시사하기도 한다.

---

* 미국 외 은행에 예치된 미국 달러 표시 예금의 3개월 이자율(금리)에 대한 선물 계약을 의미한다. 유럽에서 시작되었기 때문에 '유로달러'라는 이름이 붙었으나 현재에는 미국 외 은행을 지칭하는 것으로 바뀌었다. —옮긴이 주(259쪽)

시장	월물 범위	전체 일수	조건 달성 일수	상승 개장 일수	고점 돌파 일수	평균 돌파 금액	상승 마감 일수
S&P500 지수 선물(SP)	1986년 3월물부터 1995년 6월물까지(86H—95M)	2436	408(17%)	194(48%)	348(85%)	2	196(48%)
NYSE 종합지수 선물(YX)	1986년 3월물부터 1995년 6월물까지(86H—95M)	2436	458(19%)	196(43%)	377(82%)	1.14	215(47%)
마이크로 E—mini S&P500 지수 선물(USAM)	1986년 3월물부터 1995년 6월물까지(86H—95M)	2431	418(17%)	218(52%)	336(80%)	0.58	207(50%)
유로달러 선물(ED)*	1986년 3월물부터 1995년 6월물까지(86H—95M)	2439	192(8%)	86(45%)	145(76%)	0.05	83(439o)
스위스 프랑 선물(SF)	1986년 3월물부터 1995년 6월물까지(86H—95M)	2439	263(11%)	111(42%)	175(67%)	0.52	125(48%)
독일 마르크 선물(DM)	1986년 3월물부터 1995년 6월물까지(86H—95M)	2439	277(11%)	143(52%)	208(75%)	0.35	143(52%)
영국 파운드 선물(BP)	1986년 3월물부터 1995년 6월물까지(86H—95M)	2439	255(10%)	117(46%)	173(68%)	0.94	119(47%)
일본 엔화 선물(JY)	1986년 3월물부터 1995년 6월물까지(86H—95M)	2438	318(13%)	149(47%)	215(68%)	0.49	164(52%)
금 선물(GC)	1986년 2월물부터 1995년 6월물까지(86G—95M)	2443	253(10%)	119(47%)	191(75%)	2.67	93(37%)
은 선물(SI)	1986년 3월물부터 1995년 7월물까지(86H—95N)	2458	237(10%)	103(43%)	192(81%)	8.72	105(44%)
구리 선물(HG)	1986년 3월물부터 1995년 7월물까지(86H—95N)	2458	394(16%)	202(51%)	291(74%)	1.54	198(50%)
원유 선물(CL)	1986년 2월물부터 1995년 7월물까지(86G—95N)	2496	402(16%)	217(54%)	352(88%)	0.27	191(48%)
난방유 선물(HO)	1986년 2월물부터 1995년 7월물까지(86G—95N)	2495	305(12%)	162(53%)	251(82%)	1.07	162(53%)
천연가스 선물(NG)	1992년 2월물부터 1995년 10월물까지(92G—95V)	984	123(12%)	77(63%)	108(88%)	0.036	59(48%)
커피 선물(KC)	1986년 3월물부터 1995년 9월물까지(86H—95U)	2493	336(13%)	173(51%)	279(83%)	2.3	152(45%)
코코아 선물(CC)	1986년 3월물부터 1995년 9월물까지(86H—95U)	2490	252(10%)	110(44%)	199(79%)	18	105(42%)
설탕 선물(SB)	1986년 3월물부터 1995년 10월물까지(86H—95V)	2548	444(17%)	167(38%)	324(73%)	0.17	179(40%)
오렌지 주스 선물(JO)	1986년 1월물부터 1995년 9월물까지(86F—95U)	2525	415(16%)	207(50%)	311(75%)	1.79	197(47%)
밀 선물(W)	1986년 3월물부터 1995년 9월물까지(86H—95U)	2509	395(16%)	201(51%)	326(83%)	3.62	205(52%)
옥수수 선물(C)	1986년 3월물부터 1995년 9월물까지(86H—95U)	2509	342(14%)	171(50%)	270(79%)	2.7	149(44%)
대두(콩) 선물(S)	1986년 1월물부터 1995년 9월물까지(86F—95U)	2552	341(13%)	162(48%)	266(78%)	6.44	149(44%)
면화 선물(CT)	1986년 3월물부터 1995년 10월물까지(86H—95V)	2519	489(19%)	269(55%)	408(83%)	0.92	252(52%)
생우 선물(LC)	1986년 2월물부터 1995년 10월물까지(86G—95V)	2549	377(15%)	186(49%)	319(85%)	0.48	200(53%)
돈육(Pork Belly) 선물(PB)	1986년 2월물부터 1996년 2월물까지(86G—96G)	2640	398(15%)	247(62%)	336(84%)	1.08	207(52%)
돈육(Lean Hog) 선물(LH)	1986년 2월물부터 1995년 10월물까지(86G—95V)	2557	308(12%)	150(49%)	243(79%)	0.55	156(51%)

[표 A.2] 전일 상위 80%로 마감한 경우

시장	월물 범위	전체 일수	조건 달성 일수	상승 개장 일수	고점 돌파 일수	평균 돌파 금액	상승 마감 일수
S&P500 지수 선물(SP)	1986년 3월물부터 1995년 6월물까지(86H—95M)	2436	720(30%)	354(49%)	577(80%)	2.06	357(50%)
NYSE 종합지수 선물(YX)	1986년 3월물부터 1995년 6월물까지(86H—95M)	2436	746(31%)	317(42%)	579(78%)	1.14	351(47%)
마이크로 E—mini S&P500 지수 선물(USAM)	1986년 3월물부터 1995년 6월물까지(86H—95M)	2431	698(29%)	376(54%)	554(79%)	0.54	352(50%)
유로달러 선물(ED)	1986년 3월물부터 1995년 6월물까지(86H—95M)	2439	457(19%)	227(50%)	336(74%)	0.06	211(46%)
스위스 프랑 선물(SF)	1986년 3월물부터 1995년 6월물까지(86H—95M)	2439	575(24%)	255(44%)	383(67%)	0.48	275(48%)
독일 마르크 선물(DM)	1986년 3월물부터 1995년 6월물까지(86H—95M)	2439	589(24%)	283(48%)	403(68%)	0.35	289(49%)
영국 파운드 선물(BP)	1986년 3월물부터 1995년 6월물까지(86H—95M)	2439	580(24%)	273(47%)	381(66%)	0.96	279(48%)
일본 엔화 선물(JY)	1986년 3월물부터 1995년 6월물까지(86H—95M)	2438	606(25%)	273(45%)	375(62%)	0.49	282(47%)
금 선물(GC)	1986년 2월물부터 1995년 6월물까지(86G—95M)	2443	509(21%)	247(49%)	357(70%)	2.66	206(40%)
은 선물(SI)	1986년 3월물부터 1995년 7월물까지(86H—95N)	2458	470(19%)	203(43%)	349(74%)	7.92	197(42%)
구리 선물(HG)	1986년 3월물부터 1995년 7월물까지(86H—95N)	2458	641(26%)	316(49%)	452(71%)	1.34	301(47%)
원유 선물(CL)	1986년 2월물부터 1995년 7월물까지(86G—95N)	2496	697(28%)	370(53%)	579(83%)	0.27	337(48%)
난방유 선물(HO)	1986년 2월물부터 1995년 7월물까지(86G—95N)	2495	616(25%)	336(55%)	481(78%)	0.9	312(51%)
천연가스 선물(NG)	1992년 2월물부터 1995년 10월물까지(92G—95V)	984	234(24%)	138(59%)	191(82%)	0.035	116(50%)
커피 선물(KC)	1986년 3월물부터 1995년 9월물까지(86H—95U)	2493	613(25%)	310(51%)	478(78%)	2.11	279(46%)
코코아 선물(CC)	1986년 3월물부터 1995년 9월물까지(86H—95U)	2490	533(21%)	222(42%)	390(73%)	18	235(44%)
설탕 선물(SB)	1986년 3월물부터 1995년 10월물까지(86H—95V)	2548	711(28%)	263(37%)	478(67%)	0.17	279(39%)
오렌지 주스 선물(JO)	1986년 1월물부터 1995년 9월물까지(86F—95U)	2525	679(27%)	337(50%)	500(74%)	1.68	336(49%)
밀 선물(W)	1986년 3월물부터 1995년 9월물까지(86H—95U)	2509	685(27%)	338(49%)	536(78%)	3.53	342(50%)
옥수수 선물(C)	1986년 3월물부터 1995년 9월물까지(86H—95U)	2509	675(27%)	326(48%)	506(75%)	2.4	320(47%)
대두(콩) 선물(S)	1986년 1월물부터 1995년 9월물까지(86F—95U)	2552	635(25%)	297(47%)	465(73%)	5.89	281(44%)
면화 선물(CT)	1986년 3월물부터 1995년 10월물까지(86H—95V)	2519	738(29%)	386(52%)	578(78%)	0.85	366(50%)
생우 선물(LC)	1986년 2월물부터 1995년 10월물까지(86G—95V)	2549	685(27%)	330(48%)	547(80%)	0.44	360(53%)
돈육(Pork Belly) 선물(PB)	1986년 2월물부터 1996년 2월물까지(86G—96G)	2640	622(24%)	345(55%)	497(80%)	0.98	306(49%)
돈육(Lean Hog) 선물(LH)	1986년 2월물부터 1995년 10월물까지(86G—95V)	2557	633(25%)	292(46%)	480(76%)	0.49	311(49%)

시장	월물 범위	전체 일수	조건 달성 일수	하락 개장 일수	저점 돌파 일수	평균 돌파 금액	하락 마감 일수
S&P500 지수 선물(SP)	1986년 3월물부터 1995년 6월물까지(86H—95M)	2436	215(9%)	88(41%)	190(88%)	3.05	93(43%)
NYSE 종합지수 선물(YX)	1986년 3월물부터 1995년 6월물까지(86H—95M)	2436	212(9%)	106(50%)	174(82%)	1.74	88(42%)
마이크로 E-mini S&P500 지수 선물(USAM)	1986년 3월물부터 1995년 6월물까지(86H—95M)	2431	271(11%)	118(44%)	215(79%)	0.55	116(43%)
유로달러 선물(ED)	1986년 3월물부터 1995년 6월물까지(86H—95M)	2439	180(7%)	66(37%)	134(74%)	0.05	70(39%)
스위스 프랑 선물(SF)	1986년 3월물부터 1995년 6월물까지(86H—95M)	2439	211(9%)	100(47%)	144(68%)	0.49	97(46%)
독일 마르크 선물(DM)	1986년 3월물부터 1995년 6월물까지(86H—95M)	2439	208(9%)	99(48%)	146(70%)	0.36	92(44%)
영국 파운드 선물(BP)	1986년 3월물부터 1995년 6월물까지(86H—95M)	2439	184(8%)	87(47%)	119(65%)	1.23	82(45%)
일본 엔화 선물(JY)	1986년 3월물부터 1995년 6월물까지(86H—95M)	2438	256(11%)	122(48%)	166(65%)	0.45	114(45%)
금 선물(GC)	1986년 2월물부터 1995년 6월물까지(86G—95M)	2443	187(8%)	100(53%)	144(77%)	3.12	81(43%)
은 선물(SI)	1986년 3월물부터 1995년 7월물까지(86H—95N)	2458	243(10%)	134(55%)	185(76%)	9.12	112(46%)
구리 선물(HG)	1986년 3월물부터 1995년 7월물까지(86H—95N)	2458	381(16%)	186(49%)	257(67%)	1.34	167(44%)
원유 선물(CL)	1986년 2월물부터 1995년 7월물까지(86G—95N)	2496	343(14%)	193(56%)	292(85%)	0.34	179(52%)
난방유 선물(HO)	1986년 2월물부터 1995년 7월물까지(86G—95N)	2495	339(14%)	178(53%)	268(79%)	0.96	160(47%)
천연가스 선물(NG)	1992년 2월물부터 1995년 10월물까지(92G—95V)	984	126(13%)	99(79%)	108(86%)	0.033	63(50%)
커피 선물(KC)	1986년 3월물부터 1995년 9월물까지(86H—95U)	2493	357(14%)	226(63%)	291(82%)	2.29	186(52%)
코코아 선물(CC)	1986년 3월물부터 1995년 9월물까지(86H—95U)	2490	335(13%)	179(53%)	249(74%)	21	176(53%)
설탕 선물(SB)	1986년 3월물부터 1995년 10월물까지(86H—95V)	2548	340(13%)	173(51%)	249(73%)	0.16	120(35%)
오렌지 주스 선물(JO)	1986년 1월물부터 1995년 9월물까지(86F—95U)	2525	356(14%)	208(58%)	295(83%)	1.86	174(49%)
밀 선물(W)	1986년 3월물부터 1995년 9월물까지(86H—95U)	2509	343(14%)	219(64%)	292(85%)	3.68	178(52%)
옥수수 선물(C)	1986년 3월물부터 1995년 9월물까지(86H—95U)	2509	298(12%)	191(64%)	259(87%)	2.67	158(53%)
대두(콩) 선물(S)	1986년 1월물부터 1995년 9월물까지(86F—95U)	2552	426(17%)	237(56%)	351(82%)	6.1	187(44%)
면화 선물(CT)	1986년 3월물부터 1995년 10월물까지(86H—95V)	2519	383(15%)	241(63%)	334(87%)	0.91	207(54%)
생우 선물(LC)	1986년 2월물부터 1995년 10월물까지(86G—95V)	2549	315(12%)	148(47%)	266(84%)	0.45	139(44%)
돈육(Pork Belly) 선물(PB)	1986년 2월물부터 1996년 2월물까지(86G—96G)	2640	439(17%)	249(57%)	391(89%)	1.02	243(55%)
돈육(Lean Hog) 선물(LH)	1986년 2월물부터 1995년 10월물까지(86G—95V)	2557	275(11%)	156(57%)	226(82%)	0.55	130(47%)

[표 A.4] 전일 하위 20%로 마감한 경우

시장	월물 범위	전체 일수	조건 달성 일수	하락 개장 일수	저점 돌파 일수	평균 돌파 금액	하락 마감 일수
S&P500 지수 선물(SP)	1986년 3월물부터 1995년 6월물까지(86H—95M)	2436	375(15%)	176(47%)	312(83%)	2.79	156(42%)
NYSE 종합지수 선물(YX)	1986년 3월물부터 1995년 6월물까지(86H—95M)	2436	402(17%)	194(48%)	310(77%)	1.48	161(40%)
마이크로 E-mini S&P500 지수 선물(USAM)	1986년 3월물부터 1995년 6월물까지(86H—95M)	2431	533(22%)	243(46%)	395(74%)	0.52	234(44%)
유로달러 선물(ED)	1986년 3월물부터 1995년 6월물까지(86H—95M)	2439	427(18%)	193(45%)	315(74%)	0.05	183(43%)
스위스 프랑 선물(SF)	1986년 3월물부터 1995년 6월물까지(86H—95M)	2439	498(20%)	240(48%)	323(65%)	0.44	223(45%)
독일 마르크 선물(DM)	1986년 3월물부터 1995년 6월물까지(86H—95M)	2439	489(20%)	236(48%)	328(67%)	0.34	213(44%)
영국 파운드 선물(BP)	1986년 3월물부터 1995년 6월물까지(86H—95M)	2439	438(18%)	209(48%)	278(63%)	1.08	186(42%)
일본 엔화 선물(JY)	1986년 3월물부터 1995년 6월물까지(86H—95M)	2438	560(23%)	259(46%)	339(61%)	0.41	252(45%)
금 선물(GC)	1986년 2월물부터 1995년 6월물까지(86G—95M)	2443	426(17%)	235(55%)	296(69%)	2.73	172(40%)
은 선물(SI)	1986년 3월물부터 1995년 7월물까지(86H—95N)	2458	539(22%)	291(54%)	391(73%)	7.65	234(43%)
구리 선물(HG)	1986년 3월물부터 1995년 7월물까지(86H—95N)	2458	626(25%)	306(49%)	415(66%)	1.25	273(44%)
원유 선물(CL)	1986년 2월물부터 1995년 7월물까지(86G—95N)	2496	640(26%)	358(56%)	513(80%)	0.32	326(51%)
난방유 선물(HO)	1986년 2월물부터 1995년 7월물까지(86G—95N)	2495	665(27%)	362(54%)	508(76%)	0.88	329(49%)
천연가스 선물(NG)	1992년 2월물부터 1995년 10월물까지(92G—95V)	984	243(25%)	178(73%)	196(81%)	0.033	123(51%)
커피 선물(KC)	1986년 3월물부터 1995년 9월물까지(86H—95U)	2493	626(25%)	393(63%)	495(79%)	2.31	321(51%)
코코아 선물(CC)	1986년 3월물부터 1995년 9월물까지(86H—95U)	2490	654(26%)	358(55%)	467(71%)	19	322(49%)
설탕 선물(SB)	1986년 3월물부터 1995년 10월물까지(86H—95V)	2548	626(25%)	314(50%)	442(71%)	0.16	240(38%)
오렌지 주스 선물(JO)	1986년 1월물부터 1995년 9월물까지(86F—95U)	2525	584(23%)	327(56%)	445(76%)	1.74	276(47%)
밀 선물(W)	1986년 3월물부터 1995년 9월물까지(86H—95U)	2509	628(25%)	404(64%)	514(82%)	3.55	326(52%)
옥수수 선물(C)	1986년 3월물부터 1995년 9월물까지(86H—95U)	2509	702(28%)	439(63%)	587(84%)	2.31	378(54%)
대두(콩) 선물(S)	1986년 1월물부터 1995년 9월물까지(86F—95U)	2552	711(28%)	364(51%)	538(76%)	5.93	316(44%)
면화 선물(CT)	1986년 3월물부터 1995년 10월물까지(86H—95V)	2519	614(24%)	369(60%)	502(82%)	0.84	317(52%)
생우 선물(LC)	1986년 2월물부터 1995년 10월물까지(86G—95V)	2549	586(23%)	279(48%)	465(79%)	0.46	278(47%)
돈육(Pork Belly) 선물(PB)	1986년 2월물부터 1996년 2월물까지(86G—96G)	2641	707(27%)	364(51%)	582(82%)	0.91	369(52%)
돈육(Lean Hog) 선물(LH)	1986년 2월물부터 1995년 10월물까지(86G—95V)	2557	528(21%)	280(53%)	406(77%)	0.51	245(46%)

시장	월물 범위	전체 일수	조건 달성 일수	상승 개장 일수	고점 돌파 일수	평균 돌파 금액	상승 마감 일수
S&P500 지수 선물(SP)	1986년 3월물부터 1995년 6월물까지(86H—95M)	2436	143(6%)	69(48%)	106(74%)	2.05	77(54%)
NYSE 종합지수 선물(YX)	1986년 3월물부터 1995년 6월물까지(86H—95M)	2436	142(6%)	60(42%)	98(69%)	1.11	69(49%)
마이크로 E—mini S&P500 지수 선물(USAM)	1986년 3월물부터 1995년 6월물까지(86H—95M)	2431	174(7%)	83(48%)	111(64%)	0.47	80(46%)
유로달러 선물(ED)	1986년 3월물부터 1995년 6월물까지(86H—95M)	2439	185(8%)	93(50%)	97(52%)	0.08	85(46%)
스위스 프랑 선물(SF)	1986년 3월물부터 1995년 6월물까지(86H—95M)	2439	190(8%)	92(48%)	110(58%)	0.55	101(53%)
독일 마르크 선물(DM)	1986년 3월물부터 1995년 6월물까지(86H—95M)	2439	182(7%)	88(48%)	107(59%)	0.38	95(52%)
영국 파운드 선물(BP)	1986년 3월물부터 1995년 6월물까지(86H—95M)	2439	164(7%)	80(49%)	92(56%)	1.02	83(51%)
일본 엔화 선물(JY)	1986년 3월물부터 1995년 6월물까지(86H—95M)	2438	174(7%)	78(45%)	81(47%)	0.45	79(45%)
금 선물(GC)	1986년 2월물부터 1995년 6월물까지(86G—95M)	2443	167(7%)	74(44%)	79(47%)	3.23	63(38%)
은 선물(SI)	1986년 3월물부터 1995년 7월물까지(86H—95N)	2458	161(7%)	59(37%)	80(50%)	7.58	60(37%)
구리 선물(HG)	1986년 3월물부터 1995년 7월물까지(86H—95N)	2458	184(7%)	94(51%)	123(67%)	1.29	88(48%)
원유 선물(CL)	1986년 2월물부터 1995년 7월물까지(86G—95N)	2496	199(8%)	103(52%)	140(70%)	0.35	100(50%
난방유 선물(HO)	1986년 2월물부터 1995년 7월물까지(86G—95N)	2495	199(8%)	109(55%)	135(68%)	0.93	104(52%)
천연가스 선물(NG)	1992년 2월물부터 1995년 10월물까지(92G—95V)	984	85(9%)	42(49%)	60(71%)	0.037	42(49%)
커피 선물(KC)	1986년 3월물부터 1995년 9월물까지(86H—95U)	2493	168(7%)	81(48%)	108(64%)	2.16	80(48%)
코코아 선물(CC)	1986년 3월물부터 1995년 9월물까지(86H—95U)	2490	171(7%)	74(43%)	102(60%)	19	80(47%)
설탕 선물(SB)	1986년 3월물부터 1995년 10월물까지(86H—95V)	2548	189(7%)	62(33%)	102(54%)	0.19	75(40%)
오렌지 주스 선물(JO)	1986년 1월물부터 1995년 9월물까지(86F—95U)	2525	177(7%)	77(44%)	92(52%)	1.92	82(46%)
밀 선물(W)	1986년 3월물부터 1995년 9월물까지(86H—95U)	2509	172(7%)	79(46%)	114(66%)	4.01	85(49%)
옥수수 선물(C)	1986년 3월물부터 1995년 9월물까지(86H—95U)	2509	178(7%)	71(40%)	92(52%)	2.41	85(48%)
대두(콩) 선물(S)	1986년 1월물부터 1995년 9월물까지(86F—95U)	2552	175(7%)	69(39%)	89(51%)	5.58	67(38%)
면화 선물(CT)	1986년 3월물부터 1995년 10월물까지(86H—95V)	2519	194(8%)	92(47%)	125(64%)	0.74	96(49%)
생우 선물(LC)	1986년 2월물부터 1995년 10월물까지(86G—95V)	2549	156(6%)	64(41%)	98(63%)	0.4	70(45%)
돈육(Pork Belly) 선물(PB)	1986년 2월물부터 1996년 2월물까지(86G—96G)	2641	190(7%)	93(49%)	110(58%)	0.95	87(46%)
돈육(Lean Hog) 선물(LH)	1986년 2월물부터 1995년 10월물까지(86G—95V)	2557	164(6%)	72(44%)	104(63%)	0.41	71(43%)

시장	월물 범위	전체 일수	조건 달성 일수	하락 개장 일수	저점 돌파 일수	평균 돌파 금액	하락 마감 일수
S&P500 지수 선물(SP)	1986년 3월물부터 1995년 6월물까지(86H—95M)	2436	174(7%)	78(45%)	119(68%)	3.32	79(45%)
NYSE 종합지수 선물(YX)	1986년 3월물부터 1995년 6월물까지(86H—95M)	2436	180(7%)	83(46%)	115(64%)	1.89	79(44%)
마이크로 E—mini S&P500 지수 선물(USAM)	1986년 3월물부터 1995년 6월물까지(86H—95M)	2431	136(6%)	60(44%)	95(70%)	0.55	62(46%)
유로달러 선물(ED)	1986년 3월물부터 1995년 6월물까지(86H—95M)	2439	126(5%)	66(52%)	82(65%)	0.05	68(54%)
스위스 프랑 선물(SF)	1986년 3월물부터 1995년 6월물까지(86H—95M)	2439	157(6%)	82(52%)	93(59%)	0.4	70(45%)
독일 마르크 선물(DM)	1986년 3월물부터 1995년 6월물까지(86H—95M)	2439	162(7%)	80(49%)	97(60%)	0.34	75(46%)
영국 파운드 선물(BP)	1986년 3월물부터 1995년 6월물까지(86H—95M)	2439	158(6%)	87(55%)	84(53%)	1.12	76(48%)
일본 엔화 선물(JY)	1986년 3월물부터 1995년 6월물까지(86H—95M)	2438	158(6%)	70(44%)	65(41%)	0.54	56(35%)
금 선물(GC)	1986년 2월물부터 1995년 6월물까지(86G—95M)	2443	171(7%)	87(51%)	67(39%)	2.6	70(41%)
은 선물(SI)	1986년 3월물부터 1995년 7월물까지(86H—95N)	2458	152(6%)	90(59%)	90(59%)	11.04	80(53%)
구리 선물(HG)	1986년 3월물부터 1995년 7월물까지(86H—95N)	2458	140(6%)	74(53%)	87(62%)	1.38	64(46%)
원유 선물(CL)	1986년 2월물부터 1995년 7월물까지(86G—95N)	2496	186(7%)	91(49%)	139(75%)	0.29	96(52%)
난방유 선물(HO)	1986년 2월물부터 1995년 7월물까지(86G—95N)	2495	164(7%)	71(43%)	104(63%)	0.83	69(42%)
천연가스 선물(NG)	1992년 2월물부터 1995년 10월물까지(92G—95V)	984	70(7%)	54(77%)	46(66%)	0.037	31(44%)
커피 선물(KC)	1986년 3월물부터 1995년 9월물까지(86H—95U)	2493	192(8%)	97(51%)	119(62%)	2.32	95(49%)
코코아 선물(CC)	1986년 3월물부터 1995년 9월물까지(86H—95U)	2490	155(6%)	81(52%)	96(62%)	20	79(51%)
설탕 선물(SB)	1986년 3월물부터 1995년 10월물까지(86H—95V)	2548	165(6%)	72(44%)	77(47%)	0.2	68(41%)
오렌지 주스 선물(JO)	1986년 1월물부터 1995년 9월물까지(86F—95U)	2525	170(7%)	94(55%)	108(64%)	1.55	77(45%)
밀 선물(W)	1986년 3월물부터 1995년 9월물까지(86H—95U)	2509	153(6%)	87(57%)	99(65%)	3.79	80(52%)
옥수수 선물(C)	1986년 3월물부터 1995년 9월물까지(86H—95U)	2509	149(6%)	88(59%)	99(66%)	2.58	81(54%)
대두(콩) 선물(S)	1986년 1월물부터 1995년 9월물까지(86F—95U)	2552	160(6%)	67(42%)	101(63%)	4.33	76(48%)
면화 선물(CT)	1986년 3월물부터 1995년 10월물까지(86H—95V)	2519	181(7%)	101(56%)	119(66%)	0.89	82(45%)
생우 선물(LC)	1986년 2월물부터 1995년 10월물까지(86G—95V)	2549	183(7%)	78(43%)	120(66%)	0.45	83(45%)
돈육(Pork Belly) 선물(PB)	1986년 2월물부터 1996년 2월물까지(86G—96G)	2641	171(6%)	86(50%)	137(80%)	0.8	88(51%)
돈육(Lean Hog) 선물(LH)	1986년 2월물부터 1995년 10월물까지(86G—95V)	2557	164(6%)	83(51%)	116(71%)	0.51	81(49%)

전일 가격 변동률을 이용한 거래 연구

모멘텀 핀볼 전략의 일부로 사용되는 지표를 분석한 연구다. 3기간 RSI는 1기간 가격 변화율Rate of Change, ROC을 이용해 구한다. 이 값이 70보다 크면 다음 날 시가에 매도하고, 이 값이 30보다 작으면 다음 날 시가에 매수한다. 그런 뒤에는 다음 날 시가인 진입 가격과 그다음 날의 종가를 분석한다. 손절매 포인트는 사용하지 않는다. 본 연구의 목적은 조건 달성일의 시가와 다음 날 시가의 차이를 분석하는 것이다. 이를 통해 ROC와 RSI 지표가 테일러의 스윙 트레이딩 리듬을 포착하는 단기 과매수 또는 과매도 지표로 가치가 있다는 우리의 이론을 뒷받침할 증거를 찾고자 한다. 이 지표는 충분히 큰 경향성을 보이기 때문에 사람들이 자신의 (트레이딩) 시스템 개발을 위해 이 지표를 분석할 만하다고 확신한다.

본 연구는 오직 일봉에 기반을 두고 작성되었다. 따라서 첫 1시간 돌파를 활용하는 모멘텀 핀볼 전략을 완전히 대표하진 않는다.

[표 A.7] 전일 ROC와 RSI 지표를 이용한 매수 거래 기록

| | 시가에 진입 | | | | | | | | | |
| 선물 시장 데이터 | | | 다음 날 시가에 청산 | | | | 다음 날 종가에 청산 | | | |
시장	월물 범위	전체 일수	달성 횟수(달성률)	평균 순수익	평균 수익	평균 손실	달성 횟수(달성률)	평균 순수익	평균 수익	평균 손실
S&P500 지수 선물(SP)	1986년 3월물부터 1995년 9월물까지(86H—95U)	2500	140(52%)	148	1311	−1095	143(53%)	211	1793	−1556
NYSE 종합지수 선물(YX)	1986년 3월물부터 1995년 9월물까지(86H—95U)	2499	138(54%)	110	738	−631	145(57%)	142	948	−920
마이크로 E—mini S&P500 지수 선물(USAM)	1986년 3월물부터 1995년 9월물까지(86H—95U)	2495	137(51%)	46	521	−455	129(48%)	−3	650	−614
유로달러 선물(ED)	1986년 3월물부터 1995년 9월물까지(86H—95U)	2503	135(55%)	9	119	−123	131(53%)	0	149	−169
스위스 프랑 선물(SF)	1986년 3월물부터 1995년 9월물까지(86H—95U)	2503	135(58%)	67	580	−647	135(58%)	81	712	−797
독일 마르크 선물(DM)	1986년 3월물부터 1995년 9월물까지(86H—95U)	2503	136(58%)	42	410	−474	122(52%)	23	543	−549
영국 파운드 선물(BP)	1986년 3월물부터 1995년 9월물까지(86H—95U)	2503	156(61%)	118	612	−653	148(58%)	86	745	−818
일본 엔화 선물(JY)	1986년 3월물부터 1995년 9월물까지(86H—95U)	2502	132(57%)	98	563	−528	137(60%)	100	614	−657
금 선물(GC)	1986년 2월물부터 1995년 10월물까지(86G—95V)	2528	143(63%)	28	197	−257	126(55%)	13	271	−305
은 선물(SI)	1986년 3월물부터 1995년 9월물까지(86H—95U)	2501	150(58%)	22	307	−367	147(57%)	5	358	−454
구리 선물(HG)	1986년 3월물부터 1995년 9월물까지(86H—95U)	2501	146(61%)	69	307	−308	151(63%)	95	353	−352
원유 선물(CL)	1986년 2월물부터 1995년 10월물까지(86G—95V)	2562	160(61%)	56	267	−271	149(57%)	77	388	−330
난방유 선물(HO)	1986년 2월물부터 1995년 10월물까지(86G—95V)	2560	129(51%)	−30	309	−376	132(52%)	−21	433	−507
천연가스 선물(NG)	1992년 2월물부터 1995년 10월물까지(92G—95V)	984	65(62%)	134	417	−339	63(61%)	205	597	−397
커피 선물(KC)	1986년 3월물부터 1995년 9월물까지(86H—95U)	2493	171(65%)	240	760	−727	151(57%)	267	1120	−883
코코아 선물(CC)	1986년 3월물부터 1995년 9월물까지(86H—95U)	2490	143(54%)	1	176	−207	151(57%)	37	234	−229
설탕 선물(SB)	1986년 3월물부터 1995년 10월물까지(86H—95V)	2548	144(60%)	41	191	−183	158(66%)	49	215	−268
오렌지 주스 선물(JO)	1986년 1월물부터 1995년 9월물까지(86F—95U)	2525	135(53%)	30	282	−250	144(56%)	45	357	−352
밀 선물(W)	1986년 3월물부터 1995년 9월물까지(86H—95U)	2509	161(56%)	9	161	−187	150(52%)	30	248	−211
옥수수 선물(C)	1986년 3월물부터 1995년 9월물까지(86H—95U)	2509	148(56%)	0	104	−130	148(56%)	−1	133	−168
대두(콩) 선물(S)	1986년 1월물부터 1995년 9월물까지(86F—95U)	2552	155(60%)	32	266	−313	142(55%)	24	347	−364
면화 선물(CT)	1986년 3월물부터 1995년 10월물까지(86H—95V)	2519	144(55%)	73	462	−401	150(57%)	126	595	−501
생우 선물(LC)	1986년 2월물부터 1995년 10월물까지(86G—95V)	2549	151(58%)	32	178	−169	147(56%)	44	249	−221
돈육(Pork Belly) 선물(PB)	1986년 2월물부터 1996년 2월물까지(86G—96G)	2639	128(53%)	12	318	−332	122(50%)	6	417	−411
돈육(Lean Hog) 선물(LH)	1986년 2월물부터 1995년 10월물까지(86G—95V)	2557	151(61%)	38	177	−182	149(60%)	53	224	−206

| | 시가에 진입 | | | | | | | | |
| 선물 시장 데이터 | | | 다음 날 시가에 청산 | | | | 다음 날 종가에 청산 | | | |
시장	월물 범위	전체 일수	달성 횟수 (달성률)	평균 순수익	평균 수익	평균 손실	달성 횟수 (달성률)	평균 순수익	평균 수익	평균 손실
S&P500 지수 선물(SP)	1986년 3월물부터 1995년 9월물까지(86H—95U)	2500	124(49%)	−123	973	−1177	105(42%)	−269	1391	−1446
NYSE 종합지수 선물(YX)	1986년 3월물부터 1995년 9월물까지(86H—95U)	2499	138(53%)	5	494	−553	110(42%)	−100	708	−696
마이크로 E—mini S&P500 지수 선물(USAM)	1986년 3월물부터 1995년 9월물까지(86H—95U)	2495	120(48%)	33	538	−440	109(44%)	−41	651	−583
유로달러 선물(ED)	1986년 3월물부터 1995년 9월물까지(86H—95U)	2503	151(57%)	9	106	−123	141(54%)	9	141	−143
스위스 프랑 선물(SF)	1986년 3월물부터 1995년 9월물까지(86H—95U)	2503	146(58%)	103	541	−506	139(55%)	48	596	−633
독일 마르크 선물(DM)	1986년 3월물부터 1995년 9월물까지(86H—95U)	2503	136(55%)	46	422	−407	119(48%)	−2	510	−470
영국 파운드 선물(BP)	1986년 3월물부터 1995년 9월물까지(86H—95U)	2503	115(51%)	69	614	−497	113(50%)	34	691	−624
일본 엔화 선물(JY)	1986년 3월물부터 1995년 9월물까지(86H—95U)	2502	140(57%)	67	544	−558	128(52%)	−1	591	−638
금 선물(GC)	1986년 2월물부터 1995년 10월물까지(86G—95V)	2528	159(65%)	60	207	−211	136(56%)	22	236	−243
은 선물(SI)	1986년 3월물부터 1995년 9월물까지(86H—95U)	2501	141(63%)	47	300	−383	116(52%)	−10	385	−434
구리 선물(HG)	1986년 3월물부터 1995년 9월물까지(86H—95U)	2501	133(53%)	4	284	−317	117(47%)	−6	371	−341
원유 선물(CL)	1986년 2월물부터 1995년 10월물까지(86G—95V)	2562	150(60%)	53	323	−343	135(54%)	35	377	−361
난방유 선물(HO)	1986년 2월물부터 1995년 10월물까지(86G—95V)	2560	158(56%)	−11	392	−533	141(50%)	−55	473	−590
천연가스 선물(NG)	1992년 2월물부터 1995년 10월물까지(92G—95V)	984	63(55%)	117	466	−314	55(48%)	28	501	−414
커피 선물(KC)	1986년 3월물부터 1995년 9월물까지(86H—95U)	2493	148(61%)	178	820	−821	119(49%)	60	1055	−895
코코아 선물(CC)	1986년 3월물부터 1995년 9월물까지(86H—95U)	2490	163(62%)	33	178	−208	156(60%)	40	235	−250
설탕 선물(SB)	1986년 3월물부터 1995년 10월물까지(86H—95V)	2548	160(63%)	44	168	−170	141(56%)	−1	189	−240
오렌지 주스 선물(JO)	1986년 1월물부터 1995년 9월물까지(86F—95U)	2525	143(52%)	21	245	−225	158(58%)	11	278	−356
밀 선물(W)	1986년 3월물부터 1995년 9월물까지(86H—95U)	2509	156(54%)	11	187	−195	135(47%)	6	259	−215
옥수수 선물(C)	1986년 3월물부터 1995년 9월물까지(86H—95U)	2509	179(61%)	25	118	−120	169(57%)	28	147	−132
대두(콩) 선물(S)	1986년 1월물부터 1995년 9월물까지(86F—95U)	2552	126(56%)	46	278	−247	115(51%)	43	395	−322
면화 선물(CT)	1986년 3월물부터 1995년 10월물까지(86H—95V)	2519	148(54%)	29	370	−371	146(53%)	18	459	−485
생우 선물(LC)	1986년 2월물부터 1995년 10월물까지(86G—95V)	2549	121(49%)	−4	177	−175	123(49%)	12	248	−219
돈육(Pork Belly) 선물(PB)	1986년 2월물부터 1996년 2월물까지(86G—96G)	2639	161(58%)	66	401	−392	158(57%)	54	472	−492
돈육(Lean Hog) 선물(LH)	1986년 2월물부터 1995년 10월물까지(86G—95V)	2557	141(56%)	30	202	−190	137(55%)	40	254	−217

2기간 가격 변동률 연구

2기간 가격 변동률 반전의 **종가**에 진입한 거래를 분석한 연구다. 그다음 날 시가와 종가에 청산하는 경우도 각각 살펴본다. 매수 진입인지 매도 진입인지를 막론하고 대다수의 시장에서 거래가 유리한 방향으로 시작되는 비율이 상당하다는 사실을 알 수 있다. 또한 대부분의 거래가 유리하게 마감되기도 한다.

평균 4일에 한 번꼴로 매수 신호(매도 신호도 마찬가지다)가 발생한다는 점을 고려하면 매우 인상적인 결과다. 이러한 발생 비율은 모든 시장에 적용되는 수치다.

'새로 형성된 ROC를 이용한 매도 거래 연구' 표에서 천연가스, 커피, 곡물 시장이 유리하게 개장하는 경우가 상당히 많다는 점은 유독 흥미롭다.

이 연구는 오로지 확률과 경향성에 관한 것임을 기억하라. **이 연구는 기계적인 시스템이 아니다.** 그러나 이 지표 또한 테일러의 3일 주기 리듬을 파악하는 데 사용될 수 있음을 보여 준다.

[표 A.9] 새로 형성된 ROC를 이용한 매수 거래 연구

| | | | 종가에 진입 | | | | | | | |
| 선물 시장 데이터 | | | 다음 날 시가에 청산 | | | | 다음 날 종가에 청산 | | | |
시장	월물 범위	전체 일수	달성 횟수(달성률)	평균 순수익	평균 수익	평균 손실	달성 횟수(달성률)	평균 순수익	평균 수익	평균 손실
S&P500 지수 선물(SP)	1986년 3월물부터 1995년 9월물까지(86H—95U)	2500	339(57%)	83	475	−435	340(57%)	168	1135	−1117
NYSE 종합지수 선물(YX)	1986년 3월물부터 1995년 9월물까지(86H—95U)	2499	309(51%)	19	280	−253	337(56%)	75	623	−616
마이크로 E−mini S&P500 지수 선물(USAM)	1986년 3월물부터 1995년 9월물까지(86H—95U)	2495	370(62%)	53	237	−246	326(55%)	47	495	−493
유로달러 선물(ED)	1986년 3월물부터 1995년 9월물까지(86H—95U)	2503	402(70%)	16	51	67	369(64%)	16	92	−119
스위스 프랑 선물(SF)	1986년 3월물부터 1995년 9월물까지(86H—95U)	2503	337(53%)	27	354	−337	339(53%)	39	540	−528
독일 마르크 선물(DM)	1986년 3월물부터 1995년 9월물까지(86H—95U)	2503	333(53%)	9	256	−269	335(53%)	31	415	−408
영국 파운드 선물(BP)	1986년 3월물부터 1995년 9월물까지(86H—95U)	2503	326(52%)	27	373	−352	333(53%)	51	557	−527
일본 엔화 선물(JY)	1986년 3월물부터 1995년 9월물까지(86H—95U)	2502	331(54%)	49	384	−341	333(54%)	73	536	−472
금 선물(GC)	1986년 2월물부터 1995년 10월물까지(86G—95V)	2528	326(51%)	−4	115	−126	304(47%)	−10	213	−211
은 선물(SI)	1986년 3월물부터 1995년 9월물까지(86H—95U)	2501	329(51%)	1	139	−144	312(49%)	−13	273	−285
구리 선물(HG)	1986년 3월물부터 1995년 9월물까지(86H—95U)	2501	352(56%)	15	164	−176	316(50%)	35	332	−267
원유 선물(CL)	1986년 2월물부터 1995년 10월물까지(86G—95V)	2562	377(61%)	30	142	−145	328(53%)	41	314	−268
난방유 선물(HO)	1986년 2월물부터 1995년 10월물까지(86G—95V)	2560	339(53%)	35	208	−163	345(54%)	27	341	−348
천연가스 선물(NG)	1992년 2월물부터 1995년 10월물까지(92G—95V)	984	131(52%)	−31	130	206	121(48%)	−16	368	−371
커피 선물(KC)	1986년 3월물부터 1995년 9월물까지(86H—95U)	2493	311(50%)	−22	340	−378	318(51%)	−56	650	−781
코코아 선물(CC)	1986년 3월물부터 1995년 9월물까지(86H—95U)	2490	300(49%)	−17	73	−101	316(51%)	−7	165	−187
설탕 선물(SB)	1986년 3월물부터 1995년 10월물까지(86H—95V)	2548	342(53%)	2	77	−81	352(54%)	15	185	−185
오렌지 주스 선물(JO)	1986년 1월물부터 1995년 9월물까지(86F—95U)	2525	358(57%)	15	99	−98	335(54%)	33	236	−203
밀 선물(W)	1986년 3월물부터 1995년 9월물까지(86H—95U)	2509	368(62%)	17	63	−58	342(57%)	26	176	−176
옥수수 선물(C)	1986년 3월물부터 1995년 9월물까지(86H—95U)	2509	357(60%)	11	51	49	335(57%)	7	98	−111
대두(콩) 선물(S)	1986년 1월물부터 1995년 9월물까지(86F—95U)	2552	343(54%)	19	137	−118	326(51%)	−6	245	−268
면화 선물(CT)	1986년 3월물부터 1995년 10월물까지(86H—95V)	2519	356(59%)	36	166	−151	336(56%)	73	381	−316
생우 선물(LC)	1986년 2월물부터 1995년 10월물까지(86G—95V)	2549	362(57%)	4	67	−77	346(54%)	13	179	−182
돈육(Pork Belly) 선물(PB)	1986년 2월물부터 1996년 2월물까지(86G—96G)	2638	374(58%)	26	132	−121	320(50%)	7	357	−342
돈육(Lean Hog) 선물(LH)	1986년 2월물부터 1995년 10월물까지(86G—95V)	2557	411(64%)	19	71	−75	363(57%)	31	179	−162

| 선물 시장 데이터 | | | 다음 날 시가에 청산 | | | | 다음 날 종가에 청산 | | | |
시장	월물 범위	전체 일수	달성 횟수 (달성률)	평균 순수익	평균 수익	평균 손실	달성 횟수 (달성률)	평균 순수익	평균 수익	평균 손실
S&P500 지수 선물(SP)	1986년 3월물부터 1995년 9월물까지(86H—95U)	2500	325(54%)	42	408	−393	298(50%)	−66	1031	−1155
NYSE 종합지수 선물(YX)	1986년 3월물부터 1995년 9월물까지(86H—95U)	2499	350(58%)	53	253	−219	305(50%)	−51	545	−651
마이크로 E—mini S&P500 지수 선물(USAM)	1986년 3월물부터 1995년 9월물까지(86H—95U)	2495	325(54%)	26	235	−224	293(49%)	16	498	−449
유로달러 선물(ED)	1986년 3월물부터 1995년 9월물까지(86H—95U)	2503	383(66%)	15	55	−65	344(60%)	10	103	−126
스위스 프랑 선물(SF)	1986년 3월물부터 1995년 9월물까지(86H—95U)	2503	369(59%)	59	321	−315	311(50%)	3	540	−524
독일 마르크 선물(DM)	1986년 3월물부터 1995년 9월물까지(86H—95U)	2503	355(57%)	52	265	−232	305(49%)	1	423	−406
영국 파운드 선물(BP)	1986년 3월물부터 1995년 9월물까지(86H—95U)	2503	336(54%)	47	365	−331	303(49%)	−14	538	−543
일본 엔화 선물(JY)	1986년 3월물부터 1995년 9월물까지(86H—95U)	2502	325(53%)	13	354	−369	316(51%)	5	493	−511
금 선물(GC)	1986년 2월물부터 1995년 10월물까지(86G—95V)	2528	389(60%)	35	141	−123	332(51%)	11	235	−225
은 선물(SI)	1986년 3월물부터 1995년 9월물까지(86H—95U)	2501	384(60%)	25	137	−145	309(49%)	−20	296	−319
구리 선물(HG)	1986년 3월물부터 1995년 9월물까지(86H—95U)	2501	355(57%)	42	196	−164	325(52%)	18	303	−295
원유 선물(CL)	1986년 2월물부터 1995년 10월물까지(86G—95V)	2562	381(61%)	30	152	−161	319(51%)	19	301	−275
난방유 선물(HO)	1986년 2월물부터 1995년 10월물까지(86G—95V)	2560	363(58%)	17	194	−227	316(50%)	1	341	−347
천연가스 선물(NG)	1992년 2월물부터 1995년 10월물까지(92G—95V)	984	179(69%)	87	192	−151	132(51%)	−18	309	−362
커피 선물(KC)	1986년 3월물부터 1995년 9월물까지(86H—95U)	2493	404(65%)	146	430	−376	323(52%)	50	746	−697
코코아 선물(CC)	1986년 3월물부터 1995년 9월물까지(86H—95U)	2490	365(59%)	28	105	−86	337(55%)	22	189	−181
설탕 선물(SB)	1986년 3월물부터 1995년 10월물까지(86H—95V)	2548	411(63%)	24	82	−76	330(51%)	0	185	−191
오렌지 주스 선물(JO)	1986년 1월물부터 1995년 9월물까지(86F—95U)	2525	387(63%)	39	117	−92	312(51%)	22	247	−207
밀 선물(W)	1986년 3월물부터 1995년 9월물까지(86H—95U)	2509	423(70%)	25	62	−61	325(54%)	18	171	−160
옥수수 선물(C)	1986년 3월물부터 1995년 9월물까지(86H—95U)	2509	408(69%)	13	44	−57	325(55%)	14	111	−104
대두(콩) 선물(S)	1986년 1월물부터 1995년 9월물까지(86F—95U)	2552	381(60%)	23	117	−116	320(50%)	8	279	−264
면화 선물(CT)	1986년 3월물부터 1995년 10월물까지(86H—95V)	2519	365(61%)	80	214	−130	316(53%)	46	372	−320
생우 선물(LC)	1986년 2월물부터 1995년 10월물까지(86G—95V)	2549	369(58%)	4	65	−81	313(49%)	−5	179	−185
돈육(Pork Belly) 선물(PB)	1986년 2월물부터 1996년 2월물까지(86G—96G)	2638	390(60%)	40	147	−123	337(52%)	39	366	−320
돈육(Lean Hog) 선물(LH)	1986년 2월물부터 1995년 10월물까지(86G—95V)	2557	414(65%)	20	78	−89	341(54%)	9	186	−196

14기간 ADX 표

이 표는 14기간 ADX가 각 선물 시장에서 특정 범위에 머무는 시간의 비율을 보여준다. 예를 들어, S&P 시장에서 ADX가 30~39 사이에 머물 확률은 17%, 40~49 사이에 머물 확률은 7%다. '추세' 열 아래에서 ADX가 거의 절반이나 양의 기울기를 갖는 건 그리 놀라운 일이 아니다. 표의 마지막 열은 ADX의 평균값을 나타내는데, 대략 25의 값을 보이는 경향이 있다. 일반적으로 ADX 값이 25 이상일 때 가장 좋은 거래가 형성된다. 기울기가 음수인지 양수인지는 중요치 않다. 가장 중요한 건 시장의 평균 일일 가격 범위가 준수하고, 시장에 변동성이 있어야 한다는 점이다.

모든 시장에 걸쳐 통계가 상당히 균일하다는 점은 우리에게 매우 흥미롭게 다가왔다. 평균적으로 ADX가 30 이상의 값을 가질 확률은 28%이다.

[표 A.11] 선물 시장의 14기간 ADX 통계

선물 시장 데이터			추세	ADX 범위						
시장	월물 범위	전체 일수	발생 횟수(%)	0−9(%)	10−19(%)	20−29(%)	30−39(%)	40−49(%)	50−59(%)	평균
S&P500 지수 선물(시카고 상업거래소)	1986년 3월물부터 1995년 9월물까지(86H—95U)	2500	1135(45%)	52(2%)	1074(43%)	762(30%)	414(17%)	165(7%)	29(1%)	24
NYSE 종합지수 선물(뉴욕 증권거래소)	1986년 3월물부터 1995년 9월물까지(86H—95U)	2643	1205(46%)	46(2%)	1085(41%)	811(31%)	503(19%)	165(6%)	27(1%)	24
30년 만기 국채 선물(시카고 상품거래소)	1986년 3월물부터 1995년 9월물까지(86H—95U)	2674	1319(49%)	16(1%)	844(32%)	937(35%)	495(19%)	300(11%)	72(3%)	27
유로달러 선물(시카고 국제통화시장)	1986년 3월물부터 1995년 9월물까지(86H—95U)	2671	1328(50%)	10(0%)	724(27%)	947(35%)	545(20%)	324(12%)	107(4%)	28
스위스 프랑 선물(시카고 국제통화시장)	1986년 3월물부터 1995년 9월물까지(86H—95U)	2658	1294(49%)	44(2%)	919(35%)	962(36%)	542(20%)	168(6%)	23(1%)	25
독일 마르크 선물(시카고 국제통화시장)	1986년 3월물부터 1995년 9월물까지(86H—95U)	2671	1287(48%)	42(2%)	867(32%)	978(37%)	556(21%)	162(6%)	66(2%)	26
영국 파운드 선물(시카고 국제통화시장)	1986년 3월물부터 1995년 9월물까지(86H—95U)	2665	1257(47%)	44(2%)	993(37%)	955(36%)	431(16%)	173(6%)	43(2%)	25
일본 엔화 선물(시카고 국제통화시장)	1986년 3월물부터 1995년 9월물까지(86H—95U)	2649	1229(46%)	75(3%)	869(33%)	886(33%)	463(17%)	241(9%)	97(4%)	26
금 선물(뉴욕 상품거래소)	1986년 2월물부터 1995년 10월물까지(86G—95V)	2707	1266(47%)	63(2%)	1102(41%)	936(35%)	396(15%)	145(5%)	56(2%)	24
은 선물(뉴욕 상품거래소)	1986년 3월물부터 1995년 9월물까지(86H—95U)	2661	1219(46%)	83(3%)	1078(41%)	1025(39%)	337(13%)	84(3%)	45(2%)	23
구리 선물(뉴욕 상품거래소)	1986년 3월물부터 1995년 9월물까지(86H—95U)	2661	1260(47%)	18(1%)	893(34%)	1076(40%)	493(19%)	131(5%)	45(2%)	25
원유 선물(뉴욕 상업거래소)	1986년 2월물부터 1995년 10월물까지(86G—95V)	2773	1347(49%)	31(1%)	823(30%)	1118(40%)	550(20%)	222(8%)	29(1%)	26
난방유 선물(뉴욕 상업거래소)	1986년 2월물부터 1995년 10월물까지(86G—95V)	2744	1306(48%)	2(0%)	1144(42%)	1023(37%)	422(15%)	108(4%)	38(1%)	24
천연가스 선물(뉴욕 상업거래소)	1992년 2월물부터 1995년 10월물까지(92G—95V)	1184	585(49%)	16(1%)	292(25%)	452(38%)	262(22%)	119(10%)	43(4%)	27
커피 선물(커피·설탕·코코아 거래소)	1986년 3월물부터 1995년 9월물까지(86H—95U)	2646	1234(47%)	6(0%)	912(34%)	1012(38%)	436(16%)	210(8%)	66(2%)	25
코코아 선물(커피·설탕·코코아 거래소)	1986년 3월물부터 1995년 9월물까지(86H—95U)	2641	1267(48%)	36(1%)	965(37%)	1102(42%)	387(15%)	146(6%)	5(0%)	24
설탕 선물(커피·설탕·코코아 거래소)	1986년 3월물부터 1995년 10월물까지(86H—95V)	2680	1265(47%)	21(1%)	726(27%)	1073(40%)	568(21%)	204(8%)	88(3%)	27
오렌지 주스 선물(뉴욕 면화 선물 거래소)	1986년 1월물부터 1995년 9월물까지(86F—95U)	2705	1246(46%)	43(2%)	736(27%)	926(34%)	547(20%)	276(10%)	116(4%)	28
밀 선물(시카고 상품거래소)	1986년 3월물부터 1995년 9월물까지(86H—95U)	2671	1305(49%)	12(0%)	934(35%)	894(33%)	597(22%)	207(8%)	27(1%)	25
옥수수 선물(시카고 상품거래소)	1986년 3월물부터 1995년 9월물까지(86H—95U)	2671	1301(49%)	42(2%)	942(35%)	974(36%)	421(16%)	223(8%)	57(2%)	25
대두(콩) 선물(시카고 상품거래소)	1986년 1월물부터 1995년 9월물까지(86F—95U)	2734	1236(45%)	15(1%)	1061(39%)	1130(41%)	395(14%)	77(3%)	35(1%)	24
면화 선물(뉴욕 면화 선물 거래소)	1986년 3월물부터 1995년 10월물까지(86H—95V)	2676	1302(49%)	24(1%)	901(34%)	984(37%)	459(17%)	226(8%)	76(3%)	26
생우 선물(시카고 상업거래소)	1986년 2월물부터 1995년 10월물까지(86G—95V)	2730	1370(50%)	18(1%)	1056(39%)	1057(39%)	379(14%)	145(5%)	35(1%)	24
돈육(Pork Belly) 선물(시카고 상업거래소)	1986년 2월물부터 1996년 2월물까지(86G—96G)	2736	1344(49%)	3(0%)	949(35%)	1004(37%)	537(20%)	187(7%)	56(2%)	25
생돈(Live Hog) 선물(시카고 상업거래소)	1986년 2월물부터 1995년 10월물까지(86G—95V)	2738	1310(48%)	10(0%)	856(31%)	1122(41%)	453(17%)	216(8%)	57(2%)	26

어이쿠 전략 연구

'어이쿠'는 시장이 전일 최저가보다 낮게 개장했다가 다시 위로 반등해 갭을 메우는 경우를 설명하기 위해 래리 윌리엄스가 붙인 이름이다(매도 거래의 경우 시장은 전일 최고가보다 높게 개장한 뒤 그 고가를 뚫고 다시 하락하는 것을 의미한다). 이 테스트는 매수 포지션의 경우 전일 최저가에, 매도 포지션의 경우 전일 최고가에 진입한다고 가정한다. 그런 다음 데이터를 검토해 진입한 날의 종가, 다음 날의 시가 또는 종가, 다음다음 날의 종가에 청산했을 때 어떤 일이 발생하는지 확인할 수 있다. 이 통계에는 슬리피지나 수수료가 반영되지 않았다는 걸 기억하라. 자금 관리를 위한 손절매 포인트도 적용되지 않았다.

데이터에 따르면 최적의 청산 시점은 다음 날 개장 시점이다. 이를 기계적인 매매 전략의 관점에서 보는 것이 아니라, 이 패턴이 장기적인 방향성에 어떤 영향을 미치는지 살펴보고자 한다.

이 연구의 다음 단계는 ADX가 30보다 커야 한다는 조건에 추세 필터를 추가했을 때의 효과를 분석하는 것이다. 여기서 ADX의 기울기는 중요하지 않다. 이 연구 보고서의 제목은 '어이쿠(ADX 갭 이용)'이다. 다시 말하지만, 방향성 편향을 파악하기 위해 매수와 매도 측면을 별도로 검토하는 것이 중요하다.

흥미로운 관찰 결과 중 첫 번째는 조건을 충족하는 빈도가 감소한다는 것이다. 매매 신호가 연평균 45건에서 8건으로 감소했다. 전체 시장에서 매수와 매도 신호를 모두 합한 전반적인 수익성은 65% 증가한다(다음 날 아침 개장 시점에 청산했을 때를 말한다).

마지막으로, 보유 기간이 하루 증가하면 절반 이상의 시장에서 평균 순 거래량이 상당한 개선을 보였다. 물론 추세 필터가 포함되었기 때문에 놀랄 만한 일은 아니다. 결론적으로 이 연구는 ADX 필터를 추가했을 때 전략의 개선 정도를 정량화하는 데 유용한 도구다.

[표 A.12] 어이쿠 매수 전략 연구

| 선물 시장 데이터 | | 전일 최저가에 진입 | | | | | | | | | | | | | | | |
| | | | 종가에 청산 | | | | 다음날 시가에 청산 | | | | 다음날 종가에 청산 | | | | 다음다음날 종가에 청산 | | | |
시장	월물 범위	전체 일수	달성 횟수 (달성률)	평균 순수익	평균 수익	평균 손실	달성 횟수 (달성률)	평균 순수익	평균 수익	평균 손실	달성 횟수 (달성률)	평균 순수익	평균 수익	평균 손실	달성 횟수 (달성률)	평균 순수익	평균 수익	평균 손실
S&P500 지수 선물(SP)	1989년 3월물부터 1995년 9월물까지(89H—95U)	1732	69(70%)	354	1171	−1524	68(69%)	308	1343	−1961	55(56%)	229	1793	−1726	49(49%)	−62	2176	−2256
NYSE 종합지수 선물(YX)	1989년 3월물부터 1995년 9월물까지(89H—95U)	1731	77(68%)	191	632	−753	72(64%)	159	690	−772	65(58%)	191	899	−767	61(54%)	130	1190	−1114
마이크로 E−mini S&P500 지수 선물(USAM)	1989년 3월물부터 1995년 9월물까지(89H—95U)	1724	85(63%)	87	360	−376	80(59%)	94	457	−433	76(56%)	52	575	−622	83(61%)	98	731	−913
유로달러 선물(ED)	1989년 3월물부터 1995년 9월물까지(89H—95U)	1731	63(61%)	29	91	−68	65(63%)	26	108	−112	60(58%)	35	151	−127	64(62%)	47	189	−186
스위스 프랑 선물(SF)	1989년 3월물부터 1995년 9월물까지(89H—95U)	1731	123(58%)	27	342	−403	115(54%)	55	540	−514	104(49%)	2	643	−610	101(47%)	21	957	−824
독일 마르크 선물(DM)	1989년 3월물부터 1995년 9월물까지(89H—95U)	1731	126(56%)	24	287	−313	126(56%)	22	396	−458	125(56%)	−10	427	−562	115(51%)	−41	610	−728
영국 파운드 선물(BP)	1989년 3월물부터 1995년 9월물까지(89H—95U)	1731	109(51%)	49	378	−296	114(54%)	32	509	−517	107(50%)	−43	573	−665	116(54%)	63	854	−883
일본 엔화 선물(JY)	1989년 3월물부터 1995년 9월물까지(89H—95U)	1730	104(46%)	−39	321	−341	120(53%)	−37	489	−621	115(50%)	−33	579	−655	115(50%)	−21	780	−835
금 선물(GC)	1989년 2월물부터 1995년 10월물까지(89G—95V)	1757	126(56%)	15	124	−126	113(50%)	−3	172	−181	120(54%)	2	210	−239	121(54%)	27	291	−284
은 선물(SI)	1989년 3월물부터 1995년 9월물까지(89H—95U)	1732	133(62%)	53	215	−214	118(55%)	38	252	−226	118(55%)	43	319	−297	122(57%)	56	397	−397
구리 선물(HG)	1989년 3월물부터 1995년 9월물까지(89H—95U)	1732	123(52%)	23	213	−184	115(49%)	1	273	−257	122(52%)	−5	284	−315	126(53%)	12	403	−436
원유 선물(CL)	1989년 2월물부터 1995년 10월물까지(89G—95V)	1775	117(59%)	66	250	−205	120(61%)	49	277	−306	122(62%)	82	346	−349	117(59%)	92	470	−460
난방유 선물(HO)	1989년 2월물부터 1995년 10월물까지(89G—95V)	1771	124(53%)	16	287	−288	132(56%)	−5	301	−401	121(52%)	−32	375	−468	118(50%)	−5	544	−563
천연가스 선물(NG)	1992년 2월물부터 1995년 10월물까지(92G—95V)	984	93(54%)	56	308	−243	81(47%)	−16	356	−352	88(51%)	52	503	−426	87(51%)	31	629	−587
커피 선물(KC)	1989년 3월물부터 1995년 9월물까지(89H—95U)	1725	131(56%)	114	610	−516	127(54%)	86	651	−584	132(56%)	−14	659	−885	118(50%)	−34	965	−1051
코코아 선물(CC)	1989년 3월물부터 1995년 9월물까지(89H—95U)	1726	136(53%)	21	138	−109	126(49%)	4	161	−146	154(60%)	38	212	−220	138(53%)	14	280	−292
설탕 선물(SB)	1989년 3월물부터 1995년 10월물까지(89H—95V)	1784	142(63%)	41	161	−160	130(57%)	33	191	−179	131(58%)	37	233	−230	143(63%)	64	281	−305
오렌지 주스 선물(JO)	1989년 1월물부터 1995년 9월물까지(89F—95U)	1753	114(57%)	48	207	−165	108(54%)	51	278	−219	113(57%)	70	364	−315	105(53%)	64	455	−373
밀 선물(W)	1989년 3월물부터 1995년 9월물까지(89H—95U)	1737	84(57%)	28	133	−112	85(58%)	36	161	−134	86(59%)	25	202	−226	81(55%)	50	299	−255
옥수수 선물(C)	1989년 3월물부터 1995년 9월물까지(89H—95U)	1737	94(56%)	15	83	−72	98(58%)	28	107	−82	106(63%)	41	134	−118	103(61%)	63	192	−142
대두(콩) 선물(S)	1989년 1월물부터 1995년 9월물까지(89F—95U)	1772	95(58%)	62	227	−161	92(56%)	49	284	−247	88(53%)	38	337	−304	90(55%)	71	487	−428
면화 선물(CT)	1989년 3월물부터 1995년 10월물까지(89H—95V)	1749	127(56%)	80	325	−238	132(59%)	87	402	−360	142(63%)	124	495	−511	132(59%)	165	677	−562
생우 선물(LC)	1989년 2월물부터 1995년 10월물까지(89G—95V)	1775	69(52%)	14	145	129	68(52%)	15	165	−143	76(58%)	57	242	−195	75(57%)	90	334	−231
돈육(Pork Belly) 선물(PB)	1989년 2월물부터 1996년 2월물까지(89G—96G)	1875	97(56%)	40	255	−239	99(58%)	46	278	−269	93(54%)	63	416	−353	94(55%)	33	499	−528
돈육(Lean Hog) 선물(LH)	1989년 2월물부터 1995년 10월물까지(89G—95V)	1780	89(58%)	34	145	−118	88(57%)	29	168	−156	97(63%)	63	232	−224	87(56%)	69	323	−261

[표 A.13] 어이쿠 매도 전략 연구

| | 선물 시장 데이터 | | 전일 최고가에 진입 | | | | | | | | | | | | | | | | | |
| | | | | 종가에 청산 | | | | 다음날 시가에 청산 | | | | 다음날 종가에 청산 | | | | 다음다음날 종가에 청산 | | | |
시장	월물 범위	전체 일수	달성 횟수 (달성률)	평균 순수익	평균 수익	평균 손실	달성 횟수 (달성률)	평균 순수익	평균 수익	평균 손실	달성 횟수 (달성률)	평균 순수익	평균 수익	평균 손실	달성 횟수 (달성률)	평균 순수익	평균 수익	평균 손실
S&P500 지수 선물(SP)	1989년 3월물부터 1995년 9월물까지(89H—95U)	1732	85(52%)	51	922	−911	86(53%)	119	1083	−972	78(48%)	−2	1598	−1488	70(43%)	−335	1840	−1990
NYSE 종합지수 선물(YX)	1989년 3월물부터 1995년 9월물까지(89H—95U)	1731	66(53%)	47	440	−400	72(58%)	138	549	−430	62(50%)	50	777	−676	55(44%)	−141	955	−1014
마이크로 E-mini S&P500 지수 선물(USAM)	1989년 3월물부터 1995년 9월물까지(89H—95U)	1724	99(51%)	−45	328	−430	100(51%)	−30	413	−497	91(47%)	−53	567	−596	94(48%)	−32	744	−755
유로달러 선물(ED)	1989년 3월물부터 1995년 9월물까지(89H—95U)	1731	60(50%)	0	71	−72	59(49%)	−15	90	−117	54(45%)	−25	133	−154	58(48%)	−39	171	−235
스위스 프랑 선물(SF)	1989년 3월물부터 1995년 9월물까지(89H—95U)	1731	101(50%)	−42	381	−474	95(48%)	−3	535	−491	84(42%)	−109	718	−708	88(44%)	−157	887	−977
독일 마르크 선물(DM)	1989년 3월물부터 1995년 9월물까지(89H—95U)	1731	104(49%)	−21	299	−333	106(50%)	−1	393	−399	96(45%)	−98	472	−575	99(47%)	−121	637	−791
영국 파운드 선물(BP)	1989년 3월물부터 1995년 9월물까지(89H—95U)	1731	100(50%)	−10	367	−379	98(49%)	40	589	−477	93(46%)	−73	661	−699	96(48%)	−60	884	−915
일본 엔화 선물(JY)	1989년 3월물부터 1995년 9월물까지(89H—95U)	1730	91(47%)	−2	342	−305	111(57%)	109	556	−490	108(56%)	99	627	−564	103(53%)	35	869	−910
금 선물(GC)	1989년 2월물부터 1995년 10월물까지(89G—95V)	1757	103(58%)	5	122	−157	100(56%)	45	213	−173	89(50%)	8	228	−214	103(58%)	50	318	−324
은 선물(SI)	1989년 3월물부터 1995년 9월물까지(89H—95U)	1732	66(62%)	58	195	−169	73(69%)	98	239	−215	61(58%)	61	277	−231	58(55%)	102	398	−257
구리 선물(HG)	1989년 3월물부터 1995년 9월물까지(89H—95U)	1732	99(68%)	69	181	−171	90(62%)	101	319	−255	85(59%)	21	360	−461	72(50%)	8	502	−480
원유 선물(CL)	1989년 2월물부터 1995년 10월물까지(89G—95V)	1775	115(62%)	68	213	−170	118(64%)	54	264	−314	95(51%)	−3	344	−368	88(48%)	−35	469	−492
난방유 선물(HO)	1989년 2월물부터 1995년 10월물까지(89G—95V)	1771	86(61%)	92	263	−180	90(64%)	82	326	−357	87(62%)	108	452	−458	79(56%)	95	722	−717
천연가스 선물(NG)	1992년 2월물부터 1995년 10월물까지(92G—95V)	984	45(60%)	147	383	−207	46(61%)	201	495	−265	44(59%)	147	585	−475	44(59%)	205	708	−509
커피 선물(KC)	1989년 3월물부터 1995년 9월물까지(89H—95U)	1725	96(68%)	249	579	−456	96(68%)	296	798	−776	86(61%)	195	963	−1008	88(62%)	312	1228	−1209
코코아 선물(CC)	1989년 3월물부터 1995년 9월물까지(89H—95U)	1726	78(67%)	54	145	−128	73(62%)	68	188	−130	79(68%)	80	219	−207	72(62%)	124	345	−230
설탕 선물(SB)	1989년 3월물부터 1995년 10월물까지(89H—95V)	1784	59(56%)	39	154	−104	65(61%)	55	192	−163	68(64%)	60	243	−267	57(54%)	33	341	−326
오렌지 주스 선물(JO)	1989년 1월물부터 1995년 9월물까지(89F—95U)	1753	81(49%)	−10	188	−203	94(57%)	15	230	−274	84(51%)	−2	283	−301	86(52%)	−10	333	−389
밀 선물(W)	1989년 3월물부터 1995년 9월물까지(89H—95U)	1737	72(53%)	1	120	−136	73(54%)	14	149	−145	72(53%)	11	189	−192	76(56%)	23	243	−260
옥수수 선물(C)	1989년 3월물부터 1995년 9월물까지(89H—95U)	1737	77(56%)	11	76	−70	82(59%)	27	108	−90	78(57%)	18	131	−129	78(57%)	45	186	−139
대두(콩) 선물(S)	1989년 1월물부터 1995년 9월물까지(89F—95U)	1772	68(61%)	60	203	−161	65(58%)	82	275	−184	64(57%)	81	349	−278	59(53%)	93	502	−363
면화 선물(CT)	1989년 3월물부터 1995년 10월물까지(89H—95V)	1749	95(57%)	43	308	−302	99(59%)	88	403	−363	90(54%)	86	579	−483	95(57%)	68	638	−673
생우 선물(LC)	1989년 2월물부터 1995년 10월물까지(89G—95V)	1775	76(57%)	36	148	−112	70(52%)	22	150	−119	72(54%)	28	215	−190	68(51%)	22	268	−231
돈육(Pork Belly) 선물(PB)	1989년 2월물부터 1996년 2월물까지(89G—96G)	1875	92(56%)	20	286	−315	98(59%)	19	320	−422	95(58%)	49	430	−467	100(61%)	62	504	−618
돈육(Lean Hog) 선물(LH)	1989년 2월물부터 1995년 10월물까지(89G—95V)	1780	73(55%)	22	138	−122	77(58%)	37	165	−144	81(61%)	67	229	−191	82(62%)	83	287	−251

[표 A.14] 어이쿠(ADX 갭 이용) 매수 전략 연구

전일 최저가에 진입 – 필터: 12기간 ADX가 30보다 크고 28기간 ADX에 따른 추세 방향과 일치할 때만 진입

선물 시장 데이터		전체 일수	종가에 청산				다음날 시가에 청산				다음날 종가에 청산				다음다음날 종가에 청산			
시장	월물 범위		달성 횟수 (달성률)	평균 순수익	평균 수익	평균 손실	달성 횟수 (달성률)	평균 순수익	평균 수익	평균 손실	달성 횟수 (달성률)	평균 순수익	평균 수익	평균 손실	달성 횟수 (달성률)	평균 순수익	평균 수익	평균 손실
S&P500 지수 선물(SP)	1989년 3월물부터 1995년 9월물까지(89H—95U)	1732	9(69%)	237	803	−1038	8(62%)	525	1534	−1090	7(54%)	310	1829	−1463	6(46%)	485	3075	−1736
NYSE 종합지수 선물(YX)	1989년 3월물부터 1995년 9월물까지(89H—95U)	1731	12(60%)	−18	412	−663	11(55%)	19	539	−617	11(55%)	214	893	−617	11(55%)	426	1473	−853
마이크로 E–mini S&P500 지수 선물(USAM)	1989년 3월물부터 1995년 9월물까지(89H—95U)	1724	23(59%)	104	408	−332	24(62%)	137	488	−425	22(56%)	129	635	−526	21(54%)	18	714	−795
유로달러 선물(ED)	1989년 3월물부터 1995년 9월물까지(89H—95U)	1731	19(51%)	29	101	−47	24(65%)	42	117	−95	24(65%)	70	145	−68	29(78%)	119	199	−169
스위스 프랑 선물(SF)	1989년 3월물부터 1995년 9월물까지(89H—95U)	1731	25(62%)	9	335	−534	23(57%)	68	603	−657	16(40%)	−142	773	−752	20(50%)	−88	1015	−1190
독일 마르크 선물(DM)	1989년 3월물부터 1995년 9월물까지(89H—95U)	1731	25(52%)	−55	262	−399	25(52%)	−50	445	−588	24(50%)	−146	401	−692	20(42%)	−225	669	−864
영국 파운드 선물(BP)	1989년 3월물부터 1995년 9월물까지(89H—95U)	1731	20(53%)	71	404	−299	23(61%)	103	534	−558	20(53%)	13	701	−752	21(55%)	298	1158	−764
일본 엔화 선물(JY)	1989년 3월물부터 1995년 9월물까지(89H—95U)	1730	17(42%)	−163	427	−600	17(42%)	−224	673	−887	16(40%)	−297	737	−986	16(40%)	−418	953	−1332
금 선물(GC)	1989년 2월물부터 1995년 10월물까지(89G—95V)	1757	21(64%)	10	117	−178	17(52%)	0	222	−236	18(55%)	−25	306	−423	18(55%)	25	400	−425
은 선물(SI)	1989년 3월물부터 1995년 9월물까지(89H—95U)	1732	17(63%)	73	241	−213	16(59%)	87	323	−257	14(52%)	−37	340	−443	16(59%)	44	468	−572
구리 선물(HG)	1989년 3월물부터 1995년 9월물까지(89H—95U)	1732	24(57%)	39	238	−226	19(45%)	19	379	−278	25(60%)	−10	272	−426	26(62%)	102	511	−561
원유 선물(CL)	1989년 2월물부터 1995년 10월물까지(89G—95V)	1775	30(67%)	116	327	−306	30(67%)	107	324	−326	33(73%)	258	441	−248	28(62%)	351	725	−266
난방유 선물(HO)	1989년 2월물부터 1995년 10월물까지(89G—95V)	1771	29(66%)	120	359	−343	29(66%)	23	353	−613	25(57%)	0	467	−615	25(57%)	197	733	−510
천연가스 선물(NG)	1992년 2월물부터 1995년 10월물까지(92G—95V)	984	26(70%)	218	409	−234	25(68%)	198	485	−400	25(68%)	302	645	−413	24(65%)	360	875	−592
커피 선물(KC)	1989년 3월물부터 1995년 9월물까지(89H—95U)	1725	21(55%)	−53	810	−1119	18(47%)	−102	971	−1068	18(47%)	−482	930	−1752	16(42%)	−357	1952	−2037
코코아 선물(CC)	1989년 3월물부터 1995년 9월물까지(89H—95U)	1726	16(55%)	60	219	−135	16(55%)	53	220	−152	17(59%)	84	301	−222	16(55%)	41	337	−323
설탕 선물(SB)	1989년 3월물부터 1995년 10월물까지(89H—95V)	1784	31(62%)	63	193	−147	31(62%)	56	205	−186	27(54%)	61	281	−198	26(52%)	3	325	−345
오렌지 주스 선물(JO)	1989년 1월물부터 1995년 9월물까지(89F—95U)	1753	19(63%)	138	353	−234	20(67%)	171	418	−322	20(67%)	273	601	−382	21(70%)	358	635	−288
밀 선물(W)	1989년 3월물부터 1995년 9월물까지(89H—95U)	1737	15(75%)	102	165	−85	15(75%)	122	199	−110	11(55%)	39	288	−265	11(55%)	51	401	−376
옥수수 선물(C)	1989년 3월물부터 1995년 9월물까지(89H—95U)	1737	15(62%)	55	116	−46	16(67%)	93	173	−67	20(83%)	138	190	−122	19(79%)	177	251	−105
대두(콩) 선물(S)	1989년 1월물부터 1995년 9월물까지(89F—95U)	1772	7(70%)	152	252	−79	7(70%)	−64	291	−892	6(60%)	−251	238	−984	4(40%)	−321	272	−717
면화 선물(CT)	1989년 3월물부터 1995년 10월물까지(89H—95V)	1749	29(63%)	194	439	−224	29(63%)	207	556	−388	32(70%)	224	625	−690	31(67%)	268	774	−778
생우 선물(LC)	1989년 2월물부터 1995년 10월물까지(89G—95V)	1775	18(55%)	31	140	−99	20(61%)	34	155	−153	23(70%)	117	252	−194	22(67%)	159	329	−180
돈육(Pork Belly) 선물(PB)	1989년 2월물부터 1996년 2월물까지(89G—96G)	1875	14(50%)	51	366	−265	15(54%)	31	367	−356	21(75%)	180	442	−607	18(64%)	63	427	−592
돈육(Lean Hog) 선물(LH)	1989년 2월물부터 1995년 10월물까지(89G—95V)	1780	15(47%)	20	232	−167	19(59%)	9	215	−293	20(62%)	39	261	−332	19(59%)	96	419	−375

[표 A.15] 아이쿠(ADX 갭 이용) 매도 전략 연구

전일 최고가에 진입 – 필터: 12기간 ADX가 30보다 크고 28기간 ADX에 따른 추세 방향과 일치할 때만 진입

선물 시장 데이터			종가에 청산				다음날 시가에 청산				다음날 종가에 청산				다음다음날 종가에 청산			
시장	월물 범위	전체 일수	달성 횟수 (달성률)	평균 순수익	평균 수익	평균 손실	달성 횟수 (달성률)	평균 순수익	평균 수익	평균 손실	달성 횟수 (달성률)	평균 순수익	평균 수익	평균 손실	달성 횟수 (달성률)	평균 순수익	평균 수익	평균 손실
S&P500 지수 선물(SP)	1989년 3월물부터 1995년 9월물까지(89H—95U)	1732	11(69%)	292	832	−895	8(50%)	408	1431	−616	9(56%)	378	1825	−1482	8(50%)	136	2116	−1844
NYSE 종합지수 선물(YX)	1989년 3월물부터 1995년 9월물까지(89H—95U)	1731	7(70%)	170	282	−92	5(50%)	280	675	−115	6(60%)	312	954	−650	5(50%)	112	1190	−965
마이크로 E—mini S&P500 지수 선물(USAM)	1989년 3월물부터 1995년 9월물까지(89H—95U)	1724	9(47%)	−89	295	−434	10(53%)	−20	397	−483	10(53%)	−12	394	−462	10(53%)	35	534	−521
유로달러 선물(ED)	1989년 3월물부터 1995년 9월물까지(89H—95U)	1731	8(53%)	18	103	−80	9(60%)	18	96	−100	6(40%)	11	192	−110	9(60%)	−4	154	−242
스위스 프랑 선물(SF)	1989년 3월물부터 1995년 9월물까지(89H—95U)	1731	11(48%)	−100	376	−536	14(61%)	−41	423	−764	13(57%)	−145	533	−1026	12(52%)	53	881	−851
독일 마르크 선물(DM)	1989년 3월물부터 1995년 9월물까지(89H—95U)	1731	14(47W)	23	363	−275	19(63%)	190	578	−480	20(67%)	158	490	−506	19(63%)	53	653	−984
영국 파운드 선물(BP)	1989년 3월물부터 1995년 9월물까지(89H—95U)	1731	18(58%)	121	539	−457	19(61%)	392	937	−472	18(58%)	176	874	−790	20(65%)	456	1163	−830
일본 엔화 선물(JY)	1989년 3월물부터 1995년 9월물까지(89H—95U)	1730	13(38%)	−104	375	−400	21(62%)	231	674	−486	20(59%)	173	702	−583	20(59%)	405	1275	−838
금 선물(GC)	1989년 2월물부터 1995년 10월물까지(89G—95V)	1757	19(61%)	22	124	−140	15(48%)	12	151	−119	12(39%)	−68	239	−262	14(45%)	−81	300	−395
은 선물(SI)	1989년 3월물부터 1995년 9월물까지(89H—95U)	1732	10(77%)	107	194	−183	11(85%)	139	209	−243	8(62%)	132	291	−123	9(69%)	244	484	−295
구리 선물(HG)	1989년 3월물부터 1995년 9월물까지(89H—95U)	1732	10(59%)	65	196	−121	12(71%)	108	223	−167	12(71%)	111	285	−308	11(65%)	84	319	−348
원유 선물(CL)	1989년 2월물부터 1995년 10월물까지(89G—95V)	1775	22(76%)	120	182	−76	20(69%)	127	256	−160	16(55%)	53	327	−285	18(62%)	137	404	−302
난방유 선물(HO)	1989년 2월물부터 1995년 10월물까지(89G—95V)	1771	6(60%)	86	239	−145	7(70%)	89	256	−298	8(80%)	98	227	−418	8(80%)	187	307	−292
천연가스 선물(NG)	1992년 2월물부터 1995년 10월물까지(92G—95V)	984	8(73%)	177	353	−290	9(82%)	257	444	−585	7(64%)	103	576	−725	7(64%)	181	699	−725
커피 선물(KC)	1989년 3월물부터 1995년 9월물까지(89H—95U)	1725	17(65%)	102	425	−509	14(54%)	213	745	−408	12(46%)	58	799	−578	14(54%)	413	1107	−397
코코아 선물(CC)	1989년 3월물부터 1995년 9월물까지(89H—95U)	1726	16(64%)	19	103	−130	15(60%)	29	153	−157	18(72%)	50	165	−244	15(60%)	88	268	−181
설탕 선물(SB)	1989년 3월물부터 1995년 10월물까지(89H—95V)	1784	9(50%)	−17	141	−175	10(56%)	−7	146	−197	11(61%)	−30	168	−341	10(56%)	−27	216	−332
오렌지 주스 선물(JO)	1989년 1월물부터 1995년 9월물까지(89F—95U)	1753	12(41%)	−98	173	−290	14(48%)	−73	266	−390	10(34%)	−103	248	−288	16(55%)	−74	265	−491
밀 선물(W)	1989년 3월물부터 1995년 9월물까지(89H—95U)	1737	13(54%)	4	100	−110	13(54%)	20	128	−107	13(54%)	−30	147	−240	15(62%)	−78	141	−443
옥수수 선물(C)	1989년 3월물부터 1995년 9월물까지(89H—95U)	1737	9(36%)	−24	82	−83	13(52%)	−2	103	−115	12(48%)	−17	131	−154	15(60%)	16	132	−160
대두(콩) 선물(S)	1989년 1월물부터 1995년 9월물까지(89F—95U)	1772	10(53%)	62	270	−169	11(58%)	28	217	−231	11(58%)	−3	234	−328	6(32%)	−166	300	−381
면화 선물(CT)	1989년 3월물부터 1995년 10월물까지(89H—95V)	1749	9(56%)	109	349	−200	13(81%)	288	422	−288	12(75%)	429	750	−536	10(62%)	307	896	−674
생우 선물(LC)	1989년 2월물부터 1995년 10월물까지(89G—95V)	1775	7(64%)	59	149	−98	6(55%)	70	207	−95	3(27%)	−30	541	−245	3(27%)	−116	343	−289
돈육(Pork Belly) 선물(PB)	1989년 2월물부터 1996년 2월물까지(89G—96G)	1875	15(60%)	35	276	−328	14(56%)	22	331	−371	14(56%)	−32	307	−464	13(52%)	−34	357	−457
돈육(Lean Hog) 선물(LH)	1989년 2월물부터 1995년 10월물까지(89G—95V)	1780	13(54%)	12	96	−87	13(54%)	37	158	−107	17(71%)	86	192	−171	13(54%)	22	263	−262

ADX 매수 및 매도 연구

ADX가 30 이상이고 **상승하는** 기간에 이틀 전 종가보다 낮거나 높은 종가를 보이면 매수 또는 매도하는 전략을 테스트한 연구다. 거래는 오직 추세 방향으로만 진행된다. 손절매 포인트는 사용하지 않으며, 수수료와 슬리피지도 고려하지 않는다. 단지 ADX가 향후 시스템 개발에 필터로 활용할 수 있는 경쟁력을 제공하는지 확인하기 위해 테스트할 뿐이다.

두 가지 중요한 점이 눈에 들어온다. 첫 번째는 ADX 필터가 제공하는 어마어마하고도 긍정적인 기대치다. 이는 분명 거래 전략 개발을 위한 훌륭한 출발점이다. 두 번째로 흥미로운 점은 조건 발생 빈도가 감소했다는 것, 그리고 매도 포지션에서 수익-손실 비율이 감소했다는 것이다. 이는 시장이 대체로 상승할 때보다 하락할 때 속도가 빠르기 때문일 수 있다. 또한 급격한 하락 초기에 되돌림과 진입 기회가 거의 없다는 점을 시사하는 것일 수도 있다. 하락 추세에서 시장이 이틀 전 종가보다 높은 종가를 보이며 매도 기회를 줄 때는 대체로 움직임이 끝나갈 때다. 이 때문에 매도 포지션의 수익성은 저하된다.

[표 A.16] 새로 형성된 ADX를 이용한 매수 거래 기록

| | 선물 시장 데이터 | | 종가에 진입 | | | | | | | | | | | | | | | | |
| | | | | 다음날 종가에 청산 | | | | 2일 뒤 종가에 청산 | | | | 3일 뒤 종가에 청산 | | | | 4일 뒤 종가에 청산 | | | |
시장	월물 범위	전체 일수	달성 횟수 (달성률)	평균 순수익	평균 수익	평균 손실	달성 횟수 (달성률)	평균 순수익	평균 수익	평균 손실	달성 횟수 (달성률)	평균 순수익	평균 수익	평균 손실	달성 횟수 (달성률)	평균 순수익	평균 수익	평균 손실
S&P500 지수 선물(SP)	1986년 3월물부터 1995년 9월물까지(86H—95U)	2500	30(49%)	110	1223	−968	31(51%)	48	1588	−1542	34(56%)	119	1501	−1620	37(61%)	354	1518	−1442
NYSE 종합지수 선물(YX)	1986년 3월물부터 1995년 9월물까지(86H—95U)	2499	28(55%)	52	563	−570	28(55%)	−10	763	−951	28(55%)	39	916	−1029	28(55%)	180	979	−791
마이크로 E—mini S&P500 지수 선물(USAM)	1986년 3월물부터 1995년 9월물까지(86H—95U)	2498	52(50%)	−31	357	−426	60(58%)	95	627	−648	68(66%)	262	831	−845	67(65%)	395	980	−693
유로달러 선물(ED)	1986년 3월물부터 1995년 9월물까지(86H—95U)	2503	48(74%)	45	108	−132	45(69%)	67	174	−174	44(68%)	102	250	−210	47(72%)	134	289	−269
스위스 프랑 선물(SF)	1986년 3월물부터 1995년 9월물까지(86H—95U)	2503	32(53%)	23	564	−596	29(48%)	121	951	−656	30(50%)	111	1075	−852	36(60%)	222	1105	−1103
독일 마르크 선물(DM)	1986년 3월물부터 1995년 9월물까지(86H—95U)	2503	43(64%)	51	345	−477	39(58%)	152	584	−450	41(61%)	182	650	−556	35(52%)	153	854	−614
영국 파운드 선물(BP)	1986년 3월물부터 1995년 9월물까지(86H—95U)	2503	28(56%)	126	629	−515	31(62%)	246	830	−706	29(58%)	250	934	−695	29(58%)	228	1040	−894
일본 엔화 선물(JY)	1986년 3월물부터 1995년 9월물까지(86H—95U)	2502	30(50%)	−146	461	−754	33(55%)	−19	675	−866	36(60%)	256	975	−823	41(68%)	608	1214	−701
금 선물(GC)	1986년 2월물부터 1995년 10월물까지(86G—95V)	2528	28(60%)	40	329	−386	27(57%)	47	539	−617	24(51%)	96	793	−631	25(53%)	1	732	−828
은 선물(SI)	1986년 3월물부터 1995년 9월물까지(86H—95U)	2501	18(50%)	−151	301	−603	16(44%)	−288	352	−800	16(44%)	−381	456	−1051	13(36%)	−460	681	−1105
구리 선물(HG)	1986년 3월물부터 1995년 9월물까지(86H—95U)	2501	26(60%)	163	503	−357	28(65%)	273	686	−498	25(58%)	371	1012	−519	24(56%)	459	1264	−557
원유 선물(CL)	1986년 2월물부터 1995년 10월물까지(86G—95V)	2562	22(47%)	−121	251	−449	28(60%)	19	320	−425	24(51%)	−17	473	−528	31(66%)	124	557	−714
난방유 선물(HO)	1986년 2월물부터 1995년 10월물까지(86G—95V)	2554	17(71%)	−41	381	−1067	17(71%)	202	721	−1058	18(75%)	182	859	−1849	17(71%)	341	1027	−1326
천연가스 선물(NG)	1992년 2월물부터 1995년 10월물까지(92G—95V)	984	12(63%)	118	461	−470	13(68%)	267	614	−485	13(68%)	339	847	−760	13(68%)	461	1022	−753
커피 선물(KC)	1986년 3월물부터 1995년 9월물까지(86H—95U)	2493	21(50%)	296	1724	−1132	19(45%)	387	2623	−1460	23(55%)	556	3249	−2703	22(52%)	727	4306	−3211
코코아 선물(CC)	1986년 3월물부터 1995년 9월물까지(86H—95U)	2490	17(46%)	−11	252	−234	19(51%)	−59	233	−367	17(46%)	2	415	−348	18(49%)	−11	431	−429
설탕 선물(SB)	1986년 3월물부터 1995년 10월물까지(86H—95V)	2548	37(60%)	39	226	−237	39(63%)	76	344	−379	38(61%)	111	482	478	38(61%)	83	478	−543
오렌지 주스 선물(JO)	1986년 1월물부터 1995년 9월물까지(86F—95U)	2525	41(65%)	191	412	−220	46(73%)	341	599	−357	43(68%)	358	692	−360	44(70%)	424	774	−385
밀 선물(W)	1986년 3월물부터 1995년 9월물까지(86H—95U)	2509	34(55%)	43	236	−192	34(55%)	84	340	−225	28(45%)	−1	382	−316	33(53%)	4	320	−356
옥수수 선물(C)	1986년 3월물부터 1995년 9월물까지(86H—95U)	2509	22(54%)	9	118	−116	20(49%)	−9	182	−191	23(56%)	−17	210	−308	25(61%)	22	236	−313
대두(콩) 선물(S)	1986년 1월물부터 1995년 9월물까지(86F—95U)	2552	20(67%)	98	464	−634	16(53%)	94	704	−603	12(40%)	−77	1030	−815	12(40%)	−27	1264	−888
면화 선물(CT)	1986년 3월물부터 1995년 10월물까지(86H—95V)	2519	27(51%)	60	385	−278	34(64%)	221	623	−498	32(60%)	278	852	−597	36(68%)	315	825	−766
생우 선물(LC)	1986년 2월물부터 1995년 10월물까지(86G—95V)	2549	31(54%)	46	189	−126	35(61%)	71	247	−209	33(58%)	45	237	−219	29(51%)	62	351	−237
돈육(Pork Belly) 선물(PB)	1986년 2월물부터 1996년 2월물까지(86G—96G)	2637	22(49%)	44	561	−450	28(62%)	71	551	−719	26(58%)	89	695	−740	23(51%)	−53	727	−868
돈육(Lean Hog) 선물(LH)	1986년 2월물부터 1995년 10월물까지(86G—95V)	2557	30(51%)	33	250	−192	31(53%)	67	347	−244	33(56%)	90	387	−288	32(54%)	43	418	−402

[표 A.17] 새로 형성된 ADX를 이용한 매도 거래 기록

| 선물 시장 데이터 | | 종가에 진입 | | | | | | | | | | | | | | | | | | |
| | | | 다음날 종가에 청산 | | | | 2일 뒤 종가에 청산 | | | | 3일 뒤 종가에 청산 | | | | 4일 뒤 종가에 청산 | | | |
시장	월물 범위	전체 일수	달성 횟수 (달성률)	평균 순수익	평균 수익	평균 손실	달성 횟수 (달성률)	평균 순수익	평균 수익	평균 손실	달성 횟수 (달성률)	평균 순수익	평균 수익	평균 손실	달성 횟수 (달성률)	평균 순수익	평균 수익	평균 손실
S&P500 지수 선물(SP)	1986년 3월물부터 1995년 9월물까지(86H—95U)	2500	15(44%)	−51	2277	−1889	17(50%)	10	2950	−2931	14(41%)	−18	3748	−2654	10(29%)	−252	5210	−2528
NYSE 종합지수 선물(YX)	1986년 3월물부터 1995년 9월물까지(86H—95U)	2499	24(48%)	6	817	−742	21(42%)	−150	1362	−1246	16(32%)	−205	1995	−1240	14(28%)	−221	2398	−1239
마이크로 E—mini S&P500 지수 선물(USAM)	1986년 3월물부터 1995년 9월물까지(86H—95U)	2498	17(49%)	39	654	−542	17(49%)	113	857	−589	19(54%)	264	1036	−652	19(54%)	228	1120	−832
유로달러 선물(ED)	1986년 3월물부터 1995년 9월물까지(86H—95U)	2503	24(55%)	−85	125	−337	22(50%)	−94	193	−382	24(55%)	−78	243	−463	21(48%)	−61	326	−414
스위스 프랑 선물(SF)	1986년 3월물부터 1995년 9월물까지(86H—95U)	2503	17(47%)	−82	363	−480	20(56%)	108	688	−616	18(50%)	276	1020	−467	23(64%)	514	1139	−591
독일 마르크 선물(DM)	1986년 3월물부터 1995년 9월물까지(86H—95U)	2503	15(43%)	−51	327	−334	18(51%)	73	699	−590	19(54%)	209	843	−545	18(51%)	160	940	−666
영국 파운드 선물(BP)	1986년 3월물부터 1995년 9월물까지(86H—95U)	2503	14(56%)	−37	684	−955	16(64%)	288	1121	−1194	14(56%)	284	1461	−1215	13(52%)	231	1754	−1419
일본 엔화 선물(JY)	1986년 3월물부터 1995년 9월물까지(86H—95U)	2502	10(37%)	−162	436	−515	11(41%)	−173	530	−656	10(37%)	−115	856	−687	10(37%)	−196	847	−810
금 선물(GC)	1986년 2월물부터 1995년 10월물까지(86G—95V)	2528	30(50%)	−14	206	−234	23(38%)	2	500	−307	20(33%)	−34	536	−318	24(40%)	−65	441	−401
은 선물(SI)	1986년 3월물부터 1995년 9월물까지(86H—95U)	2501	16(39%)	−112	154	−282	16(39%)	−175	226	−432	15(37%)	−230	250	−507	15(37%)	−260	286	−574
구리 선물(HG)	1986년 3월물부터 1995년 9월물까지(86H—95U)	2501	29(60%)	25	183	−216	29(60%)	43	259	−288	24(50%)	45	418	−328	28(58%)	95	429	−374
원유 선물(CL)	1986년 2월물부터 1995년 10월물까지(86G—95V)	2562	15(37%)	−74	335	−310	20(49%)	−124	353	−579	19(46%)	−84	386	−489	19(46%)	−124	438	−610
난방유 선물(HO)	1986년 2월물부터 1995년 10월물까지(86G—95V)	2554	18(49%)	−68	356	−470	19(51%)	−51	481	−613	18(49%)	24	648	−567	23(62%)	153	716	−773
천연가스 선물(NG)	1992년 2월물부터 1995년 10월물까지(92G—95V)	984	12(86%)	116	252	−700	9(64%)	222	571	−406	9(64%)	232	820	−826	9(64%)	227	823	−846
커피 선물(KC)	1986년 3월물부터 1995년 9월물까지(86H—95U)	2493	39(51%)	−64	486	−643	37(49%)	−14	837	−821	31(41%)	109	1623	−935	39(51%)	225	1524	−1144
코코아 선물(CC)	1986년 3월물부터 1995년 9월물까지(86H—95U)	2490	23(41%)	18	246	−140	29(52%)	52	270	−183	33(59%)	75	292	−238	31(55%)	31	295	−298
설탕 선물(SB)	1986년 3월물부터 1995년 10월물까지(86H—95V)	2548	32(52%)	15	180	−166	27(44%)	−15	238	−215	33(54%)	23	289	−292	32(52%)	8	314	−330
오렌지 주스 선물(JO)	1986년 1월물부터 1995년 9월물까지(86F—95U)	2525	27(47%)	−24	230	−253	28(49%)	−9	368	−373	27(47%)	−54	454	−511	24(42%)	−95	555	−567
밀 선물(W)	1986년 3월물부터 1995년 9월물까지(86H—95U)	2509	22(49%)	−18	138	−167	23(51%)	−5	167	−185	21(47%)	−15	201	204	20(44%)	−21	232	−223
옥수수 선물(C)	1986년 3월물부터 1995년 9월물까지(86H—95U)	2509	28(51%)	−1	97	−103	32(58%)	19	152	−165	30(55%)	15	189	−194	29(53%)	29	227	−192
대두(콩) 선물(S)	1986년 1월물부터 1995년 9월물까지(86F—95U)	2552	15(39%)	−69	223	−260	14(37%)	−198	224	−445	11(29%)	−264	170	−442	9(24%)	−303	258	−478
면화 선물(CT)	1986년 3월물부터 1995년 10월물까지(86H—95V)	2519	24(56%)	36	369	−384	21(49%)	−16	659	−661	18(42%)	−22	963	−732	17(40%)	−54	1029	−762
생우 선물(LC)	1986년 2월물부터 1995년 10월물까지(86G—95V)	2549	15(48%)	22	274	−214	14(45%)	−18	349	−320	11(35%)	−145	422	−456	11(35%)	−206	428	−555
돈육(Pork Belly) 선물(PB)	1986년 2월물부터 1996년 2월물까지(86G—96G)	2637	31(55%)	50	279	−234	31(55%)	7	371	−444	30(54%)	14	480	−524	36(64%)	175	608	−604
돈육(Lean Hog) 선물(LH)	1986년 2월물부터 1995년 10월물까지(86G—95V)	2557	15(41%)	−21	195	−169	19(51%)	−35	179	−261	15(41%)	−104	245	−342	16(43%)	−123	274	−426

갭 실패 연구

시장이 전일 고가보다 높게 개장한 뒤 가격 범위의 하위 50%에서 마감하는 경우(매도 기회 암시)와 전일 저가보다 낮게 개장한 뒤 가격 범위의 상위 50%에서 마감하는 경우(매수 기회 암시)의 매매 조건을 분석하는 연구다. 어이쿠 전략에서처럼 갭이 반드시 메워져야 하는 건 아니다.

우리는 진입 봉의 종가와 다음 날 시가의 차이를 테스트한다. 거의 60%의 거래가 유리하게 시작된다. 평균 순수익도 거의 모든 시장에서, 매수와 매도 포지션 모두에서 긍정적인 기대치를 보인다. 지난 10년 동안 금융 시장이 상승세의 방향성 편향을 보였는데도 이 전략이 매도 측면에서 더 나은 통계를 보이는 점은 매우 흥미롭다. 우리는 갭 실패가 형성된 이후 시장은 다음 날 시가의 방향성을 계속 이어가는 경향이 확실하다는 결론을 내렸다.

<h2 align="center">[표 A.18] 갭 실패 이후 가격 범위 50% 조건에 매수하는 전략</h2>

종가에 진입							
선물 시장 데이터				다음날 시가에 청산			
시장	월물 범위	전체 일수	달성 횟수 (달성률)	평균 순수익	평균 수익	평균 손실
S&P500 지수 선물(SP)	1986년 3월물부터 1995년 9월물까지(86H—95U)	2500	70(62%)	96	370	−349
NYSE 종합지수 선물(YX)	1986년 3월물부터 1995년 9월물까지(86H—95U)	2499	69(54%)	12	224	−235
마이크로 E—mini S&P500 지수 선물(USAM)	1986년 3월물부터 1995년 9월물까지(86H—95U)	2498	109(64%)	69	262	−275
유로달러 선물(ED)	1986년 3월물부터 1995년 9월물까지(86H—95U)	2503	99(64%)	37	94	−65
스위스 프랑 선물(SF)	1986년 3월물부터 1995년 9월물까지(86H—95U)	2503	125(54%)	71	367	−271
독일 마르크 선물(DM)	1986년 3월물부터 1995년 9월물까지(86H—95U)	2503	136(55%)	32	250	−231
영국 파운드 선물(BP)	1986년 3월물부터 1995년 9월물까지(86H—95U)	2503	123(53%)	11	306	−323
일본 엔화 선물(JY)	1986년 3월물부터 1995년 9월물까지(86H—95U)	2502	130(50%)	−1	347	−355
금 선물(GC)	1986년 2월물부터 1995년 10월물까지(86G—95V)	2528	139(56%)	6	103	−115
은 선물(SI)	1986년 3월물부터 1995년 9월물까지(86H—95U)	2501	110(52%)	−12	91	−126
구리 선물(HG)	1986년 3월물부터 1995년 9월물까지(86H—95U)	2501	113(55%)	−4	135	−172
원유 선물(CL)	1986년 2월물부터 1995년 10월물까지(86G—95V)	2562	135(63%)	23	137	−173
난방유 선물(HO)	1986년 2월물부터 1995년 10월물까지(86G—95V)	2560	127(60%)	−3	162	−254
천연가스 선물(NG)	1992년 2월물부터 1995년 10월물까지(92G—95V)	984	53(50%)	−36	108	−184
커피 선물(KC)	1986년 3월물부터 1995년 9월물까지(86H—95U)	2493	112(52%)	−8	314	−356
코코아 선물(CC)	1986년 3월물부터 1995년 9월물까지(86H—95U)	2490	96(44%)	−13	94	−96
설탕 선물(SB)	1986년 3월물부터 1995년 10월물까지(86H—95V)	2548	90(43%)	−13	90	−92
오렌지 주스 선물(JO)	1986년 1월물부터 1995년 9월물까지(86F—95U)	2525	110(62%)	24	108	−113
밀 선물(W)	1986년 3월물부터 1995년 9월물까지(86H—95U)	2509	92(70%)	31	63	−43
옥수수 선물(C)	1986년 3월물부터 1995년 9월물까지(86H—95U)	2509	113(72%)	31	62	−47
대두(콩) 선물(S)	1986년 1월물부터 1995년 9월물까지(86F—95U)	2552	102(60%)	5	109	−149
면화 선물(CT)	1986년 3월물부터 1995년 10월물까지(86H—95V)	2519	125(62%)	30	157	−174
생우 선물(LC)	1986년 2월물부터 1995년 10월물까지(86G—95V)	2549	60(46%)	−2	77	−69
돈육(Pork Belly) 선물(PB)	1986년 2월물부터 1996년 2월물까지(86G—96G)	2644	73(55%)	7	121	−132
돈육(Lean Hog) 선물(LH)	1986년 2월물부터 1995년 10월물까지(86G—95V)	2557	87(55%)	4	64	−68

[표 A.19] 갭 실패 이후 가격 범위 50% 조건에 매도하는 전략

종가에 진입							
선물 시장 데이터				다음날 시가에 청산			
시장	월물 범위	전체 일수	달성 횟수 (달성률)	평균 순수익	평균 수익	평균 손실
S&P500 지수 선물(SP)	1986년 3월물부터 1995년 9월물까지(86H—95U)	2500	72(62%)	84	386	−401
NYSE 종합지수 선물(YX)	1986년 3월물부터 1995년 9월물까지(86H—95U)	2499	72(61%)	61	236	−212
마이크로 E-mini S&P500 지수 선물(USAM)	1986년 3월물부터 1995년 9월물까지(86H—95U)	2498	111(57%)	50	243	−209
유로달러 선물(ED)	1986년 3월물부터 1995년 9월물까지(86H—95U)	2503	88(53%)	−13	48	−83
스위스 프랑 선물(SF)	1986년 3월물부터 1995년 9월물까지(86H—95U)	2503	114(54%)	39	354	−335
독일 마르크 선물(DM)	1986년 3월물부터 1995년 9월물까지(86H—95U)	2503	110(52%)	8	249	−255
영국 파운드 선물(BP)	1986년 3월물부터 1995년 9월물까지(86H—95U)	2503	108(53%)	46	361	−315
일본 엔화 선물(JY)	1986년 3월물부터 1995년 9월물까지(86H—95U)	2502	125(53%)	34	391	−364
금 선물(GC)	1986년 2월물부터 1995년 10월물까지(86G—95V)	2528	126(62%)	35	146	−148
은 선물(SI)	1986년 3월물부터 1995년 9월물까지(86H—95U)	2501	80(65%)	79	209	−159
구리 선물(HG)	1986년 3월물부터 1995년 9월물까지(86H—95U)	2501	90(54%)	29	193	−164
원유 선물(CL)	1986년 2월물부터 1995년 10월물까지(86G—95V)	2562	139(61%)	22	135	−156
난방유 선물(HO)	1986년 2월물부터 1995년 10월물까지(86G—95V)	2560	115(57%)	−17	175	−276
천연가스 선물(NG)	1992년 2월물부터 1995년 10월물까지(92G—95V)	984	35(67%)	88	186	−112
커피 선물(KC)	1986년 3월물부터 1995년 9월물까지(86H—95U)	2493	98(61%)	56	519	−677
코코아 선물(CC)	1986년 3월물부터 1995년 9월물까지(86H—95U)	2490	80(56%)	12	96	−94
설탕 선물(SB)	1986년 3월물부터 1995년 10월물까지(86H—95V)	2548	79(63%)	46	116	−71
오렌지 주스 선물(JO)	1986년 1월물부터 1995년 9월물까지(86F—95U)	2525	89(64%)	46	122	−88
밀 선물(W)	1986년 3월물부터 1995년 9월물까지(86H—95U)	2509	82(72%)	22	55	−64
옥수수 선물(C)	1986년 3월물부터 1995년 9월물까지(86H—95U)	2509	112(71%)	17	50	−63
대두(콩) 선물(S)	1986년 1월물부터 1995년 9월물까지(86F—95U)	2552	83(61%)	42	150	−128
면화 선물(CT)	1986년 3월물부터 1995년 10월물까지(86H—95V)	2519	97(64%)	82	208	−144
생우 선물(LC)	1986년 2월물부터 1995년 10월물까지(86G—95V)	2549	54(45%)	−21	60	−88
돈육(Pork Belly) 선물(PB)	1986년 2월물부터 1996년 2월물까지(86G—96G)	2651	79(53%)	2	120	−132
돈육(Lean Hog) 선물(LH)	1986년 2월물부터 1995년 10월물까지(86G—95V)	2557	79(63%)	7	67	−96

2기간 채널 돌파

가장 최근의 두 봉 중 더 높은 고점에 매수한 뒤, 가장 최근의 두 봉 중 더 낮은 저점을 하향 돌파할 때 청산하면서 매도하는 전략의 결과를 분석하는 연구다. 2기간 채널 돌파 시스템이라고 하는 이 전략은 거의 모든 시장에서 긍정적 기대치를 갖는다. 각 거래의 평균 순수익을 나타내는 열을 보면 이를 알 수 있다.

이 연구는 진입 기법이나 청산 전략을 보여 주려고 진행한 것이 아니다. 시장이 이틀 간의 최저가를 돌파할 때 매수 포지션을 취하거나, 이틀 최고가를 기록할 때 매도 포지션을 취하는 건 현명하지 않다는 이론을 뒷받침하는 정량적인 일부 증거만 제시할 뿐이다. 나(란다)는 가끔 재앙에서 벗어나기 위한 손절매 포인트로 이 전략을 활용했다. 추세 시장에서 손절매 포인트를 추적하기 위해 이 2기간 채널 전략을 이용하기도 했다.

시장	월물 범위	전체 일수	매수 거래 횟수	매수 거래 성공 횟수 (성공률)	매수 거래 평균 순수익	매도 거래 횟수	매도 거래 성공 횟수 (성공률)	매도 거래 평균 순수익	거래 횟수 (비율)	성공 횟수 (성공률)	평균 순수익
S&P500 지수 선물(SP)	1986년 3월물부터 1995년 9월물까지(86H—95U)	2500	351	151(43%)	$256	354	125(35%)	$-97	705	276(39%)	$79
NYSE 종합지수 선물(YX)	1986년 3월물부터 1995년 9월물까지(86H—95U)	2499	348	154(44%)	$134	351	120(34%)	$-48	699	274(39%)	$43
마이크로 E—mini S&P500 지수 선물(USAM)	1986년 3월물부터 1995년 9월물까지(86H—95U)	2495	345	149(43%)	$125	336	130(39%)	$-46	681	279(41%)	$40
유로달러 선물(ED)	1986년 3월물부터 1995년 9월물까지(86H—95U)	2503	304	134(44%)	$76	303	118(39%)	$16	607	252(42%)	$46
스위스 프랑 선물(SF)	1986년 3월물부터 1995년 9월물까지(86H—95U)	2503	351	143(41%)	$59	352	122(35%)	$-57	703	265(38%)	$1
독일 마르크 선물(DM)	1986년 3월물부터 1995년 9월물까지(86H—95U)	2503	349	140(40%)	$77	348	116(33%)	$-33	697	256(37%)	$22
영국 파운드 선물(BP)	1986년 3월물부터 1995년 9월물까지(86H—95U)	2503	330	140(42%)	$198	331	120(36%)	$85	661	260(39%)	$141
일본 엔화 선물(JY)	1986년 3월물부터 1995년 9월물까지(86H—95U)	2502	338	131(39%)	$144	339	116(34%)	$8	677	247(36%)	$76
금 선물(GC)	1986년 2월물부터 1995년 10월물까지(86G—95V)	2528	349	118(34%)	$-27	351	141(40%)	$27	700	259(37%)	$0
은 선물(SI)	1986년 3월물부터 1995년 9월물까지(86H—95U)	2501	334	102(31%)	$7	346	132(38%)	$82	680	234(34%)	$45
구리 선물(HG)	1986년 3월물부터 1995년 9월물까지(86H—95U)	2501	353	156(44%)	$93	344	123(36%)	$-19	697	279(40%)	$38
원유 선물(CL)	1986년 2월물부터 1995년 10월물까지(86G—95V)	2562	387	148(38%)	$10	375	125(33%)	$-6	762	273(36%)	$2
난방유 선물(HO)	1986년 2월물부터 1995년 10월물까지(86G—95V)	2560	366	161(44%)	$90	350	141(40%)	$65	716	302(42%)	$78
천연가스 선물(NG)	1992년 2월물부터 1995년 10월물까지(92G—95V)	984	134	63(47%)	$85	129	52(40%)	$88	263	115(44%)	$86
커피 선물(KC)	1986년 3월물부터 1995년 9월물까지(86H—95U)	2493	355	123(35%)	$-48	349	151(43%)	$117	704	274(39%)	$34
코코아 선물(CC)	1986년 3월물부터 1995년 9월물까지(86H—95U)	2490	362	114(31%)	$-43	361	143(40%)	$37	723	257(36%)	$-3
설탕 선물(SB)	1986년 3월물부터 1995년 10월물까지(86H—95V)	2548	340	137(40%)	$29	340	115(34%)	$-1	680	252(37%)	$14
오렌지 주스 선물(JO)	1986년 1월물부터 1995년 9월물까지(86F—95U)	2525	353	136(39%)	$27	353	124(35%)	$11	706	260(37%)	$19
밀 선물(W)	1986년 3월물부터 1995년 9월물까지(86H—95U)	2509	340	139(41%)	$18	351	129(37%)	$0	691	268(39%)	$9
옥수수 선물(C)	1986년 3월물부터 1995년 9월물까지(86H—95U)	2509	317	124(39%)	$29	323	154(48%)	$57	640	278(43%)	$43
대두(콩) 선물(S)	1986년 1월물부터 1995년 9월물까지(86F—95U)	2552	346	124(36%)	$3	365	141(39%)	$43	711	265(37%)	$24
면화 선물(CT)	1986년 3월물부터 1995년 10월물까지(86H—95V)	2519	355	151(43%)	$64	355	115(32%)	$-74	710	266(37%)	$-5
생우 선물(LC)	1986년 2월물부터 1995년 10월물까지(86G—95V)	2549	330	151(46%)	$82	323	124(38%)	$18	653	275(42%)	$50
돈육(Pork Belly) 선물(PB)	1986년 2월물부터 1996년 2월물까지(86G—96G)	2639	341	124(36%)	$25	348	149(43%)	$88	689	273(40%)	$57
돈육(Lean Hog) 선물(LH)	1986년 2월물부터 1995년 10월물까지(86G—95V)	2557	363	134(37%)	$31	374	118(32%)	$-32	737	252(34%)	$-1

일자: ________________________   LBR그룹 주문 시트

	원유	난방유	스위스 프랑	독일 마르크	영국 파운드	일본 엔화	금	은	구리
시가									
고가									
저가									

	천연가스	커피	코코아	설탕	밀	옥수수	대두	생우	돈육
시가									
고가									
저가									

	채권	S&P		포지션				
시가								
고가								
저가								

진정한 승자는 오류를 받아들일 줄 안다.   실수는 즉각 교정하자.

일자	포지션 (매수 또는 매도)	✔	시장	진입	✔	청산	수량 & 메모

확률 높은 단기 매매 전략

스트리트 스마트

초판 1쇄 발행 2026년 5월 15일

지은이 로렌스 A. 코너스, 린다 브래드포드 라쉬케
옮긴이 이주영

펴낸곳 ㈜이레미디어
전화 031-908-8516(편집부), 031-919-8511(주문 및 관리)
팩스 0303-0515-8907
주소 경기도 파주시 문예로 21, 2층
홈페이지 www.iremedia.co.kr
이메일 ireme@iremedia.co.kr
등록 제396-2004-35호

편집 최혜영, 장아름 │ **디자인** 이선영 │ **마케팅** 연병선
재무총괄 이종미 │ **경영지원** 김지선

ISBN 979-11-93394-94-6 (03320)

- 가격은 뒤표지에 있습니다.
- 잘못된 책은 구입하신 서점에서 교환해드립니다.
- 이 책은 투자 참고용이며 투자 손실에 대해서는 법적 책임을 지지 않습니다.

당신의 소중한 원고를 기다립니다.
ireme@iremedia.co.kr